मेरे समय के शब्द

मेरे समय के शब्द

केदारनाथ सिंह

राधाकृष्ण प्रकाशन

ISBN : 978-81-7119-129-1

मेरे समय के शब्द

पहला संस्करण : 1993

दूसरा संस्करण : 2013

This book is printed on **Print on Demand** Technology : 2026

मूल्य : ₹795

प्रकाशक

राधाकृष्ण प्रकाशन प्राइवेट लिमिटेड

जी-17, जगतपुरी, दिल्ली-110 051

शाखाएँ : अशोक राजपथ, साइंस कॉलेज के सामने, पटना-800 006

पहली मंजिल, दरबारी बिल्डिंग, महात्मा गांधी मार्ग, प्रयागराज-211 001

1, अनमोल सोराबजी संतुक लेन, धोबी तलाव, मरीन लाइंस, मुम्बई-400 002

वेबसाइट : www.radhakrishnaprakashan.com

ई-मेल : info@radhakrishnaprakashan.com

MERE SAMAY KE SHABD

by Kedarnath Singh

भाई नामवर सिंह को
जिन्होंने
कठिन समय में भी
आलोचना के गद्य को
बचाये रखा

विज्ञप्ति

'मेरे समय के शब्द' मेरे कुछ लेखों और टिप्पणियों का संग्रह है, जिसके परिशिष्ट में कुछ साक्षात्कार भी जोड़ दिये गये हैं। दो-एक अपवादों को छोड़कर मूलतः यें लेख कविता से—मुख्यतः अपने समय की कविता से—सम्बन्धित हैं, जो विभिन्न समयों में लिखे गये थे। समय-संदर्भ को स्पष्ट करने के लिए यह आवश्यक समझा गया कि हर लेख के अन्त में उसकी प्रकाशन या लेखन-तिथि भी दे दी जाय। आशा करता हूँ, इससे लेखों और टिप्पणियों को अपनी ठोस जमीन मिलेगी और वह आवश्यक परिप्रेक्ष्य भी, जिसमें शब्द अपनी अर्थवत्ता प्राप्त करते हैं और शायद अपनी मुक्ति भी।

लेखों और टिप्पणियों को पुरानी पत्रिकाओं से खोज निकालने का कठिन काम पूरा किया श्री महेश आलोक ने और वे मेरे अन्तेवासी होने के कारण इतने निकट हैं कि उन्हें धन्यवाद देकर उनके श्रम के महत्त्व को कम करना नहीं चाहता।

'रेनर मारिया रिल्के की कविता' शीर्षक लेख पहले पहल सन् 1962 के अक्तूबर अंक में 'ज्ञानोदय' में छपा था, जिसे पिछले दिनों 'अन्तर्दृष्टि' ने अपने अंक 4, वर्ष 1992 में पुनर्मुद्रित किया। 'ज्ञानोदय' के विस्मृत पन्नों के धुँधलके से इस लेख को ढूँढ़ निकालने के लिये मैं 'अन्तर्दृष्टि' का आभारी हूँ।

केदारनाथ सिंह

अनुक्रम

हिन्दी आधुनिकता का अर्थ : विशेषतः कविता के सन्दर्भ में

आधुनिकता को लेकर हिन्दी में लम्बी बहसें हुई हैं और बहुत कुछ लिखा-पढ़ा गया है। अब यह चर्चा थम-सी गयी है। आधुनिकता, आधुनिकताबोध और आधुनिकतावाद-सम्बन्धी बहस आज हिन्दी-लेखक के लिए अतीत की वस्तु हो चुकी है। अगर कोई दिलचस्पी बची है तो वह सिर्फ अकादमिक हलकों तक ही सीमित है। परन्तु यह एक तथ्य है कि इतिहास के एक महत्त्वपूर्ण दौर में आधुनिकता-सम्बन्धी बहसों ने हिन्दी-मानस के एक हिस्से को थोड़ा झकझोरा था और इसलिए वह बार-बार पुनरावलोकन का आमंत्रण भी देगा ही—खासतौर से इतिहासकारों और साहित्य के गंभीर अध्येताओं को। पर मुझे लगता है कि सिर्फ आधुनिकता-सम्बन्धी बहस खत्म हुई है—आधुनिकता की प्रक्रिया अपने खास ढंग से पूरे भारतीय संदर्भ में आज भी जारी है। यह स्थिति पश्चिम से थोड़ी भिन्न है और इसीलिए ठेठ भारतीय भी। यह एक विकासशील देश की अपनी बनावट और उसकी खास जरूरतों का महत्त्वपूर्ण हिस्सा है, जिसे सही संदर्भ में रखकर देखा जाना चाहिए।

हिन्दी में आधुनिकता शब्द के विकास का एक लम्बा इतिहास है। यह याद रखना जरूरी है कि हिन्दी-मानस ने 'आधुनिकता' शब्द को ही स्वीकार किया, 'आधुनिकतावाद' को नहीं। पचास के दशक में आधुनिकता के साथ-साथ आधुनिकबोध का इस्तेमाल भी मिलता है। परन्तु जाने या अनजाने नई हिन्दी कविता की आलोचना के संदर्भ में 'आधुनिकतावाद' पद के प्रयोग से प्रायः बचने का प्रयास किया गया है। यह मुझे महत्त्वपूर्ण लगता है। व्यापक प्रयोग में किसी शब्द का ग्रहण या परित्याग कभी भी आकस्मिक नहीं होता। हिन्दी में आधुनिकता शब्द का पहला प्रयोग कब और किसने किया, इसकी ठीक-ठीक जानकारी हमें नहीं है। जहाँ तक मुझे ज्ञात है, आचार्य रामचन्द्र शुक्ल से पहले इस शब्द का प्रयोग लगभग नहीं मिलता। आधुनिक साहित्य के प्रवर्तक भारतेन्दु हरिश्चन्द्र की कविता पर टिप्पणी करते हुए उन्होंने लिखा, "पर उनकी कविता के विस्तृत संग्रह में आधुनिकता कम ही मिलेगी।" ऐसा लिखते समय 'आधुनिकता' शब्द से

आचार्य शुक्ल की मंशा क्या थी, इसे उन्होंने स्पष्ट नहीं किया। परन्तु वह चीज, जिसे वे 'आधुनिकता' के नाम पर भारतेन्दु की कविता में देखना चाहते थे, वह वहाँ लगभग नहीं मिली और इस बात ने उन्हें थोड़ा परेशान किया। इससे यह बात खंडित होती है कि हिन्दी में आधुनिकता-सम्बन्धी चर्चा स्वाधीनता के बाद के पहले दशक में शुरू हुई थी। आचार्य शुक्ल अंग्रेजी की आधुनिक कविता से परिचित थे और वहाँ 'आधुनिक' या 'आधुनिकता' का क्या अर्थ होता है, इसे बखूबी जानते थे। फिर भी वे हिन्दी काव्यालोचन में इसको ले जायें, तो यह जानने का आधार है कि वे इस शब्द को अंग्रेजी से अलग ठेठ हिन्दी या कहें भारतीय संदर्भ में एक नया अर्थ देना चाहते थे। मैं समझता हूँ, इसे हिन्दी में आधुनिकता-सम्बन्धी चर्चा का प्रस्थान-बिन्दु माना जाना चाहिए—चाहे उसका अर्थ जितना भी आरम्भिक और स्थूल रहा हो। महत्त्वपूर्ण बात यह है कि हिन्दी में यह चर्चा नकारात्मक 'नोट' के साथ नहीं शुरू हुई थी।

वस्तुस्थिति यह है कि हिन्दी कविता में (और कमोबेश पूरी भारतीय कविता में भी) आधुनिकता कोई आकस्मिक घटना नहीं है, बल्कि वह एक लम्बी विकास-प्रक्रिया का परिणाम है। मुक्ति-आन्दोलन के समानान्तर और कई बार उसके आगे-पीछे यह प्रक्रिया पुराने मूल्यों से टकराती हुई और उन्हें छिन्न-भिन्न करती हुई अपने ढंग से चुपचाप चलती रही है। हिन्दी कवि को यह लड़ाई दो मोर्चों पर लड़नी पड़ी—पहले भाषा के मोर्चे पर और लगभग उसी के साथ-साथ संवेदना और विचार के मोर्चे पर भी। भाषा को आधुनिक बनाने का काम अधिक लम्बा और अधिक जटिल था। लोक-व्यवहार में वह अपने ढंग से घटित हो रहा था। काव्य-भाषा को उस लोक-स्पन्दन तक पहुँचने में थोड़ा समय लगा। इसीलिए हम पाते हैं कि निराला-जैसे आश्रेष्ठ आधुनिक कवि की कविताओं में भी कई बार संवेदना और भाषा के बीच एक अजब किस्म का द्वन्द्व या तनाव दिखाई पड़ता है। हमारी आलोचना में भाषा और आधुनिकता के सम्बन्ध पर विचार कम हुआ है। पर मुझे लगता है कि भारतीय संदर्भ में इन दोनों के सम्बन्ध की छानबीन अलग से की जानी चाहिए। यह बार-बार कहा गया है कि हमारी भाषाओं में आधुनिकता पश्चिम के प्रभाव से आई। पर मुझे लगता है कि उस प्रभाव को हमारी भाषाओं ने एक स्वतःस्फूर्त आन्तरिक सेंसर के द्वारा काफी ठोक-बजाकर धीरे-धीरे स्वीकार किया और वहीं तक स्वीकार किया, जहाँ तक उनकी जातीय संरचना और मूल प्रकृति को कोई खतरा नहीं पहुँचता था। इस तरह देखें तो आधुनिक भारतीय भाषाएँ बाह्य प्रभावों के प्रति चुपचाप तरीके से एक 'शॉक एब्ज़ार्वर' का काम करती रही हैं। काव्यभाषा में इसका प्रतिफलन किस रूप में हुआ, यह एक अलग विचार का विषय है, जो गहरी पड़ताल और व्याख्या-विश्लेषण की अपेक्षा रखता है।

स्वाधीनता के बाद आधुनिकता को लेकर जो बहसें हुईं—और काफी हुईं—उनमें

स्पष्टतः दो खेमे बनते हुए दिखाई पड़े। एक वर्ग वह था, जो मानता था (और ऐसा माननेवाले थोड़े-बहुत अब भी मिल जायेंगे) कि आधुनिकता एक तरह का संकट-बोध है—लगभग उसी तरह जैसे वह पश्चिम के साहित्य में दिखाई पड़ता है। इस वर्ग ने माना कि आधुनिकता औद्योगीकरण की अतिशयता और 'महानगरीय एकरसता' की उपज है। दिलचस्प यह है कि ये बातें उस समय कही गयीं, जब बड़े पैमाने पर औद्योगीकरण की शुरुआत अभी हो ही रही थी और जिन्हें हम आज 'महानगर' कहते हैं, वे अपनी नगरीय सीमा को तोड़ने के लिए छटपटा-भर रहे थे। फिर उस संकट-बोध का अर्थ क्या था और अपने आसन्न संदर्भ से उसकी संगति यदि बैठती थी तो किस तरह ? मुक्तिबोध पहले व्यक्ति थे जिन्होंने इस सवाल को पूरे बलाघात के साथ उठाया था—1956 के अपने एक लेख में। उन्होंने लिखा, "आज योरुप-अमरीका में एक विशेष प्रकार की समाज-समीक्षा, सामाजिक आलोचना, सभ्यता-समीक्षा प्रचलित है। कई ऐसे कवि हैं, जो भारतीय अनुभव को ध्यान में न रखकर, विदेशों में प्रचलित जो सभ्यता-समीक्षा है, उसको अपनाकर काव्य में अपनी भावनाएँ प्रकट करते हैं।" आगे चलकर उसी निबन्ध में उन्होंने यह महत्त्वपूर्ण प्रश्न भी उठाया कि "नयी हिन्दी कविता में जो आधुनिक भाव-बोध है, वह पश्चिमी जगत के व्यक्तिवादी-निराशावादी दर्शन से अनुप्राणित हो या भारत के अपने भविष्य-स्वप्न से ?"

असल में हमारे भविष्य-स्वप्न का जो परिकल्पित ढाँचा था, उसकी मूल प्रेरणाएँ भी लगभग वहीं थीं, जहाँ नयी कविता के एक अच्छे-खासे हिस्से की। हमारे-जैसे ही नवस्वाधीन अन्य एशियाई देशों तथा अफ्रीकी या लैटिन अमरीकी देशों के सांस्कृतिक मोर्चों पर क्या हो रहा था, यह जानने के उपाय तो थे, पर उसके लिए अपेक्षित उत्सुकता हमारे भीतर नहीं थी। हमारे सांस्कृतिक जीवन पर जो औपनिवेशिक दबाव अब भी बना हुआ था, उसके चलते हमें इस एहसास तक पहुँचने में लम्बा समय लगा कि उन भू-भागों में जो घटित हो रहा है, उससे हमारी सोच और संवेदना के तार कहीं न कहीं मिलते हैं। साथ ही पश्चिम के परम्परागत सांस्कृतिक केन्द्र अपनी अर्थवत्ता खोते जा रहे हैं, यह जानने और मानने में भी हमें थोड़ा समय लगा। फलतः इस अन्तराल में हिन्दी के नये कवियों के द्वारा आधुनिकता के मान-मूल्य वहीं देखे और तलाशे जाते रहे, जहाँ खुद वे अप्रासंगिक होते जा रहे थे। लेकिन इस बीच भी हिन्दी आधुनिकता की जो मुख्य धारा थी, वह चुपचाप सक्रिय थी और अपनी गतिमयता के स्रोत कहीं और नहीं, अपने परिवेश की उन्हीं जानी-पहचानी परिस्थितियों के भीतर खोज रही थी, जिनके बीच वह सक्रिय थी। मुक्तिबोध, शमशेर, नागार्जुन और त्रिलोचन आदि इसी धारा के कवि थे और इनमें से पिछले तीन तो एक व्यापक संदर्भ में आज भी उस धारा का प्रतिनिधित्व कर रहे हैं। इन कवियों के निकट आधुनिकता वस्तुतः मुक्ति की आकांक्षा है, जो कविता में एक

नये कलात्मक तेवर के साथ व्यक्त होती है।

पश्चिमोन्मुख आधुनिकता और ठेठ भारतीय आधुनिकता के बीच का वह द्वन्द्व कविता में एक सुखद रचनात्मक परिणति तक पहुँचकर अब थम-सा गया है। परन्तु अब भी कई अंतराल ऐसे हैं, जिनको भरे बिना कविता को उसके अभीष्ट लक्ष्यों तक पहुँचाना कठिन होगा। समकालीन कविता में यह अंतराल कई बार संवेदना और सोच के बीच की फाँक के रूप में प्रकट होता है, कई बार स्वयं शब्द और अर्थ के बीच की दरार के रूप में भी। स्वाधीनता के बाद हिन्दी का जो मानक रूप बना है और किसी हद तक आज भी बन रहा है, उसके विकास की दिशा बहुत कुछ अभिजनोन्मुख रही है। इसका प्रभाव थोड़ा-बहुत कविता की भाषा पर भी पड़ा है। उसने काफी हद तक एक आधुनिक मुहावरा अर्जित तो कर लिया है, पर ऐसा करते हुए वह अपने मूल भाषिक स्रोतों से कुछ विच्छिन्न भी होती गयी है। अतः बाद के कवियों के लिए भाषा के स्तर पर आधुनिकता की लड़ाई ज्यादा जटिल होती गयी है। इस स्थिति ने लिखित शब्द और पाठक के बीच के अन्तराल को भी थोड़ा बढ़ाया है। इसका एक नतीजा यह है कि समाज का वह हिस्सा जो अपनी भाषा के बीच पहले से ही गूँगा था, थोड़ा और गूँगा हुआ है।

बहैसियत एक रचनाकार के मेरे लिए आधुनिकता सबसे पहले मेरा अनुभव है। यह अनुभव बहुत-सी मानसिक प्रतिक्रियाओं, दृश्यों, घटनाओं, उम्मीदों और मोहभंगों का एक मिला-जुला घोल है, जोकि असल में मेरी दुनिया है। मेरी आधुनिकता का एक बड़ा हिस्सा बेशक वैज्ञानिक और तकनीकी विकास के गर्भ से पैदा हुआ है, परन्तु मेरी विशिष्ट ऐतिहासिक स्थिति की विडम्बना यह है कि मेरी आधुनिकता के स्वरूप को निर्धारित करने में वे वास्तविकताएँ भी एक खास तरह की भूमिका निभाती हैं, जो आधुनिकता के सुपरिचित दायरे से लगभग बाहर हैं। मेरी आधुनिकता की एक चिन्ता यह है कि उसमें लालमोहर कहाँ है ? मेरी बस्ती के आखिरी छोर पर रहनेवाला लालमोहर वह जीती-जागती सचाई है, जिसकी नीरन्ध्र निरक्षरता और अज्ञान के आगे मुझे अपनी अर्जित आधुनिकता कई बार विडम्बनापूर्ण लगने लगती है। मेरे भावबोध की यह एक ऐसी पेंच है, जिसे सुलझाने का कोई आसान रास्ता नहीं है मेरी रचना के पास।

एक भारतीय नागरिक के रूप में मैं जानता हूँ कि मेरा समाज, सामन्तवाद के विरुद्ध एक लम्बे संघर्ष के बाद भी, अपने मूल्यों और अपने आचरण में सामन्ती अवशेषों से अभी पूरी तरह मुक्त नहीं हो पाया है। उसी अवशेष का एक रूप है जाति-व्यवस्था, जो मेरे चारों ओर है। मैं चाहूँ या न चाहूँ, अपने समाज में अपने सारे मानववाद के बावजूद, मैं एक जाति-विशेष का सदस्य माना जाता हूँ। यह मेरी सामाजिक संरचना की एक ऐसी सीमा है, जिससे मेरे रचनाकार की संवेदना बार-बार टकराती है और क्षत-विक्षत होती है। मेरी आधुनिकता में यह खरोंच भी शामिल

है। अपने शब्दों को अपने समय की आँच पर पकाते और फिर उन्हें कागज पर उतारते हुए मैं चाहूँ भी तो इस तथ्य को भूल नहीं सकता कि मुझे अक्सर हिन्दू-मुस्लिम संघर्षों की शर्म और पीड़ा भी झेलनी पड़ती है। मैं और मेरी भाषा, दोनों उस द्वन्द्व को दूर तक झेलते हैं, जो इस टकराव से पैदा होता है। समकालीन हिन्दी कविता में ऐसी पंक्तियों का अभाव नहीं है जो इस दंश को व्यक्त करती हैं। कवि शमशेर की नीचे लिखी पंक्तियों में मुझे उसी दंश की एक गहरी और तिलमिला देनेवाली अभिव्यक्ति मिली है–

ईश्वर, अगर मैंने अरबी में
प्रार्थना की तो तू मुझसे
नाराज़ हो जायेगा ?
अल्लाह, यदि मैंने संस्कृत में
संध्या कर ली तो तू
मुझे दोज़ख में डालेगा ?
लोग तो यही कहते घूम रहे हैं
तू बता ईश्वर
तू ही बता मेरे अल्लाह ?

यहाँ थोड़ा रुककर एक और बात पर विचार कर लेना मुझे जरूरी लगता है। सचाई यह है कि सारे साम्प्रदायिक तनाव के बावजूद हिन्दी कविता में धार्मिक संवेदना का वैसा उभार नहीं दिखाई पड़ता, जैसा कि आधुनिकीकरण के प्रतिक्रियास्वरूप योरुप की आधुनिक कविता में घटित हुआ था। कुछ कवियों के यहाँ एक नव-रहस्यवाद जैसी चीज जरूर दिखाई पड़ती है, पर उसका धर्म से कुछ खास लेना-देना नहीं है। यह कहने की जरूरत नहीं कि हम जिस समाज में रहते हैं, धार्मिक आचार-विचार उसकी बनावट का एक मुख्य हिस्सा है। जिस हद तक हमारा संदर्भ हमारे भाव-बोध में रचा-बसा है, उस हद तक उस पर धार्मिक स्थिति का दबाव भी जरूर होगा। उस दबाव का एक बेहद तीखा बयान नागार्जुन की 'पछाड़ दिया मेरे आस्तिक ने'- जैसी कविता में मिलता है। इस कविता में कवि उगते हुए सूर्य को देखता है और सहसा उसके प्रति एक परम्परागत स्तुतिभाव उसके भीतर जगता है। उसके होंठों से सूर्य-स्तुति के कुछ मंत्र फूट पड़ते हैं--लेकिन कविता के अंत तक जाते-जाते वह अपने युवा मित्र से कहता है कि वह मंत्रपाठ वस्तुतः एक 'डिवियेशन' या 'भटकाव' था। इस तरह पूरी कविता एक विलक्षण आलोचनात्मक विवेक के साथ एक गहरी मानवीय परिणति तक जाकर खत्म होती है। पश्चिम की आधुनिक कविता से हिन्दी की आज की कविता की मुख्य धारा, जिन अनेक स्तरों पर अलग होती है, उनमें से एक महत्त्वपूर्ण स्तर यह है–एक ऐसा स्तर, जिसकी गहरी छानबीन की

अपेक्षा अब भी बनी हुई है।

मेरे समय की एक बड़ी चिन्ता है–पर्यावरण को प्रदूषण से बचाये रखने की चिन्ता। इस चिन्ता का एक विश्वव्यापी आयाम है। इस समस्या की कई पर्तें हैं और सबका सम्बन्ध केवल उस पर्यावरण से नहीं है, जिसे हम अपना बाह्य परिवेश या आबोहवा कहते हैं। मैं जानता हूँ कि इन शब्दों को लिखते समय मेरे कान और मेरी भाषा के कान भी, उधर लगे हैं, जिधर से खाड़ी-युद्ध के धमाकों की आवाज आ रही है। मेरे बोध और मेरे पर्यावरण की रक्षा का उस धमाके से गहरा सम्बन्ध है। पर खतरा सिर्फ उधर से नहीं है। मेरा टेलीविज़न लगभग प्रलाप-जैसी भाषा में जो लगातार बोलता रहता है, एक खास तरह का प्रदूषण मेरी भाषा की दुनिया में–उसके जरिए भी फैलता है। परन्तु प्रदूषण चाहे बाहरी हो या भीतरी, उसकी जड़ें आधुनिक जीवन के ढाँचे में हैं, ऐसा सोचना समस्या को उलटकर देखना होगा। हिन्दी कविता में पर्यावरण की जो चेतना इधर उभरती हुई दिखाई पड़ती है, उसमें आधुनिकता और पर्यावरण में कोई तनाव या विरोध नहीं है और यह हमारी आधुनिकता का एक नया आयाम है।

मेरी आधुनिकता में मेरे गाँव और शहर के बीच का सम्बन्ध किस तरह घटित होता है, इस प्रश्न की विकलता मेरे भाव-बोध का एक अनिवार्य हिस्सा है। ये दोनों मेरे भीतर हैं और दोनों में जो एक चुपचाप सहअस्तित्व है, उसका संतुलन हमेशा एक-जैसा बना रहता हो, ऐसा नहीं है। इससे भारतीय कवि के भीतर एक नये ढंग का भाव-बोध विकसित होता है, जो पश्चिम से काफी भिन्न है। साइबेरिया में जन्मे प्रसिद्ध रूसी लेखक वसीली शूक्शिन ने गाँव और शहर के इस रिश्ते को काफी गहराई से महसूस किया था। वे लिखते हैं, "यह विचित्र बात है कि चालीस की उम्र में मैं न तो नियमित रूप से शहर में रहनेवाला बन पाया हूँ, न ही देहाती रह गया हूँ। इस बात से मैं बहुत असुविधा महसूस करता हूँ।··· लेकिन इस स्थिति के भी अपने कुछ फायदे हैं।" शूक्शिन ने जिस 'असुविधा' की बात लिखी है, उसे अपने रचनात्मक जीवन के किसी न किसी मोड़ पर वे सारे कवि-लेखक महसूस करते हैं, जो रहते तो हैं किसी बड़े नगर में, मगर जिनकी जड़ें किसी सुदूर कस्बे या गाँव में हैं। शूक्शिन के अनुसार इस स्थिति के अपने कुछ फायदे भी हैं। असल में दोनों के बीच का रचनात्मक तनाव कवि के अनुभव को एक नयी ऊष्मा और धार देता है–यह बात नागार्जुन, त्रिलोचन और केदारनाथ अग्रवाल-जैसे कवियों की कृतियों में खास तौर से देखी जा सकती है। पश्चिम से प्रभावित आधुनिकता के लगभग सारे प्रचलित साँचों को अस्वीकार करते हुए भी ये कवि आधुनिक हैं और अपने ठेठ भारतीय अर्थ में आधुनिक हैं। इनकी आधुनिकता की जड़ें अपने समय और समाज के संघर्षों की उस लम्बी परम्परा में हैं, जो परिवर्तन की एक दीर्घ प्रक्रिया के अन्तर्गत धीरे-धीरे विकसित होती रही है। इसीलिए इनके शब्दों में एक देशज अर्थ की गूँज है जो चेतना

में देर तक टिकी रहती है। इस धारा के कवियों में परम्परा की खोज की वह बौद्धिक बेचैनी नहीं दिखाई पड़ेगी, जो आधुनिकतावादी कवियों में दिखाई पड़ती है। असल में परम्परा इनकी संवेदना, सोच और भाषा में अन्तर्निहित है—क्योंकि जिन जनपदीय स्रोतों से उभरकर ये कवि आये हैं, वहाँ परम्परा कोई अलग से खोजी या पायी जानेवाली चीज नहीं होती। वह वहाँ रोजमर्रा के संघर्षों में बनती, छीजती और पुनर्निर्मित होती रहती है।

सचाई यह है कि मैंने और मेरे बहुत-से समकालीन रचनाकारों ने अपने अध्ययन और अनुभव से जिस आधुनिकताबोध को अर्जित किया है, उसमें अपनी जड़ों से आयी हुई स्मृतियाँ और अभिप्राय भी चुपचाप शामिल हो गये हैं। इससे अर्जित बोध को एक स्थानिक प्रामाणिकता मिलती है, जहाँ रचना अपना पाँव टिकाकर खड़ी होती है। आज की ज्यादातर कविताएँ अपने स्थान से होकर अपने समय में प्रवेश करती हैं और थोड़ा प्रयास किया जाये तो उनमें इसका एक आवर्तनशील साँचा भी तलाश किया जा सकता है। अपनी स्मृतियों को कुरेदता हूँ तो वहाँ इसका एक साँचा पहले से ही मौजूद है। मैंने अपनी बस्ती की जिस पाठशाला में शिक्षा ग्रहण की थी, वहाँ कोई घड़ी नहीं थी। उन दिनों घड़ी के होने का सवाल ही नहीं था। इसलिए दोपहर के खाने की छुट्टी तब होती थी, जब दुपहरिया के फूल खिल जाते थे। ये छोटे-छोटे, लाल-लाल फूल होते थे, जिन्हें इसी नाम से जाना जाता था। खाने की छुट्टी का समय और दुपहरिया के फूल के खिलने में जो रिश्ता था, वह हमारे लिए एक चमत्कार की तरह होता था—मानो दुपहरिया के फूल दोपहर के समय का सृजन करते हों। मैंने समय को इसी तरह जानना सीखा था और जिस भाषा में सीखा था, वह अजब ढंग से प्रकृति और मनुष्य की मिली-जुली भाषा थी। मेरे आधुनिक संवेदनों में जो बहुत-से तत्त्व अपनी मूल जड़ों से छनकर आ गये हैं, उनमें समय का यह बोध भी है—एक ऐसा बोध, जिसमें स्थान और समय के बीच कोई फाँक नहीं होती। अपने समय को मेरी भाषा की आँख जिस तरह देखती है, उसका छोटा-सा उदाहरण देकर अपनी बात समाप्त करूँगा—

> क्या आप विश्वास करेंगे
> कि आज की धूप में
> अगली सदी के किसी शनिवार की गर्मी है।
>
> कि इस समय
> हमारे शहर के सारे पौधे
> अपनी खुराक ले रहे हैं
> आठवीं सदी की मिट्टी में दबी
> किसी हरी खाद से।

कि अभी-अभी मेरे नल से
जो टपक रहा था पानी
वह अड़तीसवीं सदी के
किसी कुएँ से आ रहा था ?

[1991]

आचार्य शुक्ल की काव्य-दृष्टि और आधुनिक कविता

आचार्य रामचन्द्र शुक्ल की काव्य-दृष्टि की चर्चा करते समय, एक रचनाकार की हैसियत से मेरे सामने सबसे महत्त्वपूर्ण प्रश्न यह है कि उसमें अपने लिए मैं क्या पाता हूँ ? आज का नया रचनाकार किस स्तर पर शुक्लजी के काव्य-संबंधी चिन्तन से जुड़ता है या फिर नहीं जुड़ता, इस पर बहुत कम विचार किया गया है। मैं यहाँ स्पष्ट कर दूँ कि इससे किसी विचारक या आलोचक के ऐतिहासिक महत्त्व में कोई अन्तर नहीं आता कि वह बाद की पीढ़ी के लिए प्रासंगिक ठहरता है या नहीं। पर इस बात की पड़ताल हमें अनेक महत्त्वपूर्ण निष्कर्षों तक ले जा सकती है कि कोई पूर्ववर्ती विचारक या आलोचक आगे आनेवाले कवि या लेखक को क्या देता है या फिर नहीं देता। आचार्य रामचन्द्र शुक्ल के आलोचक व्यक्तित्व की दीर्घ छाया किसी न किसी रूप में लगभग पूरे आधुनिक साहित्य पर पड़ी है और उनके निधन के 43 वर्ष बाद भी उस व्यक्तित्व की सजीव उपस्थिति साहित्य की कक्षाओं और आलोचना-गोष्ठियों में लगातार महसूस की जाती रही है। पर यह एक विचित्र विडम्बना है कि सम्पूर्ण आधुनिक हिन्दी कविता जिस तरह से अपने विकास के रास्ते खोजती रही है, उसमें एक रचनाकार के निकट आचार्य शुक्ल के कविता-संबंधी विचार-सूत्र सक्रिय रूप से बहुत कम साझीदार रहे हैं। यह बात केवल नितांत समकालीन कविता के बारे में ही सच नहीं है, बल्कि स्वयं छायावादी कविता का विकास भी लगभग इसी रूप में घटित हुआ था—बहुत कुछ आचार्य शुक्ल के व्यक्तित्व के समानान्तर, परन्तु आचार्य शुक्ल के बावजूद।

आधुनिक काल में हिन्दी कविता के भीतर जो दूरगामी परिवर्तन घटित हुए—भाव से लेकर भाषा तक—उनके प्रति आचार्य शुक्ल का दृष्टिकोण क्या है, इसकी पड़ताल कई दृष्टियों से महत्त्वपूर्ण हो सकती है। यहाँ मैं उनकी काव्य-दृष्टि पर विचार करते समय इसी ऐतिहासिक संदर्भ को अपने सामने रखना चाहता हूँ। 'कविता क्या है,' 'काव्य के लोकमंगल की साधनावस्था', 'रसात्मक बोध के विविध रूप' और 'काव्य

में प्राकृतिक दृश्य' आदि प्रसिद्ध लेखों में उनके काव्य-संबंधी चिंतन के आधारभूत सूत्र हमें अवश्य मिलते हैं, पर मुझे लगता है कि उनका सबसे उत्तेजनापूर्ण, मौलिक और विचलित करनेवाला काव्य-चिंतन उनकी व्यावहारिक आलोचना में ही मिलता है। सूर, तुलसी और जायसी की कविता पर विस्तारपूर्वक विचार करने के साथ-साथ उन्होंने अपने समय तक के लगभग पूरे काव्य पर समग्र रूप से और अलग-अलग, दोनों रूपों में विचार किया था। यह तथ्य भी ध्यान देने योग्य है कि आचार्य शुक्ल जिसे आधुनिक कविता का प्रथम, द्वितीय और तृतीय चरण कहते हैं, उसकी समाप्ति के बाद प्रगतिवादी काव्य-आंदोलन का सूत्रपात भी उन्हीं के जीवनकाल में ही हो चुका था। तात्पर्य यह कि वे एक अत्यन्त तीव्र गति से घटित होनेवाले विराट साहित्यिक परिवर्तन के साक्षी थे। जो काव्यबोध उनके भीतर विकसित हुआ था, वह इसी विराट संदर्भ की उपज था। हम जानते हैं कि उन्हें परंपरा से कविता का जो रूप, आस्वाद और इतिहास मिला था, उसे उन्होंने एक श्रेष्ठ इतिहासकल्पी आलोचक की तरह पूरा सम्मान दिया : पर उस सब कुछ को ज्यों का त्यों स्वीकार नहीं किया। उन्होंने अपने समय के विशेष कोण पर खड़े होकर हिन्दी की सौन्दर्य चेतना के पूरे विकास का वस्तुपरक मूल्यांकन किया और सतह से दूरी या निकटता के अनुपात में शिखरों का नया क्रम-निर्धारण किया। यह सब कुछ करने के पीछे इतिहास की एक गहरी समझ तो थी ही, पर उसी के साथ-साथ एक सर्वथा नयी सौन्दर्य-दृष्टि और नया काव्यबोध भी था, जो उनके काव्य-संबंधी पूरे विश्लेषण के पीछे सक्रिय था। यदि ध्यान से देखें तो इस काव्यबोध पर कुल मिलाकर आधुनिक परिवेश का दबाव कुछ अधिक ही था। इस बात के प्रमाण हमें सूर, तुलसी और जायसी की समीक्षा में भी मिल सकते हैं। जहाँ तक आधुनिक कविता का प्रश्न है, शुक्लजी काव्य में घटित होनेवाले परिवर्तनों का संबंध सीधे बदलती हुई परिस्थितियों से जोड़ते हैं और साथ ही एक विशेष प्रकार की आधुनिकता के महत्त्व पर बल देते हैं। यह आधुनिकता उनके निकट एक मूल्यपरक शब्द है। थोड़ा विचित्र लग सकता है, पर यह एक तथ्य है कि हिन्दी आलोचना में आधुनिकता शब्द का प्रथम प्रयोग आचार्य शुक्ल ने ही किया था। भारतेन्दु हरिश्चन्द्र को हिन्दी कविता में नये युग के प्रवर्तक का श्रेय देते हुए अन्त में उन्होंने यह टिप्पणी भी की थी, "पर उनकी कविताओं के विस्तृत संग्रह के भीतर आधुनिकता कम ही मिलेगी।" कहने की आवश्यकता नहीं कि आचार्य शुक्ल द्वारा प्रयुक्त होनेवाला यह आधुनिकता शब्द सन् 60 के आसपास हिन्दी-आलोचना में चर्चित होनेवाले आधुनिकतावाद से सर्वथा भिन्न है। आधुनिक कविता या उन्हीं के शब्द का इस्तेमाल करें तो 'नयी धारा' की कविता से उनका क्या तात्पर्य है। उन्होंने आधुनिक हिन्दी कविता के प्रथम उत्थान की चर्चा के संदर्भ में इसकी ओर एक महत्त्वपूर्ण संकेत किया है। इस नवीनता या आधुनिकता से उनका तात्पर्य था—"काव्य को देश की बदलती हुई परिस्थिति और

मनोवृत्ति के मेल में लाना।" कविता की इस बदलती हुई परिस्थिति या परिवर्तन के संवंध में शुक्लजी की अपनी कुछ विशेष धारणाएँ थीं, जिन पर यहाँ संक्षेप में विचार करना आवश्यक है।

यह असंदिग्ध है कि रीतिकाल के बाद जो क्रांतिकारी परिवर्तन हिन्दी कविता में घटित हुआ, आचार्य शुक्ल काफी दूर तक उसे अपनी सहानुभूति देते हैं। पर कुल मिलाकर इस परिवर्तन के प्रति, जिसे बाद में उन्होंने परिवर्तनवाद की संज्ञा दी, उनकी प्रतिक्रिया थोड़ी मिश्रित थी। आधुनिक काल में रीति काल की चमत्कारवादी परंपरा से मुक्ति को वे आवश्यक मानते हैं, पर साथ ही यह भी कहते हैं, "हमारे साहित्य में रीतिकाल की जो रूढ़ियाँ हैं वे किसी और देश की नहीं, उनका विकास इसी देश के साहित्य के भीतर संस्कृत में हुआ है।" अतः वे उससे यानी रीतिकालीन परंपरा से उस प्रकार के पार्थक्य की बात को स्वीकार नहीं करते जैसा कि अंग्रेजी की स्वच्छंदतावादी कविता में अपनी पूर्ववर्ती कविता के साथ पाया जाता है। उनकी मान्यता है कि चूँकि स्वच्छंदतावाद से पहले की अंग्रेजी कविता पर लैटिन प्रभाव–जोकि एक विदेशी प्रभाव था–अधिक था, इससे वहाँ के रोमांटिक कवियों का उससे विद्रोह करना जायज़ था। पर देसी संदर्भ की उपज होने के कारण रीतिकाल के प्रति वैसा ही विद्रोह शायद हिन्दी कवियों के लिए पूरी तरह उचित नहीं। स्पष्ट है कि यहाँ शुक्लजी, परिवर्तन का जो एक विशेष देसी चरित्र होना चाहिए, उस पर बल देते हैं, उस पर विद्रोह के पीछे देश की जो ऐतिहासिक परिस्थितियाँ सक्रिय थीं, उनके अस्तित्व को स्वीकार नहीं करते। इस देसीपन की उनके पास अपनी एक व्याख्या है, जो इस प्रकार है–

"जब-जब शिष्टों का काव्य पंडितों द्वारा बँधकर निश्चेष्ट और संकुचित होगा तब-तब उसे सजीव और चेतन प्रसार देश की सामान्य जनता के बीच स्वच्छंद बहती हुई प्राकृतिक भावधारा से जीवनतत्त्व ग्रहण करने से ही प्राप्त होगा।"

मैं यहाँ 'सामान्य जनता' पद पर जोर देना चाहूँगा।

एक ऐसे समय में, जब मुद्रण कला के विकास के फलस्वरूप काव्य का प्रत्यक्ष श्रोता परोक्ष पाठक में बदल गया था और कविता अपनी अनुभूति और अभिव्यक्ति-प्रणाली, दोनों में ही विशेषीकरण की ओर बढ़ती जा रही थी, शुक्लजी द्वारा कविता के विकास के संदर्भ में 'सामान्य जनता' शब्द का इस्तेमाल तथा उसके स्वच्छंद बहती हुई भावधारा से जीवनतत्त्व ग्रहण करने की बात महत्त्वपूर्ण है। उनकी इस मान्यता के साथ आज का नया रचनाकार भी कहीं न कहीं अपने को जुड़ा हुआ महसूस कर सकता है। आगे इसी क्रम में उन्होंने काव्य-रूपों में होनेवाले परिवर्तनों की भी चर्चा की है और बाह्याकार में होनेवाले इस परिवर्तन को समय के अनुरोध से आवश्यक भी माना है। हम जानते हैं कि रीतिकाल में जो कविता कुछ थोड़े से काव्य-रूपों में बँधकर रह गई थी, आधुनिककाल में उसमें भारी परिवर्तन हुआ और भारतेन्दु

के साथ नये काव्य-रूपों की खोज की जो प्रक्रिया आरंभ हुई थी, वह किसी न किसी रूप में आज भी चल रही है। पर शुक्लजी इस सारे परिवर्तन को एक सीमा तक ही स्वीकार करते हैं—केवल वहीं तक, जहाँ तक 'शिक्षित जनता' की स्थिति के साथ उसका सामंजस्य हो। उनके शब्द हैं, "अनेक रूपों (यहाँ उनका तात्पर्य काव्य-रूपों से है) की धारणा करनेवाला तत्त्व यदि एक है तो शिक्षित जनता की बाह्य और आभ्यंतर स्थिति के साथ सामंजस्य के लिए काव्य अपना रूप भी कुछ बदल सकता है और रुचि की विभिन्नता का अनुसरण करता हुआ एक साथ कई रूपों में भी चल सकता है।" यहाँ ध्यान देने की बात है कि शुक्लजी केवल शिक्षित जनता की वाह्य और आभ्यंतर स्थिति के साथ सामंजस्य को महत्त्व देते हैं, जो उनके कथन के आशय को थोड़ा सीमित करता है। यह तत्कालीन काव्यबोध पर क्रमशः विकसित होते हुए नवशिक्षित मध्यवर्ग के बढ़ते हुए दबाव का परिणाम है। इस प्रकार 'सामान्य जनता' की स्वच्छंद भावधारा से प्रेरणा लेकर केवल 'शिक्षित जनता' की स्थिति के साथ सामंजस्य का यह आग्रह थोड़ा असंगतिपूर्ण लगता है। परन्तु यह उस समय के उभरते हुए मध्यवर्ग का अपना अन्तर्विरोध था, जो किसी न किसी रूप में कला के समस्त रूपों को प्रभावित कर रहा था।

यह 'सामंजस्य' शुक्लजी की काव्य-संबंधी अवधारणा में एक मूल्यपरक शब्द है, जिसे वे काव्य की एक सौन्दर्यबोधात्मक विशिष्टता के रूप में स्वीकार करते हैं। वे इस सामंजस्य को पूरे भारतीय काव्य की प्रमुख विशिष्टता मानते हैं और इसके विपरीत जो स्थिति हो सकती है उसके बारे में स्पष्ट शब्दों में कहते हैं, "भाव-क्षेत्र में असामंजस्य की स्थिति का भी एक स्थान अवश्य है, पर यह कोई व्यापक और स्थायी मनोवृत्ति नहीं।" शुक्लजी की इस मान्यता के आलोक में यदि हम समकालीन कविता की पड़ताल करें तो थोड़ी कठिनाई हो सकती है, क्योंकि वहाँ भाव-क्षेत्र में असामंजस्य की स्थिति कुछ अधिक प्रखर रूप में दिखाई पड़ेगी। जाहिर है, जिस सामाजिक संतुलन की पृष्ठभूमि से जुड़कर शुक्लजी के काव्य-संबंधी विचार निर्मित हुए थे, वह बाद में चलकर अनेक दबावों के चलते निरंतर बिखरता गया और इस स्थिति ने कम या अधिक कला के सभी रूपों को प्रभावित किया। अतः शुक्लजी की सामंजस्यमूलक परिकल्पना आगे आनेवाले काव्य के संदर्भ में लगभग उसी प्रकार अप्रासंगिक हो गयी, जैसे प्रथम महायुद्ध के बाद विकसित होनेवाली अंग्रेजी कविता के संदर्भ में आई. ए. रिचर्ड्स का संवेगों के संतुलन का सिद्धांत।

उंन्नीसवीं शताब्दी के बाद की हिन्दी कविता में जो क्रान्तिकारी परिवर्तन आया, वह लगभग सभी स्तरों पर घटित हुआ। पर उसका सबसे सीधा और प्रत्यक्ष प्रभाव कविता की भाषा और छंद पर देखा जा सकता है। और सब बातों को छोड़ भी दें तो यह एक सर्वविदित तथ्य है कि छंद की जो परंपरागत मान्यता चली आ रही थी, उनमें आधुनिक काल में आकर बहुत उलटफेर हुआ। तुक की जगह अतुकांत

ने और छंद की जगह मुक्तछंद और बाद में शुद्ध लय ने ले ली। शुक्लजी इस परिवर्तन को 'अतुकांत' तक तो स्वीकार करते हैं, पर इससे आगे नहीं। जिस मुक्तछंद को निराला ने मानवमुक्ति के प्रयास के साथ जोड़कर देखा था, उसके प्रति शुक्लजी के भीतर एक संशय का भाव है, जिसे वे इन शब्दों में व्यक्त करते हैं–

"इधर कुछ दिनों से बिना छंद के पद्य भी–बिना तुकांत के होना तो बहुत ध्यान देने की बात नहीं–निरालाजी-ऐसे नयी रंगत के कवियों में देखने में आते हैं। यह अमेरिका के एक कवि वाल्ट व्हिटमेन की नकल है, जो पहले बंगला में थोड़ी बहुत हुई।"

आगे शुक्लजी एक विदेशी आलोचक की मार्फत यह भी कहते हैं, "ऐसी रचनाओं में छंदोव्यवस्था का ही नहीं, बुद्धितत्व का भी प्रायः अभाव है।" हम जानते हैं कि मुक्तछंद की जो परंपरा निराला से आरंभ हुई थी, वह उसके बाद की कविता में अभिव्यक्ति का प्रमुख माध्यम–बल्कि एक हद तक कहें तो केन्द्रीय माध्यम बन गयी। शुक्लजी ने मुक्तछंद के इस विकास को कोरी विदेशी नकल मानकर टाल दिया। पर वास्तविकता यह है कि यदि इसे हम एक विदेशी प्रभाव मान भी लें–जो कि वस्तुतः वह नहीं था–तो साहित्यिक आदान-प्रदान की दुनिया में कोई भी प्रभाव आकस्मिक नहीं होता। यह एक ऐसी दुनिया है जहाँ कोई भी प्रभाव तभी सक्रिय रूप से काम करता है, जब उसके लिए ग्राहक समाज की युगीन परिस्थितियाँ पूर्णतः पर्युत्सुक और परिपक्व हों। अतः चाहे वह मुक्त छंद हो, चाहे स्वच्छंदतावादी काव्य के साथ उभरकर आनेवाला नया प्रगीत-काव्य–ये दोनों ही निश्चित रूप से केवल बाह्य प्रभाव नहीं थे। शुक्लजी की काव्य–रुचि और स्वाद–बोध की यह सीमा थी कि वे इस उभरती हुई नयी काव्यात्मक संभावना को सही-सही परिप्रेक्ष्य में विश्लेषित नहीं कर सके थे।

कई बार एक आलोचक जो कहता है, उससे कहीं अधिक महत्त्वपूर्ण वह होता है जो वह नहीं कहता। पूरी आधुनिक कविता के मूल्यांकन के संदर्भ में आचार्य शुक्ल कहाँ अपनी व्याख्या में अधिक मुखर होते हैं और कहाँ एक विलक्षण सावधानी के साथ केवल संकेत करते हैं, अथवा चुप रह जाते हैं–इसकी छानबीन की जानी चाहिए, क्योंकि उनकी काव्य-दृष्टि को समझने के लिए यह आवश्यक है। आचार्य शुक्ल का ही पाठक जानता है कि छायावादी कविता पर विचार करते समय उनकी सौंदर्य-चेतना सबसे अधिक यदि परितृप्त हुई थी तो पंत के काव्य से। हम यह भी जानते हैं कि इसका एक बहुत ठोस और प्रत्यक्ष कारण था–पंत की कविता में प्रकृति का होना। इस पर बार-बार विचार किया गया है और पुनः विचार करने की आवश्यकता है कि आचार्य शुक्ल का यह जो आत्यन्तिक प्रकृति-प्रेम है, उसके मूल कारण क्या हैं ? मुझे ऐसा लगता है कि इसका एक बड़ा कारण स्वयं आचार्य शुक्ल के अपने काव्य में ढूँढ़ा जा सकता है। उनकी लगभग सारी कविताएँ प्रकृति के किसी

न किसी मार्मिक रूप को उद्घाटित करनेवाली कविताएँ हैं। मुझे यह बराबर लगता रहा है कि आधुनिक हिन्दी कविता के संबंध में अपना मत स्थिर करते समय शुक्ल जी के निकट उनके अपने ही सर्जनात्मक अनुभव के भीतर से विकसित काव्यबोध एक निर्णायक भूमिका निभाता है। यही कारण है कि वे जिन दो कवियों को अपनी सबसे अधिक सहानुभूति देते हैं, वे द्वितीय उत्थान के कवि श्रीधर पाठक और तृतीय उत्थान के कवि सुमित्रानंदन पंत हैं। परन्तु आधुनिक कविता के संदर्भ में प्रकृति के तत्त्व पर इतना अधिक जोर देना थोड़ा विचित्र लगता है और शुक्लजी के संपूर्ण काव्य-चिंतन के साथ इसकी संगति बैठाने में कई बार कठिनाई भी महसूस होती है। काव्य में व्यक्ति-वैचित्र्य के चित्रण का विरोध करनेवाले आचार्य शुक्ल का यह प्रकृति-प्रेम भी कई बार विशेष प्रकार का वैचित्र्य ही जान पड़ता है। यह लक्ष्य करने योग्य है कि यह प्रकृति-तत्त्व उनके काव्य-निर्णय का एक नियामक तत्त्व बन जाता है, जिसके चलते किसी एक कवि का कृतित्व उनके लिए अधिक महत्त्वपूर्ण हो जाता है। (जैसे पंत का) और जिसके अभाव में कई बार काव्य की अन्य विशिष्टताओं की उपस्थिति भी उनका ध्यान आकृष्ट नहीं कर पाती।

काव्य-भाषा के संबंध में शुक्लजी ने अनेक स्थलों पर विस्तारपूर्वक विचार किया है। परन्तु खड़ी बोली काव्य-भाषा की चर्चा करते समय उन्होंने उस पर उतने विस्तार से विचार नहीं किया है, जितना अवधी या ब्रजभाषा पर। ऐसा जान पड़ता है कि खड़ी बोली काव्य-भाषा को लेकर उनके भीतर जो एक विशेष प्रकार की परिकल्पना बनी थी, वह उसी अर्थ में लोकभाषा के आदर्श के अनुरूप नहीं थी, जिस अर्थ में जायसी या तुलसी की भाषा। उदाहरण के लिए आचार्य महावीरप्रसाद द्विवेदी की पद्य रचना पर विचार करते समय, उन्होंने द्विवेदीजी के इस कथन पर कि "गद्य और पद्य का विन्यास एक ही प्रकार का होना चाहिए" अथवा "कविता बोलचाल की भाषा में होनी चाहिए"—जो टिप्पणी की थी, वह उनके तत्संबंधी दृष्टिकोण को समझने में सहायक हो सकती है। वे द्विवेदीजी की बोलचाल की भाषा या गद्य-सुलभ भाषा पर टिप्पणी करते हुए कहते हैं, "उनमें वह लाक्षणिकता, वह चित्रमयी भावना और वह वक्रता बहुत कम आ पायी है जो रस-संचार की गति को तीव्र और मन को आकर्षित करती है।" वस्तुतः छायावादी कविता की चित्रभाषा-पद्धति की जटिलता का प्रत्याख्यान करनेवाले आचार्य शुक्ल यहाँ द्विवेदीजी की कविता से उसी चित्रभाषा की अपेक्षा कर रहे हैं जो थोड़ा विचित्र और विडम्बनापूर्ण लगता है। यह इस बात का प्रमाण है कि परोक्ष रूप से ही सही, आचार्य शुक्ल की काव्य-संबंधी मान्यता के निर्माण में छायावादी काव्य-बोध महत्त्वपूर्ण भूमिका निभा रहा था। जाहिर है कि आचार्य द्विवेदी की कविता यदि श्रेष्ठ कविता नहीं बन पायी थी, तो केवल इसलिए नहीं कि वह बोलचाल की भाषा में लिखी गई थी अथवा उसका वाक्य-विन्यास गद्य जैसा था। बाद की हिन्दी कविता में बोलचाल की अन्विति या लय पकड़ने की

बराबर कोशिश होती रही है और उसके महत्त्वपूर्ण परिणाम सामने आए हैं। मीर या ग़ालिब की परवर्ती कविता में भी बोलचाल की भाषा का निखरा हुआ सर्जनात्मक रूप देखा जा सकता है।

कहने का तात्पर्य यह कि प्राचीन कविता के संदर्भ में आचार्य शुक्ल की काव्य-दृष्टि जितनी स्पष्ट और प्रखर रूप से हमारे सामने आती है, आधुनिक कविता के संदर्भ में नहीं। इसका एक स्पष्ट कारण तो यह है कि उस समय बहुत कुछ ऐसा था जो बनने की प्रक्रिया में था—जैसे कि खड़ी बोली काव्य-भाषा। आधुनिक जीवन की बढ़ती हुई जटिलताओं के बीच स्वयं कविता की सार्थकता को लेकर भी तरह-तरह की शंकाएँ उठायी जाने लगी थीं। आज यह अत्यन्त विस्मयजनक लग सकता है कि एक ऐसे समय में जब हिन्दी कविता अपना पूर्ण परिपक्व रूप अर्जित नहीं कर सकी थी, स्वयं कविता के प्रति शुक्लजी की आस्था इन शब्दों में व्यक्त होती है, "इस परिस्थिति में मनुष्य की अपनी मनुष्यता खोने का डर बराबर लगा रहता है। उसी की अंतःप्रकृति में मनुष्यता को समय-समय पर जगाते रहने के लिए कविता मनुष्यजाति के साथ लगी चली आ रही है और चलती जाएगी।"

वस्तुतः इस परिस्थिति से शुक्लजी का तात्पर्य उस यंत्र केन्द्रित पूँजीनिष्ठ समाज-व्यवस्था से है जिसे वे अपने आसपास पनपते हुए देख रहे थे। वे बहुत तीखेपन से इस वास्तविकता का अनुभव कर रहे थे कि क्रमशः हम उस अमानवीयकरण की प्रक्रिया की दिशा में बढ़ रहे हैं जो एक पूँजीनिष्ठ समाज की अंतिम परिणति है और जिसमें सबसे अधिक क्षय मानव तत्त्व का ही होता है। आचार्य शुक्ल का यह अभिमत आज भी अर्थ रखता है कि इस क्षय से उस मानव तत्त्व को बचाने में तथा उस अमानवीकरण की प्रक्रिया के विरुद्ध हस्तक्षेप करने में कविता अपनी महत्त्वपूर्ण भूमिका अदा करती है, करती रहेगी।

[1985]

यह लेख मूलतः साहित्य अकादमी द्वारा आयोजित 'आचार्य रामचन्द्र शुक्ल जन्म शताब्दी समारोह' के लिए लिखा गया था।

सन् '60 के बाद की हिन्दी कविता

'आँगन के पार द्वार' के पुरस्कृत होने के साथ नई हिन्दी कविता का एक दौर पूरा हो जाता है। यह आकस्मिक नहीं कि दस-पन्द्रह वर्षों के अनवरत विरोध के बाद सहसा सन् 1965 में नई कविता की एक प्रतिनिधि कृति राजकीय पुरस्कार के योग्य मान ली गई। वस्तुतः इसके पीछे इतिहास का एक निश्चित तर्क है। यह संयोग तब और भी आश्चर्यजनक हो उठता है, जब हम 'आँगन के पार द्वार' के साथ ही इस वर्ष की बंगला की पुरस्कृत काव्यकृति 'यतो दुरेइ जाइ' को भी रख देते हैं। इन दोनों कृतियों के रचयिता (अज्ञेय तथा सुभाष मुखोपाध्याय) भारतीय कविता की उस आधुनिक धारा का प्रतिनिधित्व करते हैं, जिसने स्वच्छन्दतावाद का विरोध किया था और उसके स्थान पर व्यक्ति के निजी और प्रामाणिक अनुभव को प्रतिष्ठा दी थी। आरम्भ में इस धारा में विद्रोह के तत्त्व स्वभावतः अधिक थे। पर धीरे-धीरे कलात्मक प्रौढ़ता के साथ वे कम होते गये और सन् '60 तक आते-आते उसकी भाषा और अनुभववादी दर्शन में स्थिरता आने लगी। जीवन की सारी समस्याएँ सिमटकर कवि अथवा कलाकार की सृजन-प्रक्रिया की समस्याएँ बन गईं। संभवतः नवलेखन के क्षेत्र में यह सौन्दर्यवादी रुझान कुछ दिनों तक और चलता रहता—यदि अकस्मात् सन् 1962 के राष्ट्रीय संकट ने साहित्य तथा राजनीति में एक ही साथ बहुत-से मोहक आदर्शों और खोखले काव्यात्मक शब्दों के प्रति हमारे मन में एक विराट शंका न भर दी होती। परिणाम यह हुआ कि कुछ आधुनिक विचारकों, और विशेष रूप से नई पीढ़ी के रचनाकारों में नवलेखन के इस सौन्दर्यवादी रुझान के विरुद्ध एक सीधी प्रतिक्रिया हुई। सृजनात्मक विद्रोह के वे तत्त्व, जो अज्ञेय और सुभाष मुखोपाध्याय की कृतियों से गायब हो गये थे, इन रचनाकारों की कृतियों में उभरकर आने लगे—इस अन्तर के साथ कि इनके विद्रोह के पीछे काम करनेवाला मानसिक विक्षोभ 'साहित्यिक' कम और 'ऐतिहासिक' अधिक है। इतिहास का यह एक विचित्र तर्क है कि पुराने प्रतिष्ठा-प्राप्त आलोचक किसी नई प्रवृत्ति को तब तक स्वीकार नहीं करते, जब तक स्वयं इतिहास के भीतर से ही कोई नव्यतर विद्रोही प्रवृत्ति उसके समानान्तर नहीं उठ खड़ी होती। ऐसी स्थिति में उन्हें अपना पक्ष चुन

लेने में सुविधा होती है। इस प्रकार की अधिकांश साहित्यिक आलोचना इसी सुविधाजनक चुनाव का परिणाम है। इस पृष्ठभूमि में रखकर देखें तो 'आँगन के पार द्वार' और 'यतो दुरेइ जाइ' का पुरस्कृत होना आश्चर्यजनक लगे, आकस्मिक बिल्कुल नहीं लगेगा।

इस परिवर्तन के स्वरूप को समझने के लिए उस स्थिति की व्याख्या आवश्यक है, जिसमें आज का कवि रचनारत है। 'रचना' शब्द को मैं यहाँ रेखांकित करना चाहूँगा, क्योंकि आज के कवि के निकट इस शब्द की पवित्रता और महत्त्व का जादू काफी हद तक टूट चुका है। वह जानता है कि वह जो कुछ 'रचता' है, वह उसे किसी भी अर्थ में कोई वैशिष्ट्य प्रदान नहीं करता, न ही उसके द्वारा वह अपने आसपास की तर्कहीन स्थिति को कोई संगति ही दे पाता है। यह आज की मानवीय स्थिति की चरम परिणति है कि कवि के निकट स्वयं सृजन-क्रिया ही भयावह हो उठी है। फिर भी वह 'रचने' की इस असुखद स्थिति से मुक्त नहीं हो पाता, क्योंकि इसके सिवाय इस निरर्थकता से उबरने का कोई उपाय भी नहीं है। हुआ यह है कि इस बीच कवि की परम्परागत प्रतिमा अचानक खंडित हो गई है। वह न तो अब द्रष्टा है, न समाज का विशिष्ट नागरिक। यहाँ तक कि अब वह अजनबी भी नहीं है, क्योंकि वह चीजों को पहचानता है और इस पहचान के परिणामों से बचने की कोशिश नहीं करता। इस स्थिति का प्रत्यक्ष प्रभाव तो यह है कि आज के कवि का 'मैं' एकवचन प्रथम पुरुष का 'मैं' न होकर 'हम' की तरह अमूर्त और व्यापक हो गया है, और ऐसा किसी बड़े आदर्श के प्रति आग्रह के कारण नहीं, बल्कि अमानवीकरण की एक बृहत्तर प्रक्रिया के अन्तर्गत अपने आप और बहुत कुछ कवि के अनजान में ही हो गया है।

नये कवि की इस विडम्बनापूर्ण स्थिति का असर उसकी कविता पर यह पड़ा कि वह वस्तु के आकर्षण से खिंचकर गद्य के और निकट आ गई। उसने अपने लिए 'विचार नहीं, केवल वस्तु' का कठिन मार्ग चुना। फलतः एक नये प्रकार के वस्तु-बोध का उदय हुआ, जो वस्तुस्थिति का सामान्य बोध न होकर वस्तु की स्वतन्त्र सत्ता का विशिष्ट बोध है। इससे पूर्व शायद वस्तु की सार्थकता अथवा निरर्थकता को इतनी तीव्रता के साथ कभी नहीं महसूस किया गया था। कुर्सी, टेबुल, जूते, पेंसिल और लैम्पपोस्ट पहली बार कविता में मानवीय अनुभूतियों के सहभोक्ता बनकर आए। पूर्ववर्ती पीढ़ी की कविता में दैनिक जीवन की वस्तुएँ प्रायः एक आलंकारिक प्रयोजन की पूर्ति के लिए प्रतीकात्मक रूप में लायी जाती थीं और उनके प्रति कवि की रागात्मक प्रतिक्रिया लगभग निश्चित होती थी। पर अब एक कुर्सी तथा टेबुल अपने स्वतन्त्र आकार की विलक्षणता के साथ मानवीय अस्तित्व की सक्रिय साझीदार बन गई हैं। नया कवि जाने-अनजाने प्रसिद्ध जर्मन कवि गाटफ्रीड बेन की इस पंक्ति को स्वीकार करके चलता है कि "यदि तुम अपने आपको वस्तुओं से स्वतंत्र कर

लोगे तो तुम्हें एक रंगहीन नियति का सामना करना पड़ेगा।" अतः वह हर क्षण महसूस करता है कि वह वस्तुओं के एक विशाल जंगल में साँस ले रहा है। यदि इस त्रासकारी अनुभव के दूरव्यापी स्रोतों की तलाश की जाय तो उसके सूत्र निस्संदेह सार्त्र के अस्तित्ववाद में मिल सकते हैं, जिसके अनुसार वस्तुएँ अपने शुद्ध विधेयात्मक रूप में एकदम तटस्थ, अनिर्दिष्ट और किसी भी भविष्यवाणी से परे, अपना लक्ष्य चुनने के लिए बिलकुल स्वतन्त्र होती हैं। पहले कवि एक नकारात्मक प्रक्रिया से उन्हें इस प्रकार रूपान्तरित कर लेता था कि वस्तु उसके लिए वस्तु रह ही नहीं जाती थी। नया कवि उन्हें रूपान्तरित नहीं करता; क्योंकि वह जानता है कि उस प्रक्रिया से वस्तुओं की मूलभूत अनिश्चितता को बदला नहीं जा सकता। साथ ही वह यह भी जानता है कि सृजन के स्तर पर एक ऐसी चीज का सामना करना, जिसकी प्रकृति के बारे में पहले से कुछ भी नहीं कहा जा सकता, अपने आपमें खतरनाक है और एक विशेष प्रकार के साहस की माँग करता है। अतः कभी-कभी वह दुस्साहस की हद तक साहस का परिचय देता है, विशेषतः ऐसी चीजों के बारे में, जिनका सम्बन्ध उच्चवर्गीय नैतिकता, सुरुचि और सौन्दर्य-बोध से होता है। इस अर्थ में वह शुद्ध कविता के विरुद्ध है और स्वयं अपनी नियति से प्रतिबद्ध हो अथवा नहीं, अपने आसपास की वस्तुओं की नियति से प्रतिबद्ध अवश्य है।

यदि नये कवि की केन्द्रीय मनोदशा की व्याख्या की जाय तो वह इलियट-पाउंड आदि कवियों की अपेक्षा काफ्का और ब्रेख़्त आदि गद्य-लेखकों के 'मूड' के अधिक निकट पाया जायेगा। यही कारण है कि उसकी कविता आधुनिक उपन्यास की अनेक विशेषताओं को अपने भीतर समोती चली जा रही है। वह एक सामान्य दृश्य को भी उपस्थित करता है तो लगता है जैसे आन्तरिक द्वन्द्व से उभरती हुई एक पूरी पटकथा को प्रस्तुत कर रहा हो। उसके चित्र और संकेत किसी गहरे षड्यन्त्र को छिपाए हुए नाटकीय पात्र की तरह बड़ी तेजी से आते हैं और फिर गायब हो जाते हैं। शायद आज के तनावपूर्ण नागरिक जीवन को उसकी निकटतम भाषा में व्यक्त करने के लिए यह आवश्यक था कि कविता को आधुनिक उपन्यास की अपेक्षाकृत ठोस भूमि पर उतारा जाय और यदि नया कवि अपने युग के काव्यात्मक आदर्शों से हटकर काफ्का और ब्रेख़्त की गद्यात्मक मनोभूमि के निकट पहुँचने का प्रयास कर रहा है तो इसे कविता का अन्यथाकरण नहीं, बल्कि उसके विकास की स्वाभाविक दिशा ही मानना चाहिए। रघुवीर सहाय, श्रीकान्त वर्मा और कुछ दूसरे नये कवियों की कविताओं को पढ़कर हम अपने को जिस परिवेश के बीच पाते हैं, उसकी ऐतिहासिक जटिलता और वस्तुगत रहस्यमयता का निकट सम्बन्ध यदि किसी के साथ जोड़ा जा सकता है तो वह अज्ञेय और शमशेर की कविताओं के साथ नहीं, बल्कि 'लन्दन की एक रात' और 'हत्यारे'-जैसी कथाकृतियों के साथ होगा। इन कवियों की कविता एक संसक्त मनःस्थिति की कविता है, जिसमें राजनीतिक स्थिति की

मानवीय विवशताएँ और आर्थिक दैत्य की तैरती हुई छायाएँ भी देखी जा सकती हैं। प्रकृति और प्रेम जैसे विषयों के प्रति इन कवियों की प्रतिक्रिया एकदम बदल गई है। इनकी दृष्टि में प्रेमिका की प्रतीक्षा, वसन्त की प्रतीक्षा और अखबार की प्रतीक्षा में कोई मूलभूल अन्तर नहीं रह गया है। मानव के हँसने, बोलने और शाम को लौटकर अपने घर आ जाने जैसे चिरपरिचित कार्य भी उन्हें चमत्कार जैसे लगते हैं। सन् '60 के बाद की कविता इन्हीं सीधे-सादे, पर खौफनाक चमत्कारों की काव्यात्मक प्रतिक्रिया है।

मोटे तौर पर इस बीच लिखी जानेवाली कविताओं का विकास दो दिशाओं में हुआ है। पहला–कविता से अकविता की ओर, और दूसरा–शुद्ध कविता से एक खास किस्म की प्रतिबद्ध कविता की ओर। ये दोनों प्रवृत्तियाँ वस्तुतः अलग-अलग न होकर उस मूल प्रवृत्ति के ही दो रूप हैं, जो कविता और जीवन के हर स्तर पर वस्तुओं के स्वीकृत अर्थ को अस्वीकार करती हैं। 'अस्वीकार' का यह स्वर कुछ कवियों में तेज है, कुछ में धीमा और कुछ में वह इतना सूक्ष्म है कि सुनाई नहीं पड़ता। पर शायद यही एक बात है जो उन्हें स्पष्टतः अपनी पूर्ववर्ती पीढ़ी से अलग करती है। उनकी प्रतिबद्धता किसी राजनीतिक मतवाद से परिचालित होने में नहीं, बल्कि आज की तीव्रतम राजनीतिक स्थिति और उसकी सारी तार्किक परिस्थितियों को अपनी नितान्त व्यक्तिगत और छोटी से छोटी अनुभूतियों के साथ सम्बद्ध कर लेने में है।

भाषा के स्तर पर इन कवियों में शब्दों के प्रयोग की प्रवृत्ति अधिक दिखाई पड़ती है, जो अकाव्यात्मक तथा आघात देनेवाले होते हैं। कविता से अकविता की ओर बढ़ने की प्रवृत्ति का सबसे प्रत्यक्ष उदाहरण इनके शब्दों के चुनाव में ही दिखाई पड़ता है। इनका जोर ऐसे शब्दों के चुनाव पर अधिक है, जिनकी ध्वनि गणित के चिह्नों की तरह 'ठीक' और 'अचूक' हो। इस प्रयास में इस बात की पूरी संभावना थी कि उसके भीतर से एक ऐसी कविता का जन्म हो, जो भाषा अथवा प्रेषणीयता के आन्तरिक रहस्यों का काव्यात्मक विश्लेषण प्रस्तुत करे। पर इस प्रवृत्ति का एक हल्का-सा संकेत केवल कुँवर नारायण की कुछ कविताओं में ही मिलता है। अधिकांश कवियों की कोशिश यही है कि शब्दों का चुनाव ऐसे क्षेत्रों से और इस प्रकार किया जाय कि सम्पूर्ण परिस्थिति ही भाषा बन जाय। जहाँ तक प्रेषणीयता का प्रश्न है, इन कवियों का उस सम्बन्ध में कोई दावा नहीं है। वस्तुतः उनके निकट प्रेषणीयता की स्थिति बहुत सुखद और स्वाभाविक है भी नहीं। अंग्रेजी के युवा नाटककार हेराल्ड पिंटर ने कहीं कहा है कि आदमी यदि अपनी बात को दूसरे तक नहीं पहुँचा पाता तो इसलिए नहीं कि उसमें सम्प्रेषण की क्षमता का अभाव है; बल्कि इसलिए कि वह उस स्थिति की भयानकता से बचना चाहता है। आज की अधिकांश कविताएँ पिंटर के इस कथन को चरितार्थ करती-सी जान पड़ती हैं। उनकी शैली बहुत कुछ दो व्यक्तियों के बीच होनेवाले उस प्रेमालाप की तरह होती है, जिसमें फूल, पत्तों और

मौसम की बात तो बार-बार की जाती है, पर वह मूल बात हर बार अकथित ही छोड़ दी जाती है, जो कि सारी वार्ता का केन्द्र होती है। और ऐसा सम्प्रेषण के अभाव के कारण नहीं, बल्कि उसकी विवश कर देनेवाली अपरिहार्यता के कारण होता है।

कुल मिलाकर सन् '60 के बाद लिखी जानेवाली कविताएँ सच्चे अर्थ में समकालीन उपकरणों के द्वारा समकालीन कवि की ओर से समकालीन पाठक के प्रति सम्बोधित कविताएँ हैं और अपने समय की कोई प्रौढ़ और सम्पूर्ण व्यवस्था चाहे न दे पाती हों, पर उसके प्रति एक सीधी और सच्ची मानवीय प्रतिक्रिया की अभिव्यक्ति जरूर करती हैं। यही उनकी उपलब्धि है और एक ऐसे समय में, जब सच्ची बात कहना जोखिम का काम हो, इतना भी कम नहीं है। ऐसी कविता के सामने, जो समकालीनता के बोध से पूरी तरह घिरी हुई हो, बहुत-से खतरे हो सकते हैं और उन पर अलग से विचार होना चाहिए। यहाँ केवल इतना ही कहा जा सकता है कि इन कवियों की भावी सफलता इस बात पर निर्भर नहीं करती कि वे इन खतरों से किस हद तक बच पाते हैं; बल्कि इस बात पर निर्भर करती है कि वे अपनी सम्पूर्ण समकालीनता के साथ कहाँ और किस बिन्दु पर इन सारे खतरों को अतिक्रान्त कर जाते हैं।

[1965]

तारसप्तक : ऐतिहासिकता और प्रासंगिकता

'तारसप्तक' का पुनर्मुद्रण कोई घटना नहीं है—हालाँकि इस बीच उस पर जो चर्चाएँ हुई हैं, उनमें जाने-अनजाने उसे एक घटना का-सा रूप दे दिया गया है। आज से लगभग चौबीस वर्ष पूर्व जब उसका पहली बार प्रकाशन हुआ था तो कदाचित् उसकी सबसे बड़ी विशेषता यही थी कि वह बिल्कुल चुपचाप, इतिहास की एक सहज परिणति के रूप में सामने आया था—अपनी सारी नई घोषणाओं के बावजूद तत्कालीन नारों से अलग और एक बदले हुए साहित्यिक तेवर के साथ। उसकी सबसे बड़ी विडम्बना यह थी कि वह अपने अभीष्ठ पाठक-समुदाय के आगमन से पहले ही छपकर सामने आ गया था। एक हल्के आघात और कुछ विस्मय के साथ जिन लोगों ने उसके प्रकाशन की ओर पहली बार निगाह उठाई थी, उनकी संख्या बहुत सीमित थी। इस तरह 'तारसप्तक' स्वयं एक काव्यात्मक आन्दोलन का पुरस्कर्ता चाहे बन गया हो, परन्तु शुरू-शुरू में वह बिना किसी क्रान्ति या आन्दोलन के, हिन्दी-प्रकाशन के इतिहास में शायद पहली बार लेखकों के एक सहकारी प्रयास के रूप में सामने आया था। यह 'सहकारी' या 'सामूहिक' दृष्टि उसके ऐतिहासिक स्वरूप की एक ऐसी विशेषता थी जो स्वच्छन्दतावादी युग की समाप्ति के बाद सोचने-समझने और अनुभव करने के एक सर्वथा नए आयाम की ओर संकेत कर रही थी। बाद के सप्तकों के साथ यह बात नहीं रही। वे एक सुनियोजित साहित्यिक आन्दोलन के वाहक बनकर एक नाटकीय घटना की तरह प्रकाश में आये। परिणामतः उनके प्रकाशन के साथ पाठकों को एक सर्वथा अप्रत्याशित साक्षात्कार का वह 'ऐतिहासिक' अनुभव नहीं हुआ, जोकि 'तारसप्तक' के घटना-शून्य प्रकाशन के साथ हुआ था।

सन् 1943 के आसपास एक रचनाकार के सम्मुख बिलकुल दूसरे प्रकार के प्रश्न थे, जिनका रुख साहित्य की ओर कम और साहित्येतर वास्तविकता की ओर अधिक था। 'तारसप्तक' ने उनका रुख फिर से साहित्य की ओर मोड़ दिया। 'अज्ञेय' ने अपने वक्तव्य में स्पष्ट शब्दों में कहा—"यथार्थ-दर्शन केवल कुंठा उत्पन्न करता है।" मैं इसमें निहित काव्यात्मक सत्य के बावजूद इस कथन को आधुनिक कविता के विकास के संदर्भ में थोड़ा दुर्भाग्यपूर्ण मानता हूँ। एक ऐसे समय में जबकि साहित्य

को रोमांटिक भावुकता से छुटकारा दिलाने के लिए बिलकुल दूसरे प्रकार के नारों की आवश्यकता थी, 'तारसप्तक' के कुछ वक्तव्यों और विशेषतः सम्पादक के वक्तव्य ने उन प्रश्नों को रेखांकित करने का प्रयास किया जो जाने-अनजाने रोमाण्टिक संदर्भों को ही प्रतिध्वनित करते थे। परिणामतः 'रोमाण्टिक' और 'आधुनिक' के बीच जो स्पष्ट विभाजन अब तक हो जाना चाहिए था, वह अगली पीढ़ी तक के लिए स्थगित कर दिया गया। इस प्रकार 'तारसप्तक' अपने समय के 'अग्रिम दस्ते' का घोषणा-पत्र न होकर एक नए प्रकार के सौन्दर्यशास्त्र का उद्घोषक बन गया। इसका एक कारण यह था कि 'अन्वेषण' और 'प्रयोग' की जिस धारणा को लेकर ये कवि चले थे, उसके ऐतिहासिक कारणों और दिशा का उन्हें ठीक-ठीक पता नहीं था। कलाकार सेजाँ ने कहीं कहा है कि प्रयोग की आवश्यकता इसलिए पड़ती है कि हम अपने मौलिक 'विश्वासों' को किसी अन्य प्रकार से सिद्ध कर ही नहीं सकते। ज़ाहिर है कि ये विश्वास यदि किसी अभौतिक प्रतीति या चमत्कार से सम्बन्ध न रखते हों तो उनकी उत्पत्ति का स्रोत तत्कालीन ऐतिहासिक वास्तविकता से परे कहीं हो ही नहीं सकता। प्रयोगवाद का 'अन्वेषण' निश्चित रूप से आध्यात्मिक नहीं था। कोशिश की गई होती तो उसके वस्तुगत स्रोत का भी पता लगा लिया गया होता और उस बाह्य दबाव का भी, जिसके चलते 'प्रयोग' एक अनिवार्यता बन गया था। परन्तु यथार्थ-दर्शन से उत्पन्न होनेवाली कुण्ठा के मूल में जाने की किसी ने जरूरत हीं नहीं समझी। दो-एक कवियों में यह चेतना जाग्रत जरूर थी, पर 'तारसप्तक' का जो सामूहिक व्यक्तित्व बना, उसमें वह दब-सी गई। अब चाहे कुछ भी कहा जाए, पर हिन्दी कविता के विकास में 'तारसप्तक' एक ठोस ऐतिहासिक वास्तविकता बन चुका है और अब कोई भी स्पष्टीकरण उसकी तत्कालीन स्थिति में ज्यादा फेर-बदल नहीं कर सकता। इसलिए यह आवश्यक है कि उसका अध्ययन उसकी इसी विलक्षण स्थिति के संदर्भ में ही किया जाए।

पिछले दशक में आधुनिक कविता के विकास पर जो कुछ लिखा-पढ़ा गया है, उसमें प्रायः 'तारसप्तक' को एक अलगाव का बिन्दु माना गया है—एक ऐसा मोड़ जहाँ से हिन्दी कविता की दिशा एकबारगी बदल जाती है। मेरा खयाल है कि तत्कालीन साहित्यिक तथ्यों की जाँच-पड़ताल की जाए तो ज्ञात होगा कि यह परिवर्तन न तो एकबारगी आया था, न ही अप्रत्याशित रूप में। 'रूपाभ' (1938 ई.) के प्रकाशन के आसपास ही उसके लिए भूमि तैयार हो गई थी। निराला, नरेन्द्र शर्मा और केदारनाथ अग्रवाल की कुछ कविताओं में अनुभूतियों के 'स्थानीकरण' के साथ-साथ एक सर्वथा नए प्रकार का शिल्प भी विकसित होने लगा था, जिसमें पूर्ववर्ती कविता के छन्दानुशासित शिल्प से कहीं अधिक लचीलापन था। 'तारसप्तक' की कम-से-कम दो प्रवृत्तियाँ ऐसी हैं, जिनका सम्बन्ध निश्चित रूप से कुछ सप्तकपूर्व प्रवृत्तियों के साथ जोड़ा जा सकता है। (1) व्यंग्य और विद्रूप की प्रवृत्ति, जिसका उदाहरण भारतभूषण, माचवे और रामविलास शर्मा की कुछ कविताओं में मिलता

है; और (2) अनुभूतियों के 'स्थानीकरण' की प्रवृत्ति, जिसका आग्रह खास तौर पर रामविलास शर्मा और गिरिजाकुमार माथुर की स्थिर चित्रणवाली कविताओं में दिखाई पड़ता है। इनके अतिरिक्त एक खास किस्म की नवरोमाण्टिक प्रवृत्ति भी धीरे-धीरे विकसित हो रही थी, जिसकी चरम परिणति एक हल्की मध्यवर्गीय उदासी के साथ गिरिजाकुमार माथुर की कविताओं में हुई। इसलिए इतना तो निश्चित रूप से कहा जा सकता है कि 'तारसप्तक' एक नई काव्यात्मक क्रान्ति का अग्रधावक नहीं, बल्कि उसकी कुछ आरम्भिक प्रवृत्तियों की सामूहिक अभिव्यक्ति-मात्र है। और यह तो एक आकस्मिक संयोग से अधिक कुछ नहीं है कि वह सन् 1943 ई. में ही प्रकाशित हुआ था। जैसा कि सम्पादकीय वक्तव्य से स्पष्ट है, यदि सब-कुछ योजना के अनुसार ही होता तो वह शायद और कुछ पहले ही प्रकाशित हो गया होता। इसलिए हिन्दी कविता के विकास में सन् 1943 महज एक कामचलाऊ काल-विभाजन की रेखा है। यदि उसे एक स्थिर बिंदु मानकर बाद में विकसित होनेवाली काव्यात्मक प्रवृत्तियों का विवेचन किया जाएगा, तो इससे गलत नतीजों तक पहुँचने का खतरा हमेशा बना रहेगा।

फिर सवाल उठता है कि 'तारसप्तक' की ऐतिहासिकता किस बात में है? इसका उत्तर किसी एक कवि की कृतियों या वक्तव्य के आधार पर नहीं दिया जा सकता। सम्पादकीय वक्तव्य को कवियों का संयुक्त वक्तव्य मानने का कोई कारण नहीं है। फिर 'तारसप्तक' के सामूहिक व्यक्तित्व और एक ठोस ऐतिहासिक शक्ति के रूप में उसकी अर्थवत्ता की व्याख्या कैसे की जा सकती है? मेरा खयाल है कि साहित्य का इतिहास केवल रचनाओं से नहीं, बल्कि उन रचनाओं को एक तात्कालिक और प्रवृत्तिमूलक अर्थ देनेवाले उन आन्दोलनात्मक प्रयासों से अधिक सम्बन्ध रखता है, जो बिखरे प्रयत्नों को जाने-अनजाने एक सामूहिक प्रयास का रूप दे देते हैं। आवश्यक नहीं कि उसमें भाग लेनेवाला प्रत्येक रचनाकार अनिवार्यतः उस तात्कालिक अर्थवत्ता या प्रवृत्ति का पोषक हो ही। परन्तु एक सीमा के बाद इतिहास की शक्तियाँ उसकी कल्पनात्मक शक्ति पर इस प्रकार हावी हो जाती हैं कि वह उस वृहत्तर सामूहिक प्रयास का अंग बनने के लिए अभिशप्त होता है। निस्सन्देह एक श्रेष्ठ मौलिक कवि की शक्ति की पहचान आगे चलकर इसी बात से की जाएगी कि वह अपने समय की रचना के सामूहिक व्यक्तित्व से किस हद तक अपनी स्वतन्त्रता को बनाए रखने में समर्थ हो सका है। पर सचाई यह है कि यह विरोधपूर्ण स्थिति एक आधुनिक रचनाकार के आत्म-विकास की एक अनिवार्य प्रक्रिया बन गई है और यदि वह अपनी चेतना को इस विरोध के दबाब से खण्डित होने से बचा ले जाए तो 'सामूहिक व्यक्तित्व' और रचनात्मक स्वतन्त्रता के बीच का यह द्वन्द्व उसके कृतित्व को एक शक्ति ही प्रदान करता है। मुक्तिबोध का काव्य इस द्वन्द्व की तीव्रता का सबसे ज्वलन्त प्रमाण है।

आज इतने लम्बे अन्तराल के बाद 'तारसप्तक' की कविताओं को पढ़ने पर कई तरह की प्रतिक्रियाएँ होती हैं। कवियों के नए वक्तत्व और बाद की कुछ रचनाओं को 'पुनश्च' के अन्तर्गत देकर समय के इस अन्तराल को भरने की कोशिश जरूर की गई है, पर इससे केवल कवियों के व्यक्तिगत विकास पर ही थोड़ा-बहुत प्रकाश पड़ता है। 'तारसप्तक' के सामूहिक व्यक्तित्व का विकास तो पूरी नई हिन्दी कविता के विकास के सन्दर्भ में ही देखा जा सकता है। इस दृष्टि से देखें तो उसका प्रभाव परवर्ती हिन्दी कविता पर निश्चित रूप से पड़ा है। पर विडम्बना यह है कि उसमें प्रकाशित रचनाओं की अपेक्षा उसकी भूमिका और उसके वक्तव्यों का प्रभाव शायद ज्यादा निर्णायक सिद्ध हुआ है। इसका एक कारण तो यह है कि कविताओं की अपेक्षा वक्तव्यों की भाषा अधिक साफ रही है और उनमें नई वास्तविकताओं के प्रति कवियों की तात्कालिक प्रतिक्रिया का अधिक स्पष्ट और निश्चित प्रमाण मिलता है। यहाँ तक कि कुछ कवियों ने अपने राजनीतिक आग्रहों को भी साहसपूर्वक सामने रखा है। दृष्टि का यह खुलापन 'तारसप्तक' के स्वरूप की एक बहुत बड़ी विशेषता है। अन्य दो सप्तकों में यह 'खुलापन' कम होता गया है। पर बाद में जो कुछ हुआ, उसके बीज निस्संदेह 'तारसप्तक' में मौजूद थे। उसने शुरू में ही 'प्रयोग' के क्षेत्र को साहित्य अथवा कला के क्षेत्र तक सीमित कर दिया था। अतः यह हिन्दी कविता का दुर्भाग्य ही कहा जाएगा कि उसे आधुनिकता के आरम्भिक बिन्दु पर 'सुर्रियलिज़्म' या 'दादावाद' जैसा कोई क्रांतिकारी आन्दोलन नहीं, बल्कि 'तारसप्तक' के रूप में, नवीन परिवर्तनों से विक्षुब्ध संवेदना और नई सौन्दर्य-दृष्टि का एक ऐसा प्रवक्ता मिला, जिसके भीतर नए सन्दर्भों से सम्पृक्त होने की रागात्मक क्षमता तो थी, पर इसके भीतर से उभरनेवाले प्रश्नों का साक्षात्कार करने का 'ऐतिहासिक' साहस नहीं। यह आकस्मिक नहीं कि आज की एकदम नई पीढ़ी सन् '60 से पहले की कविता का विरोध करते हुए इस 'साहस' नामक मूल्य पर सबसे अधिक बल देती है।

जहाँ तक 'तारसप्तक' की कविताओं का प्रश्न है, उनमें आज की कुछ स्थितियों का पूर्वाभास या पूर्वछाया चाहे मिल जाती है, परन्तु अनुभव और सम्प्रेषण की वह ताजगी नहीं मिलती, जो आज के पाठक के भीतर संवेदना के नए स्तरों को खोल सके। वस्तुतः 'तारसप्तक' से इस बात की माँग करना भी एक प्रकार की ज्यादती होगी। उसका पहला प्रयास हिन्दी काव्य-भाषा की नई सम्भावनाओं की खोज की दिशा में था और इसमें सन्देह नहीं कि उसने तुलनामूलक अलंकारों के स्थान पर वृहत्तर अर्थों को प्रतिध्वनित करनेवाले स्वतःस्फूर्त प्रतीकों और आधुनिक जीवन के संकेतों के प्रयोग द्वारा पहली बार भाषा को आज के वस्तुगत संदर्भ से जोड़ने की कोशिश की। इस दिशा में मुक्तिबोध, गिरिजाकुमार माथुर और 'अज्ञेय' की भाषा का अध्ययन अधिक महत्त्वपूर्ण हो सकता है। मुक्तिबोध की भाषा की आधुनिकता पर अपेक्षाकृत कम ध्यान दिया गया है। पर आगे चलकर 'अकेलेपन' की भयानकता की जो अनुभूति

सन् '60 के आसपास या उसके बाद की कविता में प्रमुख रूप से व्यक्त हुई, उसे मुक्तिबोध ने बहुत पहले 'एकाकीपन का लौहवस्त्र' के रूप में अनुभव किया था। उनकी बाद की कविताओं में जो एक नाटक का-सा गुम्फित परिवेश मिलता है, उसकी पूर्व छाया भी 'तारसप्तक' की कुछ कविताओं में देखी जा सकती है। अपने नए वक्तव्य में उन्होंने 'व्यक्ति के व्यवसायीकरण' की जो बात कही है, उसके आन्तरिक दबाव का प्रभाव शायद सबसे अधिक उन्हीं की कविता पर पड़ा है। अपने अन्य समकालीन कवियों की परिधि से मुक्तिबोध का काव्य यदि कुछ अलग या कटा हुआ-सा दिखाई पड़ता है तो इसलिए कि उन्होंने सृजन के स्तर पर कला के संघर्ष को अस्तित्व के संघर्ष से एकाकार कर लिया था। आज का नया रचनाकार उनके काव्य के इस पक्ष को नई काव्यात्मक मान्यताओं के अधिक अनुकूल पाता है। नए कवियों के बीच मुक्तिबोध की बढ़ती हुई लोकप्रियता का कारण भी शायद यही है।

माथुर और 'अज्ञेय' के वक्तव्यों के आलोक में यदि उनकी नई-पुरानी कविताओं का अध्ययन किया जाए तो कुछ रोचक तथ्य सामने आ सकते हैं। दोनों ही कवियों की कविताएँ शिल्प की दृष्टि से ज्यादा साफ और एक हद तक, अपने आसपास के जीवन के प्रति 'सतर्क' दिखाई पड़ती हैं। निश्चित रूप से उनकी काव्यात्मक प्रतिक्रियाएँ आज उतनी ताजा नहीं लगतीं–माथुर की रूमानी कविताओं के सन्दर्भ में यह बात कुछ ज्यादा ही सच साबित होती है। इसके बहुत-से कारण हो सकते हैं, पर एक सीधा और शायद महत्त्वपूर्ण कारण यह है कि ये कविताएँ अधिकतर 'आत्मग्रस्त' (यह शब्द मुक्तिबोध का है) हैं और इनकी 'आत्मग्रस्तता' अपनी तात्कालिकता का अतिक्रमण नहीं कर पाती। एक विचित्र बात यह है कि जहाँ इस संग्रह के ज्यादातर कवियों ने अपनी मान्यताओं के पुनर्परीक्षण में अपने को आज की अपेक्षाकृत अधिक आसन्न समस्याओं तक ही सीमित रखा है, वहाँ माथुर और 'अज्ञेय' ने परम्परा और आधुनिकता-जैसे बुनियादी प्रश्नों को भी नए सिरे से उठाने का प्रयास किया है। इससे भी विलक्षण बात यह है कि इन दोनों ही कवियों ने कहीं-न-कहीं 'आधुनिकता' को 'भारतीय संस्कृति' अथवा 'भारत की परम्परा' से जोड़ने की अनिवार्यता भी अनुभव की है। माथुर ने अपनी बाद की कविताओं में विकसित होनेवाली एक विशेष प्रकार की 'कास्मिक चेतना' की बात कही है और यह निष्कर्ष निकाला है कि यह "भारतीय सांस्कृतिक दृष्टि के साथ आधुनिक वैज्ञानिकता के सम्बद्ध होने का उदाहरण है।" आज के पाठक को यह बात छायावादियों की उस चक्करदार कोशिश की तरह लग सकती है, जिसके चलते उन्होंने अपनी सीधी और सच्ची आत्म-प्रसार की भावना को उपनिषदों के सर्वात्मवाद के साथ सम्बद्ध कर लिया था। इतिहास का पूर्वापर सम्बन्ध जोड़ना अच्छी बात है और यह प्रक्रिया स्वयं इतिहास की द्वन्द्वमूलक प्रकृति के विरुद्ध भी नहीं पड़ती। परन्तु इस प्रकार के सम्बन्ध-सूत्रों की खोज ठोस ऐतिहासिक आधार पर ही होनी चाहिए। 'पुनश्च' के अन्तर्गत माथुर

के 'पृथ्वीकल्प' नामक काव्य का एक अश भी है जो सूक्ष्म कास्मिक तरंगों की लय, गति और वर्ण की व्याख्या करनेवाली टिप्पणियों के साथ प्रकाशित हुआ है। यदि ऐन्द्रिय प्रत्यक्षीकरण एक सच्ची और सफल कविता का अनिवार्य गुण है तो अमूर्त कास्मिक तरंगों की व्याख्या करनेवाली इस कविता के सम्बन्ध में कुछ बुनिवादी प्रश्न पाठक के मन में उठ खड़े होते हैं और फिर वह सारा कास्मिक ढाँचा ही अग्राह्य और अकल्पनीय हो उठता है। वस्तुतः उनकी आरम्भिक कविताओं में जो रूमानियत मिलती है, 'पृथ्वीकल्प' ने उसकी इतिहास-निरपेक्ष अमूर्तता को अपनी तार्किक परिणतियों तक पहुँचा दिया है।

'अज्ञेय' की पुरानी कविताएँ आज भी, अपनी अभिव्यक्ति-सम्बन्धी विशिष्टता के कारण, एक हल्की 'नास्टेल्ज़िया' की-सी भावना के साथ पढ़ी जा सकती हैं–हालाँकि उनमें ऐसे तत्त्वों का अभाव है जो आज के वृहत्तर यथार्थ को समझने में एक नए रचनाकार की सहायता कर सकें। 'तारसप्तक' की जब भी आलोचना की गई है तो आलोचक का ध्यान अन्य संगृहीत कवियों के विचारों और कृतियों की अपेक्षा 'अज्ञेय' के वक्तव्य और कविताओं पर अधिक केन्द्रित रहा है। इसका मुख्य कारण यह है कि अन्य सभी कवियों की अपेक्षा 'अज्ञेय' के काव्य और चिन्तन की भाषा आधुनिक मुहावरे के सबसे अधिक निकट पड़ती है और एक समर्थ गद्यकार होने के नाते उन्होंने तत्कालीन काव्य की समस्याओं को अधिक निश्चित और प्रौढ़ अभिव्यक्ति भी दी है। इसी के चलते उनका वक्तव्य काफी समय तक नई हिन्दी कविता का घोषणा-पत्र-सा माना जाता रहा है। पर नए संस्करण की भूमिका में उन्होंने एक हल्के आत्मतोष के साथ यह स्वीकार किया है कि "बीस वर्ष पहले तारसप्तक में अपने वक्तव्य के रूप में जो कुछ मैंने लिखा था, उसमें से कुछ भी वापस लेना आवश्यक नहीं है।" उनके इधर के काव्य-विकास को देखकर लगता है कि यह रचनात्मक आत्मतोष का भाव धीरे-धीरे उनकी स्थायी मनोदशा का सूचक बनता जा रहा है। 'आँगन के पार द्वार' की रचनाओं में जो एक निर्वेद की-सी गहन स्थिति पाई जाती है, उसके समानान्तर यदि 'तारसप्तक' की कविताओं को रखकर देखा जाए तो लगेगा कि यह विकास आकस्मिक नहीं है। बदलते हुए मानवीय इतिहास के भीतर किसी 'शान्त' और 'स्थिर' बिन्दु को खोजने और उस तक पहुँचने की कोशिश उनकी आरम्भिक कविताओं में भी दिखाई पड़ती है। यही कारण है कि उन्हें काव्य अथवा जीवन के प्रश्न शाश्वत लगते हैं। इस प्रकार वे मानवीय शान्ति और स्थिरता की खोज करते-करते 'शाश्वत' की सीमा छूने लगते हैं। उनकी कविता पर इस स्थिति का प्रभाव यह पड़ा है कि वह धीरे-धीरे अपने समकालीन परिवेश से कटकर अमूर्तता की ओर बढ़ती गई है। उनकी शुरू की कविताओं में यह अमूर्तता संवेदना की प्रखरता और तीव्र ऐन्द्रियबोध के कारण उतनी स्पष्ट नहीं थी। 'तारसप्तक' की पुरानी कविताओं में यह तीव्रता खासतौर पर पाई जाती है। इधर नई पीढ़ी के कवियों ने

'अज्ञेय' के विरुद्ध जो तीव्र प्रतिक्रियाएँ व्यक्त की हैं, उनका लक्ष्य 'तारसप्तक-कालीन कविताएँ नहीं, बल्कि उनकी वे बादवाली कविताएँ हैं जिनसे समकालीन परिवेश धीरे-धीरे गायब होता गया है। अब शायद 'तारसप्तक' का मूल्यांकन करना ज्यादा आसान हो गया है, क्योंकि इस संस्करण तक आते-आते कवि-अज्ञेय और सम्पादक-अज्ञेय का अलगाव बहुत साफ हो गया है।

नेमिचन्द्र जैन, भारतभूषण अग्रवाल और प्रभाकर माचवे तो 'तारसप्तक' की मुख्यधारा के अन्तर्गत रहे हैं, पर रामविलास शर्मा का इस संकलन में सम्मिलित होना कुछ लोगों को विचित्र और एक हद तक विरोधाभासपूर्ण लगता रहा है। लेकिन मुझे वे अपनी जगह अनिवार्य-से लगते हैं। हर विकसित भाषा के काव्य में आधुनिकता के साथ-साथ कभी उसकी प्रतिक्रिया और अक्सर उसके पूरक के रूप में एक ऐसी प्रवृत्ति का भी विकास देखा गया है, जिसका रुख नागरिक परिवेश से हटकर, जन-जीवन की स्थानिक विशेषताओं की ओर अधिक केन्द्रित रहा है। आधुनिक अमरीकी कविता में कार्ल सैण्ड बर्ग, एडगर ली मार्स्टर्स और राबर्ट फ्रास्ट की कविताओं में यह प्रवृत्ति अपनी चरम परिणति तक पहुँच चुकी है। आधुनिक हिन्दी-कविता के विकास में रामविलासजी की ये कविताएँ मुझे उसी ऐतिहासिक 'रिक्तता' को भरती-सी लगती हैं और इस दृष्टि से उनमें से अधिकांश मुझे आज भी 'तारसप्तक' की दूसरी बहुत-सी कविताओं से ज्यादा ताजा और अर्थपूर्ण जान पड़ती हैं।

नेमिचन्द्र जैन और भारतभूषण अग्रवाल की कविताएँ आज के पाठक को शायद उतनी नई न लगें। परन्तु ये दोनों ही कवि काव्य तथा जीवन-सम्बन्धी अपनी मान्यताओं में औरों की अपेक्षा अधिक खुले दिखाई देते हैं। नेमिजी का नया वक्तव्य कई महत्त्वपूर्ण प्रश्नों को उठाता है और सप्तक-परम्परा में आनेवाले अनेक कवियों की दबी हुई भावनाओं और आक्रोश को व्यक्त करता है। आश्चर्य तो यह है कि उनका संयत आक्रोश नई पीढ़ी के क्षोभ और उत्तेजना का पूर्वाभास-सा लगता है। यह आकस्मिक नहीं है कि इस संस्करण के नए वक्तव्यों में सबसे अधिक प्रतिक्रिया उन्हीं के निबन्ध की हुई है। भारतभूषण ने अपने पूर्ववर्तियों को चुनने में अधिक सतर्कता से काम लिया है। इसी के चलते वे अपनी काव्य-दृष्टि को छायावादियों की अपेक्षा पुनरुत्थानकालीन कवियों के अधिक निकट पाते हैं। आधुनिक इतिहास की क्षिप्र दानवीय शक्ति के साथ अपने को उखड़ते और पुनः जोड़ते चलने की पीड़ा को वे अच्छी तरह जानते हैं और इसलिए जब वे कहते हैं कि "नई परिस्थिति से संवेदना का सूत्र मिलाते-न-मिलाते परिस्थिति बदल जाती है" तो इसे एक आधुनिक वयस्क कवि के उस ईमानदारी-भरे सृजनात्मक संघर्ष का ही सूचक मानना चाहिए, जो उसे अपने-आपको निरन्तर 'आधुनिक' बनाए रखने के लिए करना पड़ता है। इस दृष्टि से उनकी बाद की कुछ कविताओं का अध्ययन रोचक हो सकता है।

मुझे नई कविता और विशेषतः नई पीढ़ी के कवियों के बीच माचवे की स्थिति

बहुत-कुछ वैसी ही लगती रही है, जैसी अंग्रेजी की नई पीढ़ी के 'मूवमेंटी' कवियों के बीच विलियम एम्पसन की। ये दोनों ही मूलधारा से कुछ अलग पड़नेवाले और व्यंग्य, विडम्बना तथा शाब्दिक विरोधों का भरपूर उपयोग करनेवाले कवि हैं। यह आकस्मिक नहीं है कि कुछ दिनों पूर्व नई पीढ़ी के कुछ कवियों ने माचवे की कविता के साथ अपना सम्बन्ध जोड़ने का प्रयास किया था। उनके काव्य में जो स्थितियों का एक हल्का-फुल्कापन और काव्य के बुनियादी ढाँचे के साथ रचनात्मक खिलवाड़ का-सा भाव है, वह नई पीढ़ी की काव्यात्मक मनोदशा के अधिक निकट पड़ता है। माचवे की कविताएँ (तारसप्तक और उसके बाद की भी) यदि आज भी पढ़ी जा सकती हैं तो इसी संदर्भ में। वे शायद इस संकलन के अकेले ऐसे कवि हैं, जिसने अपने नए वक्तव्य भी "ताजी प्रज्ञा के साथ नित्य-नूतन नव-नवीन प्रयोगशीलता" को आज भी महत्त्वपूर्ण और आवश्यक माना है।

कुल मिलाकर 'तारसप्तक' का नया परिवर्द्धित संस्करण आज से दो दशक पूर्व लिखी गई कविताओं की ऐतिहासिकता के पुनर्मूल्यांकन का अवसर ही नहीं प्रदान करता, बल्कि अपने आलोक में बीच के सम्पूर्ण विकास को फिर से देखने और समझने की चुनौती भी देता है। इस दृष्टि से वह निश्चित रूप से एक 'ऐतिहासिक दस्तावेज़ को उपलभ्य' बनाने से ज्यादा महत्त्व रखता है और इन चौबीस वर्षों के बाद यदि सम्पादक एक गहरे आत्मतोष के साथ यह घोषित करता है कि "तारसप्तक ने अपने प्रकाशन का औचित्य प्रमाणित कर लिया" तो उस पर चकित होने या संदेह व्यक्त करने का कोई कारण नहीं।

[1967]

संघर्षशील भारतीय चेतना का काव्य

है मश्केसुखन जारी, चक्की की मशक्कत भी,
इक तुर्फा तमाशा है, 'हसरत' की तबीयत भी।

'हसरत' मोहानी का यह प्रसिद्ध शेर जितना उन पर लागू होता है शायद उससे कुछ अधिक ही उस कवि पर जिसने 'कैदी और कोकिला'-जैसी कालजयी कविता लिखी थी। 'मश्केसुखन' यानी साहित्य-रचना और चक्की की मशक्कत यानी जेल-यातना, उस युग की पूरी सृजनात्मक चेतना के ये दो छोर थे। पर इन दोनों छोरों को जोड़नेवाला एक बारीक-सा, मगर मजबूत धागा भी था। इस धागे को उस काल के लेखन में आसानी से खोजा जा सकता है। इन दोनों छोरों के बीच जो एक आपाततः विरोध दिखाई पड़ता है, सचाई यह है कि उसी के तनाव से उस युग का सम्पूर्ण रचनात्मक माहौल निर्मित हुआ था। इतिहास में ऐसे दौर कभी-कभी ही आते हैं, जब ये दोनों प्रत्यक्ष फलक पर आमने-सामने दिखाई पड़ते हैं, वरना अधिकतर वे ऊपर-ऊपर दिखाई पड़नेवाली चीजों के तल में कहीं छिपे रहते हैं और तब कवि का काम ज्यादा मुश्किल हो जाता है। इस अर्थ में स्वाधीनता-आन्दोलन के दौर के कवि अधिक भाग्यशाली थे। उनके सामने दोस्त और दुश्मन दोनों के चेहरे दिन की तरह साफ थे। जहाँ वास्तविकता इतने बेबाक ढंग से विभाजित और स्पष्ट हो, वहाँ रचनाकार को बिल्कुल दूसरी तरह का सामना करना पड़ता है। यह समस्या एक खतरे के रूप में होती है, जिसका सामना यदि पूरी सृजनात्मक क्षमता और कलात्मक कौशल के साथ नहीं किया गया तो रचना के एकायामी और सपाट हो जाने की आशंका हमेशा मौजूद रहती है। यदि माखनलाल चतुर्वेदी की कविताओं की गहराई से छानबीन की जाये तो पता चलेगा कि वे रचना के मार्ग में आनेवाले इन खतरों से पूरी तरह सचेत थे। उनकी कविता में भी इसके प्रमाण मिल जायेंगे और उनके गद्य में भी। 'मश्केसुखन' और 'चक्की की मशक्कत' के एक विलक्षण तनाव के बीच निरंतर रहते हुए भी, वे सच्चे अर्थों में एक रचनाकार पहले थे, और कुछ बाद में।

उस काल की सांस्कृतिक चेतना का गाढ़ा रसायन जिन तत्त्वों के योग से निर्मित हुआ था, उन सबका एक ही उत्स था—स्वाधीनता-आन्दोलन। इस आन्दोलन का चरित्र

जटिल और बहुआयामी था। इसके गर्भ से पैदा होनेवाले अधिकांश भारतीय कवियों के लिए सांस्कृतिक मुक्ति राजनीतिक मुक्ति की पूर्वगामी थी और इसीलिए महत्त्वपूर्ण थी।

यदि तीसरी दुनिया के मुक्ति-आन्दोलनों के पीछे काम करनेवाली प्रेरक शक्तियों की पड़ताल की जाय तो उनमें एक सुखद समानता मिलेगी। सेनेगल के कवि तथा नीग्रोवाद के प्रवर्तक लियोपाल्ड सेंधोर ने जब अफ्रीकी मुक्ति-आन्दोलनों पर टिप्पणी करते हुए कहा था कि "सांस्कृतिक मुक्ति के बिना राजनीतिक मुक्ति नहीं मिल सकती" तो जाने-अनजाने वे सारे पूर्वी मुक्ति-आन्दोलनों के मूलभूत चरित्र पर टिप्पणी कर रहे थे। इस कथन से मिलती-जुलती अन्तर्ध्वनियाँ माखनलालजी के गद्य में एक टेक की तरह यहाँ से वहाँ तक गूँजती हुई मिल सकती हैं। वस्तुतः इन कवियों के लिए संस्कृति और स्वाधीनता, दोनों के अर्थ बहुत व्यापक थे। इसीलिए इनकी राजनीतिक चेतना प्रायः सांस्कृतिक प्रतीकों के माध्यम से व्यक्त होती थी और सांस्कृतिक चेतना प्रायः राजनीतिक संकेतार्थों के माध्यम से।

माखनलाल चतुर्वेदी के भाव-बोध के विकास और उसकी शिष्ट बनावट को परिभाषित करने की कोशिश बहुत कम की गई है। वैसे भी वे उन कवियों में हैं, जिन पर गंभीर आलोचकों ने प्रायः चलताऊ ढंग से टिप्पणी की है और यह काम अक्सर नौसिखुए शोधार्थियों और द्वितीय या तृतीय आलोचकों के लिए छोड़ दिया है। शायद इसका एक कारण यह भी हो कि चतुर्वेदीजी की कविता में एक ऐसी भ्रामक सरलता है, जिससे गंभीर से गंभीर पाठक कई बार धोखा खा जाता है। उनकी एक प्रसिद्ध कविता है 'पुष्प की अभिलाषा' । बच्चे-बच्चे की जबान पर बसनेवाली इस कविता के वैचारिक अन्तर्गठन को समझने की कोशिश नहीं की गई है। सन् 1922 में लिखी जानेवाली यह कविता हिन्दी-काव्य की संवेदना में घटित होनेवाले मूलभूत परिवर्तन का सूचक है। यहाँ भी कविता की बनावट में एक सुखद किस्म की भ्रामक सरलता है। पर कविता का पूरा ढाँचा एक विलक्षण द्वन्द्वन्याय पर टिका हुआ है, जिसमें कुछ चीजों का स्पष्ट निषेध है और कुछ चीजों के प्रति एक गहरा स्वीकार। इस प्रकार निषेध और स्वीकार के द्वंद्व से निर्मित होनेवाली यह कविता मध्ययुगीन मूल्यों और आधुनिक जीवन-मूल्यों के रचनात्मक टकराव का विलक्षण दस्तावेज बन जाती है। आरम्भ की चार पंक्तियों में पुष्प जिन चीजों से इनकार करता है वे सब मध्ययुग की कुछ प्रवृत्तियों और मूल्यों की प्रतीक हैं—सुरबाला के गहनों में गूँथा जाना, प्रेमी-माला में बिंधकर नायिका को आकृष्ट करना, सम्राटों के शव पर डाला जाना और देवताओं के सिर पर चढ़ाया जाना। संक्षेप में, पुष्प के विरोध में तीन मुख्य मुद्दे हैं—रीतिकालीन प्रेम, मध्यकालीन राजतंत्र (सम्राटों के शव में विलक्षण व्यंजना है), और बाह्याचार केन्द्रित धार्मिक विश्वास। इन सारे निषेधों के बाद रागबोध के जिस नये धरातल का उद्घाटन किया गया है, वह है मातृभूमि-प्रेम और उसके

लिए आत्मबलिदान। यह बलिदान देवता के लिए किये जानेवाले बलिदान से सर्वथा भिन्न है–क्योंकि देश के लिए है और इसलिए मानव के लिए भी। यह एक तरह का मानववाद है जो रीतिकालीन मूल्यों को छिन्न-भिन्न करता हुआ पूरी कविता के भीतर से उभरता है। प्राचीन तथा नवीन जीवन-मूल्यों की टक्कर से पैदा होनेवाली ये अनुगूँजें माखनलाल चतुर्वेदी के पूरे कृतित्व में सुनी जा सकती हैं।

कवि की मानसिक बनावट की इस विशिष्ट आधुनिकता को समझने के लिए यह जान लेना उचित होगा कि उसके आरम्भिक प्रेरणा-स्रोतों में एक ओर यदि स्वामी रामतीर्थ थे, तो दूसरी ओर सैयद अमीर अली 'मीर' भी, जो एक पक्के राष्ट्रवादी हिन्दी कवि थे। वैष्णव संस्कारों ने कवि को एक उदार दृष्टि दी थी और इस उदार दृष्टि को एक ठोस आधार दिया था क्रान्ति के दर्शन और तिलक की कर्म-सम्बन्धी नयी व्याख्याओं ने। परन्तु सबसे बड़ी बात जो सर्जक तथा चिन्तक माखनलाल चतुर्वेदी को अपने अन्य समकालीनों से अलग करती है, वह है एक ठेठ हिन्दुस्तानी की सहज प्रज्ञामूलक सोच, जो लिखित शब्द की अपेक्षा ठोस अनुभव पर ज्यादा भरोसा करती है। इसी अर्थ में वे 'एक भारतीय आत्मा' थे और ऐसा होने का नैतिक अधिकार उन्होंने श्रमपूर्वक अर्जित किया था।

उन्नीसवीं शताब्दी के अंतिम दशकों में भारतीय समाज में जो एक मध्यवर्ग उभरने लगा, वह इस सदी के दूसरे दशक तक आते-आते बहुत प्रौढ़ और प्रभावशाली हो चला था। माखनलाल चतुर्वेदी और उनके अन्य समकालीन कवि इसी वर्ग से पैदा हुए थे और इसी को सम्बोधित भी कर रहे थे। देश के नेतृत्व के सूत्र इसी वर्ग के हाथ में थे और जिस सांस्कृतिक जलवायु में यह वर्ग साँस लेता था, उसमें पश्चिम से नये-नये आये जनतांत्रिक मूल्य ऑक्सीजन की तरह घुले हुए थे। यह एक अपेक्षाकृत आत्मचेतस वर्ग था (और किन्हीं अर्थों में आज भी है), जो साम्राज्यवादी शासन की शर्म और हताशा से मुक्ति पाने के लिए एक ऐसे भावात्मक केन्द्र की तलाश कर रहा था, जहाँ अपनी चेतना को टिका सके और इस तरह इतिहास की प्रक्रिया में स्वयं अपने जीवन के अर्थ और प्रयोजन के प्रति आश्वस्त हो सके। इस कोशिश में वह अपनी सांस्कृतिक जड़ों की तलाश की ओर गया। पं. जवाहरलाल नेहरू ने इस कोशिश को उभरती हुई राष्ट्रीय चेतना का ही एक रूप माना है और उनकी टिप्पणी है कि "प्रत्येक देश में उभरती हुई राष्ट्रीयता के साथ-साथ धर्म से पृथक अपनी विशुद्ध सांस्कृतिक जड़ों के अन्वेषण की प्रवृत्ति दिखाई पड़ती है।" (भारत की खोज)। यह प्रवृत्ति हिन्दी के जिन आधुनिक कवियों में अपने पूरे वैलक्षण्य के साथ दिखाई पड़ती है, उनमें माखनलाल चतुर्वेदी अन्यतम हैं। उनके काव्य का एक हिस्सा कृष्णमय है और इस कृष्णमयता का धर्म से कुछ खास लेना-देना नहीं है। कवि की राष्ट्रीय चेतना से इनके यहाँ कृष्ण का पारदर्शी रूप एक सौन्दर्य-प्रतीक में बदल गया है।

एक कवि की राष्ट्रीय चेतना सबसे पहले उसकी सौन्दर्य-दृष्टि का विस्तार करती है और किसी हद तक उसका रूपान्तरण भी। छायावादी प्रगाढ़ रूमानियत के उस युग में माखनलाल चतुर्वेदी की सौन्दर्य-चेतना में एक खास तरह का यथार्थ बोध दिखाई पड़ता है, जिसकी ओर बहुत कम ध्यान दिया गया है। उनकी कविता में जो एक जान-बूझकर लाया गया अनगढ़पन है, वह कई बार झटके देता है और एक अभिजात रुचिवाले पाठक को इससे अधिक विचलित करते हैं उनके वे उपमान और अप्रस्तुत, जिनकी उच्चवर्गीय सौन्दर्य-दृष्टि से संगति प्रायः नहीं बैठती। उषःकाल या सूर्योदय छायावादी कविता का एक प्रिय विषय था। पर चतुर्वेदीजी जब कहते हैं कि "क्यों उषा झाड़ू फेर चली नभ पर थोड़ा विश्वास करो" ··· तो उषा, अपने सम्पूर्ण रागात्मक वैभव के विपरीत, झाड़ू-बुहार करनेवाली एक सामान्य स्त्री में बदल जाती है। झाड़ू के साथ उषा का यह बिम्ब छायावादी सौन्दर्य-चेतना के साथ चाहे मेल न खाता हो, पर रोजमर्रा के सुपरिचित यथार्थ के साथ उसकी अच्छी संगति बैठती है। अपनी विशिष्ट सौन्दर्य-दृष्टि की अभिव्यक्ति में यह जो रचनात्मक साहस दिखाई पड़ता है, वह एक ओर छायावादी रूमानियत को छिन्न-भिन्न करता है, दूसरी ओर उस वृहत्तर संदर्भ से जुड़ जाता है जो उस समय राष्ट्र के सम्पूर्ण जीवन में अनेक स्तरों पर सक्रिय था। कबीर की 'झीनी-झीनी चदरिया' जब माखनलाल चतुर्वेदी तक पहुँचती है तो उसकी बुनावट बिल्कुल बदल जाती है और उसके धागों के भीतर से सौन्दर्य की एक बिल्कुल नयी चेतना उभरती दिखाई पड़ती है–

> यह भी क्या जीवन की चादर
> जो न अभागिन श्रम-सीकर से भीज भीज गीली हो पायी।
> जो न आँसुओं के रंगों से श्यामल गरबीली हो पायी।
> खतरों से जो खेल न पायी सुन्दर–वह भी वैसी सुंदर।

कबीर की धुली-पुँछी बेदाग चादर के बरक्स यहाँ जो 'श्यामल गरबीली चादर' की बात कही गई है, वह हमारे राष्ट्रीय जीवन की किस सामाजिक श्रेणी की ओर संकेत कर रही है, यह बताने की जरूरत नहीं। चतुर्वेदीजी की कविताओं से छाँटकर ऐसी असंख्य पंक्तियाँ निकाली जा सकती हैं, जहाँ वे सौन्दर्य को जोखिम से जोड़कर देखती हैं और तत्कालीन संदर्भ में जोखिम के राजनीतिक अर्थ क्या होते थे, इसका अनुमान सहज ही लगाया जा सकता है।

राष्ट्रीय चेतना का एक स्तर हिन्दी भाषा के विकास से भी जुड़ा हुआ था और माखनलाल चतुर्वेदी उन थोड़े-से कवियों में थे जो हिन्दी-जाति के विकास की इस प्रक्रिया के साथ घनिष्ठ रूप से जुड़े हुए थे। उनके पद्य और गद्य, दोनों की भाषा की पड़ताल की जाय तो पता चलेगा कि वह हिन्दी के परम्परागत केन्द्रों में लिखी जानेवाली भाषा से काफी हद तक भिन्न है, जिसमें एक खास तरह का देशज

खुरदुरापन भी है और मिली-जुली मिट्टी का अपना एक अलग रंग भी। गद्य में जैसे महावीरप्रसाद द्विवेदी की भाषा अपने स्वाद में महाराष्ट्र की छौंक लिये थी, कविता में माखनलाल चतुर्वेदी की भाषा अलग ढंग से उस सीमावर्ती प्रभाव को आत्मसात् करने की कोशिश करती है। यह हिन्दी की जातीय चेतना का विस्तार है और वृहत्तर राष्ट्रीय चेतना के सांस्कृतिक रंग-बिरंगेपन का सूचक भी। चतुर्वेदीजी आजादी के बाद अपनी कुछ टिप्पणियों में भाषा की दुनिया में घटित होनेवाले एक और बड़े खतरे की ओर बार-बार इशारा करते हैं, जिसके बारे में बहुत कम सोचा गया है। वे भाषा और धर्म के नाम पर राष्ट्र का एक बँटवारा देख चुके हैं। हिन्दी-उर्दू का सवाल तो अलग, स्वाधीनता के बाद से स्वयं हिन्दी को जिस कृत्रिम ढंग से विकसित करने की कोशिश की जा रही थी, वे उसके भीतर बँटवारे का एक और बड़ा खतरा देख रहे थे। 1953 की अपनी एक टिप्पणी में उन्होंने लिखा–

"हिन्दुस्तान के दो टुकड़े करके विभेदक रेखा खींच देनेवालों ने हमको अलग-अलग कर दिया और इस तरह हम कहते हैं कि पाकिस्तान बना। किन्तु कठिन भाषा लिखकर गाँवों और शहरों के बीच विभेदक रेखा खींचकर हिन्दीभाषी क्षेत्र में अपने ही समाज के दो टुकड़े करने का जो पेशा हम करते हैं, इसमें हम किस पाकिस्तानी से कम हैं ?"

यह एक तल्ख़ और तिलमिला देनेवाली टिप्पणी है, जो एक सच्चे राष्ट्रवादी रचनाकार की पीड़ा को सूचित करती है।

अन्त में एक बात और। चतुर्वेदीजी की कृतियों के प्रकाशन में समय का लम्बा अन्तराल है। अपने 'हिन्दी साहित्य का इतिहास' का समापन करते हुए आचार्य रामचन्द्र शुक्ल ने जहाँ माखनलाल चतुर्वेदी का उल्लेख किया है, वहाँ यह टिप्पणी भी की है–"चतुर्वेदीजी की कविताएँ अभी अलग पुस्तक के रूप में प्रकाशित नहीं हुई हैं।" एक ऐसे समय में जब कवि के लिए प्रकाशन के अनेक द्वार खुले थे, उसका इस तरह प्रकाशन-विमुख रहना उसके कर्ममय जीवन और पूरे साहित्यिक व्यक्तित्व की गहरी छानबीन और पड़ताल की माँग करता है। इसका कोई बना-बनाया उत्तर नहीं हो सकता। परन्तु क्या इस प्रकाशन-विमुखता का तत्कालीन राष्ट्रीय जीवन की उथल-पुथल और अस्थिरता से कोई सम्बन्ध हो सकता है ? शायद हो, शायद न हो। पर इसके चलते एक बड़े रचनाकार के मूल्यांकन में जो अंतराल रह गये, उसकी भरपाई कैसे होगी–इसका उत्तर शायद आनेवाला इतिहासकार देगा।

[1988]

पन्त की परवर्ती कविताएँ

मुझे बराबर लगता रहा है कि पन्त की कविता पर, विशेषतः परवर्ती कविता पर, पुनर्विचार करने की जरूरत है। उनके निधन के बाद उनके पूरे काव्यविकास को वह अनिवार्य भौतिक दूरी भी मिल गई है, जो किसी भी बड़े कवि के समग्र कृतित्व के मूल्यांकन के लिए चुनौती की तरह होती है। जाहिर है, जिस कवि की काव्य-यात्रा जितनी ही लम्बी होगी, उसके सन्दर्भ में यह चुनौती भी उतनी ही बड़ी होगी। यदि केवल परिमाण की दृष्टि से देखा जाय तो आधुनिक कवियों में सबसे ज्यादा शायद पन्त ने ही लिखा है। पर जो बात सबसे ज्यादा आश्चर्य में डालनेवाली है, वह परिमाण नहीं, बल्कि हर नयी कृति के साथ बदलता जाता हुआ कविता का विषम धरातल और मानव-कल्पना के विविध रूपों की तलाश का एक लम्बा सिलसिला है। यह तलाश जब अनुभव की ठोस जमीन से ऊपर उठकर अन्तर्दृष्टि या चेतना के सम्भाव्य रूपों की ओर बढ़ती जाती है, तो उसी अनुपात में उसके खतरे भी बढ़ते जाते हैं। पन्त के परवर्ती विकास के साथ यही हुआ। ऐसा नहीं कि उन खतरों से वे परिचित नहीं थे। उनकी बाद की अनेक कविताओं में कल्पना के ऊर्ध्व संचरण से नीचे उतरकर अचानक 'यह धरती कितना देती है' के सीधे और गहरे अहसास तक लौट आना, उनके रचनाशील व्यक्तित्व के भीतर काम करनेवाले उस बुनियादी सृजनात्मक द्वन्द्व का प्रमाण है, जो किसी कवि को अपने समय और परिवेश से विच्छिन्न होने से बचाता है। पन्त के बाद के काव्य-विकास को इसी सृजनात्मक द्वन्द्व के स्तर पर देखा जाना चाहिए।

परन्तु दुर्भाग्यवश पिछले बीस-पच्चीस वर्षों में पन्त के कृतित्व और उभरते हुए नये पाठक-समुदाय के बीच एक विचित्र किस्म का तनाव काम करता रहा है। यह तनाव पन्त के काव्य-व्यक्तित्व और नये रचनाकारों की साहित्य-सम्बन्धी धारणाओं के बीच अधिक तीखा रहा है। इस तनाव की पृष्ठभूमि मुख्यतः पन्त का वह विवादास्पद कृतित्व है जो उन्होंने 'ग्राम्या' के बाद और 'अतिमा' से पहले तक लिखा। 'अतिमा से पहले तक' मैं इसलिए कह रहा हूँ कि 'ग्राम्या' के बाद यही पहली कृति है, जिसकी कुछ कविताओं में पन्त का सृजनात्मक द्वन्द्व साफ उभरकर सामने

आता है। इस द्वन्द्व के क्रमशः गहनतर होते जाने का ही यह प्रमाण है कि पन्त के रचनात्मक जीवन में विश्रांति या लम्बी चुप्पी का अन्तराल कहीं नहीं दिखाई पड़ता। रचना का क्रम कहीं टूटता नहीं। तलाश निरन्तर जारी रहती है—अन्तिम साँस तक। यह सब जानते हैं कि अन्तिम दिनों में पन्त के कृतित्व और नये रचनाकारों के बीच का सम्बन्ध लगभग समाप्त हो गया था और किसी भी संवेदनशील कलाकार के लिए यह एक दहला देनेवाला तथ्य है। पर रचना के स्तर पर उससे भी ज्यादा दहला देनेवाला तथ्य यह है कि एक ओर जहाँ पन्त-साहित्य में नई पीढ़ी की दिलचस्पी उपेक्षा की हद तक कम होती जा रही थी, वहाँ दूसरी ओर वे कविता के मोर्चे पर कला-जगत के एक अनुभवी योद्धा की तरह निरन्तर संघर्षशील थे। कविता के प्रति ऐसा गहरा और अटूट लगाव इस शताब्दी के बहुत कम कवियों में दिखाई पड़ेगा। लगभग एक अर्द्ध-शताब्दी तक कवि-कर्म से जुड़े रहने के बाद सन् 1973 में प्रकाशित 'आस्था' नामक संग्रह की एक कविता में वे स्वयं कविता के बारे में कहते हैं—

मैं भावों में तन्मय
अंकित करता उसको
मुझे नहीं दूसरी प्रेयसी
मिली कभी भी।

कविता के प्रति यह समर्पण भाव पन्त को उन्नीसवीं शताब्दी के प्रतीकवादी कवियों के निकट ले जाता है। पर जो बात इन्हें उन शुद्ध कलावादी कवियों से अलग करती है, वह है अपने अनुभव की मिट्टी के साथ उनका सीधा ऐन्द्रिय सम्बन्ध। बाद की कविताओं में यह सम्बन्ध केवल स्थूल ऐन्द्रिय बोध तक ही सीमित नहीं रहता—वह गहरे जाता है और उस समूची धरती के अस्तित्व की चिन्ता में बदल जाता है। 'अंधड़' शीर्षक कविता में वे कहते हैं—

उड़ जायेगी क्या भू
　　फू-फू !
अंधड़ आया
धूल-धुंध के रथ पर चढ़कर
गिरि-कंधों से कूद
रेणु-अश्वों पर चढ़कर
　　ढहते तृण तरु सिहर
　　झर-झर रहे पत्ते झर-झर
　　भरी धूल आँखों में—मुँह में
　　　　थू-थू !

'फू-फू और 'थू-थू' जैसे ध्वनिप्रयोग केवल अनुप्रास की सिद्धि के लिए नहीं लाये गए हैं—स्पष्ट ही वे उस पूरी ध्वंसपूर्ण स्थिति के विरुद्ध, कवि के गहरे आक्रोश और घृणा की अभिव्यक्ति कर रहे हैं। 'थू-थू' जैसा संक्षिप्त और अर्थपूर्ण ध्वनि-प्रयोग कलावादी पन्त की सुपरिचित प्रतिमा को तोड़ता है। मैंने इसी को पन्त के कवि-व्यक्तित्व का सृजनात्मक द्वन्द्व कहा है, जो उनकी कविता की स्थिर और सम गति को अचानक एक झटका देता है और अनुभव को एक बिल्कुल अप्रत्याशित दिशा की ओर मोड़ देता है। यह आकस्मिक नहीं है कि उनकी परवर्ती कविताओं में 'धरती' की गंध छाई हुई है। जमीन से फूटकर ऊपर हवा में झूमते हुए 'पैट्रिया' के गझिन फूल उन्हें ऐसे लगते हैं, जैसे—

धरती से उग आया
क्या आकाश
और भी गहरा रँगकर
सिर पर
फालसई किरीट धर !

सचाई यह है कि पन्त की बाद की कविताओं में भी अपने ढंग से उनकी उस 'रूपाभ' (पदार्थ का सौन्दर्य) वाली प्रवृत्ति का विकास होता रहा है, जिसका पहला सृजनात्मक विस्फोट 'ग्राम्या' में दिखाई पड़ा था। जरूरत सिर्फ इस बात की है कि उनकी असंख्य अमूर्त और प्रार्थनापरक कविताओं में से इस तरह की जीवन्त कविताओं को अलगाया जाय। पन्त के काव्य-विकास का सही 'ग्राफ' इस प्रकार की कविताओं के आधार पर ही बनाया जा सकता है। इसके विपरीत यदि केवल तथाकथित आध्यात्मिक कविताओं के आधार पर उनके परवर्ती विकास को परखा जाएगा तो यह एक अधूरी तसवीर होगी और भ्रामक भी। यह और बात है कि स्वयं पन्त की परवर्ती टिप्पणियों और लेखों ने अधिकतर उस भ्रम को पुष्ट करने की कोशिश की है। पर कवि के बाह्य कथन और स्वयं रचना के विकास की अपनी अन्तर्कथा के बीच एक गहरा और बुनियादी अन्तर होता है और आवश्यक नहीं कि कवि का अपना वक्तव्य उसकी रचना की मूल प्रकृति को समझने में सहायक ही हो। अधिक-से-अधिक उससे कवि की सोच की दिशा का पता चल सकता है। पर सृजन-प्रक्रिया के अन्तर्गत रचना खुद अपनी दिशा निर्धारित करती है। कविता की अर्थमीमांसा वस्तुतः उस दिशा की ही खोज है और ऐसा विश्वास है कि पन्त की उत्तरकालीन रचनाओं में बहुत-सी ऐसी हैं, जहाँ इस प्रकार की खोज की गुंजायश है।

यह बात बार-बार कही गई है कि पन्त की बाद की कविताओं की भाषा बहुत स्थिर और अमूर्त है। यह बात विडम्बनापूर्ण लग सकती है कि जो कवि अपने आरम्भिक दौर में सबसे चित्रात्मक और संवेदनशील भाषा का प्रयोग करता था, वह

अपनी बाद की रचनाओं में क्रमशः अमूर्त होता जाय। पर इस स्थिति को उत्तर छायावादी भाषा के प्रति पन्त की उस तीखी प्रतिक्रिया के संदर्भ में देखा जाना चाहिए, जो उन्होंने 'आधुनिक कवि' की भूमिका में व्यक्त की थी। छायावादी कविता की चित्र बोझिल भाषा को 'अलंकृत संगीत' कहकर उन्होंने उसकी सीमाओं की ओर सबसे पहले संकेत किया था। निराला अपने ढंग से रचना के स्तर पर उस भाषा के विरुद्ध लड़ रहे थे। इसके लिए उन्होंने बोलचाल की भाषा की जमीन तोड़ी और खड़ी बोली को अपनी बोली (बैसवाड़े के आसपास की अवधी) के नजदीक लाने की कोशिश की। पन्त ने दूसरा रास्ता अपनाया, जिसका एक कारण शायद यह रहा हो कि अपनी बोली और क्षेत्र से जैसा गहरा सम्बन्ध निराला का था, वैसा पन्त का नहीं। पन्त ने जो रास्ता चुना वह छायावादी गद्य की भाषा का रास्ता था और जाहिर है, यह रास्ता कौसानी होकर नहीं जाता था। परिणाम यह हुआ कि उनकी भाषा क्रमशः गद्यात्मक होती गई। यह 'अलंकृत संगीत' के विरुद्ध एक प्रतिक्रिया थी और इस दृष्टि से देखा जाय तो शायद पन्त की परवर्ती कविता की भाषिक स्थिरता को ज्यादा सही सन्दर्भ में समझा जा सकता है। यदि उन्होंने सहज सामान्य गद्य की भाषा को अपना आदर्श चुना होता तो स्थिति दूसरी होती। 'गद्य' की बजाय उनका ध्यान अधिकतर वैचारिक भाषा की उस खास 'गद्यात्मकता' की ओर केन्द्रित रहा, जो भावशून्य, शान्त और स्थिर होती है। पर यहाँ भी उनकी सृजनात्मक प्रतिभा का आन्तरिक द्वन्द्व अनेक रचनाओं में उन्हें उस भाषिक जड़ता से बचाता रहा, जिसके चलते 'स्वर्णधूलि', 'स्वर्णकिरण' और 'उत्तरा' की बहुत-सी कविताएँ बेहद ठस और अपाठ्य लगती हैं। इसी के चलते वे एक ओर यदि 'स्त्री' (शंखध्वनि, पृ. 107) शीर्षक कविता में 'अदृश्य स्पर्श' वाली गूँजहीन भाषा का प्रयोग करते हैं–

> श्री शोभा लतिका, तुम मुझको अस्पृश्य रहीं
> वंशी की रस-अवयव मांसल लय-सी कोमल
> नव भाव रूप धर छूतीं स्वप्नों के उर को
> हो उठते प्राण अदृश्य स्पर्श पाकर चंचल।

तो दूसरी ओर सहज बोलचाल की, ग्राम गीत-सुलभ भाषा में इस तरह के जीवन्त चित्र भी देते हैं–

> मन उड़ता पाँखों में
> सुआ घूमती बन-बन
> तू घूमा करती आँखों में !

पन्त की सृजनात्मक क्षमता को समझने के लिए उनकी प्रति वर्ष बढ़ती जाती हुई कविता-पुस्तकों की संख्या को नहीं, बल्कि उनमें छपी हुई कविताओं के विवेकपूर्ण

अध्ययन की जरूरत है। 'विवेकपूर्ण' इसलिए कि बने-बनाये पूर्वग्रह के आधार पर यदि शुरू में ही पढ़ी जानेवाली कविता के प्रति एक नकारात्मक रुख अपना लिया गया तो इस आवेग में बहुत-सी अच्छी पंक्तियों के दृष्टि से ओझल हो जाने का खतरा हमेशा मौजूद रहेगा। मेरा विश्वास है कि स्वाधीनता के बाद की श्रेष्ठ काव्य-पंक्तियों का यदि कोई संकलन तैयार किया जाय तो उसमें पन्त की पंक्तियों की संख्या शायद सबसे ज्यादा होगी। यह अलग से विचारणीय प्रश्न हो सकता है कि क्या सम्पूर्ण रचना से हटकर अलग-थलग पंक्तियों की श्रेष्ठता के मूल्यांकन का कोई तर्कसंगत आधार ढूँढ़ा जा सकता है। पन्त-काव्य के किसी भी जागरूक अध्येता को इस प्रश्न से निरन्तर टकराना होगा और शायद इस टकराहट के भीतर से ही उसकी सार्थकता की तलाश भी की जा सकती है।

[1977]

अज्ञेय का आरंभिक काव्य

किसी भी महत्त्वपूर्ण कवि की आरंभिक कविताएँ कई दृष्टियों से दिलचस्प होती हैं। साहित्य के इतिहास-लेखक के लिए, चाहे उनका एक 'एकेडेमिक' आकर्षण-मात्र होता हो, पर एक पाठक के लिए वे केवल 'रचना' होती हैं–रचनात्मक ऊर्जा का विस्फोट या छटपटाहट। इस दृष्टि से 'अज्ञेय' की शुरू की कविताएँ अपना अलग महत्त्व तो रखती ही हैं–'अज्ञेय' के पूरे काव्य में अपना एक अलग और बेहद तीखा आस्वाद भी रखती हैं। शुरू की कविताओं से मेरा मतलब 'इत्यलम्' और 'चिन्ता' अर्थात् 'हरी घास पर क्षण-भर' से पहले तक की कविताओं से है। 'हरी घास पर क्षण-भर' उस पूरे दौर की चरम परिणति होने के साथ-साथ एक नए आरंभ की प्रतिज्ञा भी है। वहाँ से 'अज्ञेय' के काव्य में एक स्थिरता आती है–एक गहरी और शांत स्थिरता, जो उनके बाद के काव्य में निरंतर बढ़ती गई है। समकालीन पाठक इसी स्थिर गंभीरता से परिचित हैं, क्योंकि पिछले दस साल के भीतर 'अज्ञेय' की जो कृतियाँ आई हैं, उन्होंने पाठक को इसी स्तर पर छूने की कोशिश की है। पर मुझे लगता है कि यदि कोई पाठक आज की आलोचना के द्वारा निर्मित धारणाओं को लेकर 'अज्ञेय' की आरंभिक कविताओं के संसार में प्रवेश करेगा तो वह घाटे में रहेगा।

अज्ञेय की कविता के विकास का धरातल निश्चित रूप से विषम नहीं है–उसमें गति की एक सीधी रेखा और भावात्मक विकास की एक स्पष्ट तार्किक परिणति देखी जा सकती है। पर, इसके बावजूद उनकी आरंभिक कविताओं में जो बिखरी हुई मानवीय प्रतिक्रियाएँ मिलती हैं, अपने ऐंद्रिय अनुभव की सीमा के बाहर की दुनिया के साथ एक रागात्मक संबंध जोड़ने की छटपटाहट मिलती है या फिर स्वयं अपनी संवेदनाओं के प्रति एक बौद्धिक, अनमनापन दिखाई पड़ता है–यह सब कुछ उन्हें अपने अनुभव की मिट्टी के साथ बड़ी मजबूती से बाँधे रहता है। उन कविताओं के तल में एक खास तरह का नैतिक द्वंद्व भी मिलता है जो उनकी बाद की कविताओं में क्रमशः एक गहरे समाधान के निकट पहुँचता गया है और इसीलिए उसकी तीव्रता भी क्षीणतर होती गई है।

जिस द्वंद्व की ऊपर चर्चा की गई है, वह केवल संवेदना या विचार के धरातल

पर ही नहीं मिलता, बल्कि खासतौर से 'इत्यलम्' की कविताओं में उसका सबसे सीधा प्रभाव रचना के तंत्र पर दिखाई पड़ता है। कभी-कभी यह बात गहरे आश्चर्य में डाल देती है कि कविता के ढाँचे में एक बुनियादी परिवर्तन की आकांक्षा लेकर चलनेवाला यह कवि बार-बार छंद, लय और भाषा की उन सरणियों में क्यों भटक जाता है, जो उसे उसके पूर्ववर्ती कवियों के निकट ले जाती हैं। 'इत्यलम्' और 'चिंता' की पद्य-कृतियों को पढ़ते समय ऐसा बार-बार लगता है। पर, मैं इस नतीजे पर पहुँचा हूँ कि 'अज्ञेय' की आरंभिक कविताओं की सही पहचान के लिए उनके बाह्य रूपाकार को थोड़ा ओझल करना होगा—कम-से-कम वे कविताएँ यही माँग करती हैं। उदाहरण के लिए 'चिंता' के एक गीत की ये पंक्तियाँ ली जा सकती हैं—

> सखि, आ गये नीम को बौर*
> हुआ चित्रकर्मा वसन्त अवनीतल पर सिरमौर।

स्पष्ट ही गीत की यह उठान महादेवी के गीतों की याद दिलाती है। इस दृष्टि से देखें तो गीत का यह साँचा बड़ा पुराना लगेगा, पर नवीनता इस बात में है कि कवि बौर का संबंध परंपरागत आम्रवृक्ष से नहीं जोड़ता। वह नीम के बौर की बात कहता है और नीम के साथ जुड़ते ही बौर में एक तल्खी आ गई है। स्वाद की यह कड़ुवाहट छायावादी कवि के सौंदर्यबोध के विरुद्ध पड़ती है। इस तरह नीम के बौर की यह तल्खी उस बोध को तोड़ती है। अक्सर इन कविताओं में जो बहुत से रूमानी चित्र मिलते हैं, वे पूर्ववर्ती कवियों की रूमानियत के साँचे से चाहे बहुत भिन्न न लगें, पर उनमें हर बार कहीं कुछ ऐसा अवश्य आ जाता है जो उन्हें अधिक मूर्त्त, जाना-पहचाना या स्थानीय बना देता है जैसे—

> चीड़ों की ऊर्ध्वंग भुजाएँ
> भटका-सा पड़कुलिया का स्वर

यह पड़कुलिया का स्वर जैसे एक जाल है, जिसे कवि चीड़ों की ऊर्ध्वंग भुजाओं की ओर फेंकता है और इस तरह उस दृश्य के पूरे रोमानी प्रभाव को एक नया आयाम दे देता है। यह निर्विवाद है कि 'अज्ञेय' मूलतः एक रोमांटिक कवि हैं और जो लोग इस स्तर पर उनकी कविता का संबंध उनके पूर्ववर्तियों से जोड़ते हैं वे ऐसा किसी पूर्वग्रह के कारण ही करते हैं; यह नहीं कहा जा सकता। सचाई यह है कि 'अज्ञेय' की कविता की बनावट में ही ऐसा कुछ है जो पाठक के मन को ढकेलकर बार-बार कुछ पुरानी अनुगूँजों की ओर ले जाता है। ये अनुगूँजें व्यक्तिगत जीवन की भी हो

---

* वास्तविकता यह है कि नीम में बौर नहीं फूल आते हैं। पर इस त्रुटि को एक उभरते हुए नये कवि की कचाई माना जा सकता है।

सकती हैं, सांस्कृतिक अनुषंगी की भी और कभी-कभी राजनीतिक संदर्भों की भी। यह विलक्षण बात है कि 'अज्ञेय' की बाद की कविताओं में जो एक खास तरह की राजनीति-निरपेक्षता दिखाई पड़ती है वह उनकी पहले की कविताओं में नहीं मिलती। उनके 'घृणा के गान' को इसी संदर्भ में देखना चाहिए। 'घृणा के गान' पद में जो विरोधाभास है वह बहुत कुछ 'नीम के बौर' जैसा ही है। कुछ पंक्तियाँ देखी जा सकती हैं–

सुनो, तुम्हें ललकार रहा हूँ, सुनो घृणा का गान !
तुम, जो भाई को अछूत कह वस्त्र बचाकर भागे,
तुम, जो बहिनें छोड़ बिलखती बढ़े जा रहे आगे !
रुककर उत्तर दो, मेरा है अप्रतिहत आह्वान–
सुनो, तुम्हें ललकार रहा हूँ, सुनो घृणा का गान !

क्या यह अजीब नहीं लगता कि क्रमशः एकांत और जटिल अनुभूतियों की ओर बढ़ता जानेवाला यह कवि ऊपर की पंक्तियों में कितनी साफ और बेलौस भाषा में अपनी घृणा की अभिव्यक्ति करता है। कविता की दृष्टि से चाहे ये पंक्तियाँ सपाट लगें पर इनसे 'अज्ञेय' के भीतर के उस आरंभिक द्वंद्व का संकेत मिलता है जो उनकी शुरू की कविताओं को एक गहरे स्तर पर प्रभावित करता-सा जान पड़ता है। यदि यह द्वन्द्व उत्तरोत्तर रचना के स्तर पर अधिक तीव्र और गहन होता गया होता तो संभव है कि 'अज्ञेय' के संपूर्ण काव्य का कलेवर ही कुछ और होता। पर ऐसा नहीं हुआ, और ऐसा क्यों नहीं हुआ, इसकी छानबीन स्वयं उनकी कविताओं के आधार पर की जा सकती है। यह एक खुले हुए व्यक्ति के बंद होते जाने की विडंबनापूर्ण कहानी है, जो 'अज्ञेय' की शुरू की कविताएँ खासतौर से कहती हैं। पर यह बंद होना अनुभव के यथार्थ से कट जाना नहीं है, बल्कि एक यातनाभरी चेतना है जो अनुभव के बिखरे हुए सूत्रों को पकड़ने की कोशिश करती है। इन अनुभवों में एक ताजगी है जो अक्सर नए शब्दों की तलाश, किसी अप्रत्याशित बिंब या दृश्य-संकेत के रूप में प्रकट होती है। बेशक अनुभव का सबसे सच्चा और खरा रूप 'अज्ञेय' की प्रेम-संबंधी कविताओं में दिखाई पड़ता है। कुछ आलोचकों की यह शिकायत है कि अज्ञेय की प्रेम-संबंधी कविताओं में एक ठंडापन है। सचाई यह है कि यह एक प्रकार की रचनात्मक परिपक्वता है, जिसके चलते वे अनुभव के ताप को पचा लेते हैं और केवल कुछ संकेत बचे रह जाते हैं, कुछ स्थितियाँ, एक टटोलने का-सा भाव–बहुत कुछ स्पर्शातुर अंगुलियों की व्यग्रता की तरह–

उखड़ा-सा दिन, उजड़ा-सा नभ,
उचटे-से हेमन्ती बादल–

क्या इसी शून्य में खोयेगा
अपना दुलार का अन्तिम पल ?
*   *   *
भटकी-सी मेरी अनामिका
सीमन्त टोहती है तेरा–
है जहाँ किसी एकाकी ने
संयोग लिखा तेरा-मेरा।

भटकी हुई अनामिका का सीमंत टोहने का संकेत कितने गहरे अनुषंगों को जगाता है ! इसमें ठंडापन या निर्वेद नहीं, जुड़ने की एक गहरी आकांक्षा है। इसी संदर्भ में 'द्वितीया' शीर्षक कविता का भी उल्लेख किया जा सकता है। यह एक अधिक सीधी और भावुकतापूर्ण कविता है। पर, इसके बावजूद चूँकि पूरी कविता किसी द्वितीया के प्रति संबोधित है, इसलिए वह सारी भावुकता एक गहरी विडंबना में बदल जाती है। यह 'द्वितीया' शीर्षक ही अनुभव के एक सर्वथा नए धरातल को उद्घाटित करता है, जिसमें केवल प्रेम-निवेदन ही नहीं बल्कि एक नैतिक साहस का तीखापन भी है। वस्तु का संदर्भ किस तरह समूची कविता के कथ्य को रूपांतरित कर देता है, 'द्वितीया' इसका सबसे अच्छा उदाहरण है। एक खास बात इन आरंभिक प्रेम-कविताओं में यह दिखाई पड़ती है कि ये अक्सर कुछ ऐसे अनुषंगों को जगाती हैं, जिन्हें जातीय अनुभव का अंग कहा जा सकता है। शुरू की ज्यादातर कविताओं में एक किशोर सुलभ मन की कच्ची भावुकता मिलती है, जो इधर की कविताओं में दुर्लभ हो गई है। 'राखी' जैसे सुपरिचित, हल्के-फुल्के प्रसंग को लेकर लिखी गई ये पंक्तियाँ देखी जा सकती हैं–

भूल गये हम कौन, कौन है ?
कौन किसे भेजे अब राखी ?
अपनी अचिर अभिन्न एकता की
बस यही भूल हो साखी।

भूल को साखी बनाने का यह भाव अनुभूति के एक गहरे धरातल को खोलता है और फिर कैशोर भावना की यह कचास अपना एक अलग स्वाद देने लगती है, जिसे निरा कच्चापन नहीं कहा जा सकता।

ऊपर मैंने 'अज्ञेय' की आरंभिक कविताओं के खुलेपन का जिक्र किया था। अज्ञेय की बाद की कविताओं के बारे में प्रायः यह कहा गया है कि उनमें मानवीय ऊष्मा का प्रखर बोध बहुत कम मिलता है। 'इत्यलम्' में 'बंधुत्व' शीर्षक एक छोटी-सी कविता के अन्तर्गत चक्की पीसते हुए मानव का एक चित्र इस तरह आता है–

मुझे उसे मानव कहते संकोच होता है,
मैं कभी अपने अंतरतम में भी उसे मनुष्य समझने का भाव नहीं पाता,
पर जब वह अपनी कोठरी में बैठा हुआ चक्की पीसता है,
और चक्की की घर-घर ध्वनि के साथ
उसके शब्दहीन
अर्थहीन
प्राणहीन
गाने का स्वर मैं सुनता हूँ,
तब मुझे अनुभव होता है
कि हम भाई हैं,
कि मेरे और उसके संयोग की असंख्य पुनरावृत्ति ही
संसार है।

जाहिर है, यह जेल-जीवन का एक चित्र है और इसमें चक्की पीसते हुए मानव के अर्थहीन गाने के साथ जो एक गहरी आत्मीयता की बात कही गई है, वह भी अर्थहीन है, यह कौन कह सकता है ? यह, और इस तरह की दूसरी कविताएँ अर्थहीनता पर चोट करती हैं और अक्सर उसे छिन्न-भिन्न कर डालती हैं।

'अज्ञेय' की आरंभिक कविताओं की एक और बात मेरा ध्यान आकृष्ट करती रही है और वह है स्थितियों के हल्के-फुल्केपन के भीतर से उभरती हुई कविता का एहसास। यह बात 'अज्ञेय' की बाद की कविताओं की चौकन्नी सतर्कता के विपरीत पड़ती है। 'कंकरीट का पोर्च' शीर्षक कविता में (इत्यलम्, पृष्ठ 171) ऊँची इमारतों तथा डाक्टरनी के नए बँगले के बीच से गुजरते हुए एक ऐसे आदमी का चित्र आता है जो अपने आसपास के घरों की गैरियत से ऊबकर एक सुपरिचित पेड़ की छाया के नीचे इसलिए अपनेपन का अनुभव करता है कि वहाँ उसने एक दिन दो आने की मलाई की बर्फ खाई थी–

मेरा ध्यान
धुँधला-सा पड़ता हुआ
गया
मैदान के किनारेवाली पटरी के उस मौलसिरी के गाछ की ओर
जिसके नीचे की खुड्ढी घास में बैठकर
एक दिन दो आने की विलायती मलाई की बर्फ खाई थी।

स्थिति का यह हल्का-फुल्कापन यथार्थ की एक गहरी विडंबना की पीड़ा को जगाता है और इसीलिए बहुत-सी गहन-गंभीर कविताओं से भी ज्यादा सार्थक है। यह कविता को एक मानवीय खेल के स्तर पर लाने की कोशिश है, जो उसे उसके आदिम रूप

की ओर ले जाती है और इस तरह गंभीरता के मिथक को तोड़ती है।

'हरी घास पर क्षण-भर' से पहले तक का 'अज्ञेय' का काव्य एक ऐसे व्यक्ति का काव्य है जिसे उन्हीं के शब्दों में 'राहों का अन्वेषी' कहा जा सकता है। इन सारी कविताओं में—यहाँ तक कि परंपरागत शब्दावली में लिखी गई अपरिपक्व कविताओं में भी—एक टोह, एक अन्वेषण या टटोलने का भाव है और यही कवि की रचनात्मकता का प्रमाण है। बहुत-सी कविताएँ ऐसी मिल सकती हैं जो प्रसाद या महादेवी की अनुगूँज-सी जान पड़ती हों, पर ऐसी कविताओं में भी अचानक कोई ऐसी पंक्ति, दृश्य या संकेत आ जाता है जो उस अनुगूँज को बहुत दूर और पीछे छोड़ जाता है। इतना स्पष्ट है कि अज्ञेय की आरंभिक कविताओं में परंपरा से अलगाव का वैसा अहसास नहीं होता, जैसा शमशेर की आरंभिक कविताओं से होता है। अज्ञेय को कविता के परंपरागत साँचे से बाहर निकलने के लिए ज्यादा लंबा संघर्ष करना पड़ा है। 'इत्यलम्' और 'चिंता' की अधिकांश कविताएँ इसी यातनापूर्ण रचनात्मक संघर्ष का उदाहरण प्रस्तुत करती हैं।

[1975]

नागार्जुन : खतरनाक ढंग से कवि होने का साहस

नागार्जुन की कविता को कैसे समझा जाय, यह सवाल उनकी कविता के सन्दर्भ में कुछ अटपटा-सा लग सकता है, क्योंकि आमतौर पर उसके बारे में प्रचलित धारणा यही है कि वह बेहद सरल और सीधी होती है और इसलिए अलग से किसी टिप्पणी या व्याख्या की अपेक्षा नहीं रखती। इसका एक परिणाम यह है कि नागार्जुन की कविता को गम्भीरता से समझने तथा सही परिप्रेक्ष्य में रखकर उसका मूल्यांकन करने की कोशिश बहुत कम हुई है। वास्तविकता यह है कि एक अत्यन्त सीधी और सरल-सी दिखनेवाली नागार्जुन की कविता अपनी पूरी बनावट में उतनी सरल नहीं होती, जितना सामान्यतः उसे मान लिया जाता है। उनकी हर रचना के तल में एक गहरी उथल-पुथल होती है और इस उथल-पुथल का भावात्मक तथा वैचारिक आवेग कभी भी उस घटना या स्थान तक सीमित नहीं होता, जिसका वर्णन किया जा रहा है। हालाँकि पहली दृष्टि में कवि प्रभाव यही डालना चाहता है कि वह एक खास स्थान या घटना का वर्णन कर रहा है। मैं 'वर्णन' शब्द पर जोर देना चाहता हूँ, क्योंकि नागार्जुन आमतौर पर अपनी कविता में 'चित्रण' नहीं करते। वे सिर्फ वर्णन करते हैं और वर्णन करने की जो ठेठ भारतीय क्लासिकी परम्परा है–पुराने काव्य, पुराकथाओं या लोक साहित्य में–उसका भरपूर इस्तेमाल करते हैं। शिल्प के स्तर पर यह पहला बिन्दु है, जहाँ वे नयी कविता या आधुनिकतावादी कविता या एक हद तक पूरी समकालीन कविता से अलग होते हैं।

वर्णन की इस प्रवृत्ति की ओर मुड़ना अकारण नहीं है। इसका एक बहुत बड़ा कारण तो यह है कि यह पद्धति कला के यथार्थवादी उद्देश्यों के अधिक अनुकूल पड़ती है। एक दूसरा कारण यह हो सकता है कि नागार्जुन और उनके सहधर्मा कवि त्रिलोचन अपने पूरे काव्य में जाने-अनजाने पश्चिम के सांस्कृतिक दबाव के विरुद्ध क्रियाशील रहे हैं। 'पश्चिम' से मेरा तात्पर्य उस पश्चिम से है, जिसके साहित्य और कला का स्वाधीनता के बाद के वर्षों में, हमारे साहित्य पर गहरा प्रभाव पड़ा है। ऐसे किसी भी प्रभाव के प्रति नागार्जुन की रचनाशीलता के भीतर एक विलक्षण प्रतिरोधात्मक शक्ति निरन्तर सक्रिय रही है। परन्तु, उनकी रचनाओं के साक्ष्य पर यह कहा जा

सकता है कि यह प्रतिरोध किसी नकारात्मक उद्देश्य से नहीं, बल्कि अपने समय के यथार्थ के अनुरूप और उसी के दबाव से एक खास दिशा में सक्रिय रहा है। यहाँ यह उल्लेख करना आवश्यक है कि नागार्जुन गहरे अर्थ में एक आधुनिक दृष्टि-सम्पन्न कवि हैं। इसीलिए उनकी रचना में आधुनिकतावाद का प्रतिरोध तो है, पर आधुनिक बोध का नहीं। नागार्जुन के निकट मार्क्सवाद उस बोध को मूर्त्त और सक्रिय बनानेवाला सबसे महत्त्वपूर्ण विचार-दर्शन है और वही उसे यथार्थ की सान पर चढ़ाकर धारदार और निर्णायक भी बनाता है। यह उनके भीतर निरन्तर जाग्रत रहनेवाला आधुनिक बोध ही है जो, एक आंचलिक कथाकार होने के बावजूद, उनकी कविता में गाँव और शहर के बीच कोई कृत्रिम विभाजन या फाँक नहीं आने देता। वहाँ भारतीय सन्दर्भ अपनी समग्रता में मौजूद है।

नागार्जुन की संवेदना का केन्द्र गाँव है, जहाँ से उनकी चेतना, रचना में और उसके बाहर भी, बार-बार उन्हें शहर की ओर ले जाती है, और फिर शहर से गाँव की ओर, और आवाजाही की यह प्रक्रिया अनेक स्तरों पर निरन्तर चलती रहती है। गाँव और शहर के बीच आवाजाही की इस निरन्तरता से बोध का वह पूरा वृत्त बनता है, जिसमें नागार्जुन की प्रतिभा अपने कवि-कर्म में प्रवृत्त होती है। गाँव उनके निकट कोई 'युटोपिया' नहीं, एक जीती-जागती ठोस वास्तविकता है—अपनी सारी अच्छाइयों और बुराइयों के साथ। रचना में उनका प्रस्थान-बिन्दु हमेशा गाँव का वह सीधा-सादा और कई बार बेहद चालाक आदमी होता है, जिसके साथ किसी गहरे स्तर पर नागार्जुन का एक खास रिश्ता है। जिस समय वे दुनिया को अपनी कवि-सुलभ दृष्टि से देख रहे होते हैं, उस समय भी मानो वह अनुपस्थित आदमी उनकी हर क्रिया और हर रचनात्मक निर्णय को, बड़े गौर से चुपचाप देखता रहता है। नागार्जुन की रचना की दिशा वहाँ से निर्धारित होती है। उनके भीतर के बुद्धिजीवी और उसके निपट विलोम के बीच एक अदृश्य टकराव हमेशा चलता रहता है। पर उनकी रचना में एक बिन्दु ऐसा आता है, जहाँ कवि अपने समस्त अर्जित बोध को उस अनुपस्थित आदमी के सामान्य बोध (कामनसेन्स) के पक्ष में कहीं बहुत पीछे छोड़ देता है और उसके बाद कविता यथार्थ के अँधेरे में धीरे-धीरे रास्ता टटोलती हुई आगे बढ़ती है—उसी सामान्य बोध के सहारे।

गाँव के साथ नागार्जुन के इस सम्बन्ध को थोड़ा रुककर समझने की जरूरत है। यदि उनकी गाँव-सम्बन्धी कविताओं का गहराई से अध्ययन किया जाये तो पता चलेगा कि इस सम्बन्ध के पीछे 'नास्टेल्जिया' या 'घर की याद' जैसी किसी चीज की (चाहे दो-एक कविताओं में उसका हल्का-सा आभास मिल भी जाये) कोई भूमिका नहीं है। वस्तुतः नागार्जुन की गाँव-सम्बन्धी चेतना का एक ठोस और मजबूत वैचारिक आधार है। कृषक-जीवन और उसकी समस्याओं में उनकी सक्रिय और गहरी दिलचस्पी रही है। यह एक तथ्य है कि वे स्वाधीनता के पहले से ही किसान-आन्दोलनों

से जुड़े रहे हैं। उनकी कुछ नवीनतम कविताओं में कृषि-सम्बन्धों में जो एक खास तरह की हलचल पिछले दिनों पैदा हुई है, उसकी आहटें सुनी जा सकती हैं। वस्तुतः गाँव के साथ नागार्जुन के सम्बन्ध को कृषि-सम्बन्धों की इसी हलचल के सन्दर्भ में देखा जाना चाहिए। बहुत कुछ इस हलचल के उतार-चढ़ाव के समानान्तर ही उनकी कविता के स्वरूप में भी परिवर्तन होता रहा है। यह उनकी कविता का एक ऐसा पक्ष है, जिस पर अलग से विचार होना चाहिए।

नागार्जुन के काव्य के मूल्यांकन को लेकर कई तरह की समस्याएँ खड़ी होती हैं। एक बड़ा कवि, अपने बड़े होने के अनुपात में ही, आलोचना के स्वीकृत मान-मूल्यों के लिए एक चुनौती होता है। नागार्जुन के सन्दर्भ में यह चुनौती—उनकी काव्य-प्रतिभा की कुछ दुर्लभ विशेषताओं और विलक्षणताओं के कारण—और बड़ी हो जाती है। पहली समस्या खड़ी होती है उनकी उन कविताओं को लेकर, जिन्हें किसी अन्य उपयुक्त शब्द के अभाव में हम 'तात्कालिक कविताएँ' कह सकते हैं। तात्कालिक कविता से मेरा तात्पर्य उन कविताओं से है, जो किसी सद्यःघटित घटना या किसी ताजा राजनीतिक प्रसंग से सम्बन्धित होती हैं। नागार्जुन के यहाँ ऐसी कविताओं की एक बहुत बड़ी संख्या है और उनके हर संग्रह में लगभग एकतिहाई कविताएँ इस तरह की होती हैं। उनके जो तीन संग्रह ('खिचड़ी विप्लव देखा हमनें', 'तुमने कहा था' और 'हजार-हजार बाँहोंवाली') इस बीच आये हैं, उनमें ऐसी कविताओं का हिस्सा कुछ बड़ा ही है। इस तरह की कविताओं के प्रति तथाकथित गम्भीर पाठकों या आलोचकों की एक प्रतिक्रिया यह है कि इन्हें 'अगम्भीर काव्य' मानकर एक तरफ रख दिया जाये। पर मुझे लगता है कि नागार्जुन के पूरे काव्य को उसकी सम्पूर्णता में देखा जाना चाहिए। तात्कालिक कविताएँ, उनके विशाल काव्य-व्यक्तित्व का एक महत्त्वपूर्ण हिस्सा हैं और उनके कृतित्व का मूल्यांकन करते समय उन्हें काटकर अलग नहीं किया जा सकता। दरअसल, आलोचना के प्रचलित मान-मूल्यों और अपने समय के पूरे सौन्दर्यबोध को सबसे ज्यादा यही कविताएँ झकझोरती हैं।

एक तथ्य, जिसकी ओर सहसा ध्यान नहीं जाता, यह है कि तात्कालिक विषय पर कविता लिखना एक खतरनाक काम है। यह खतरा केवल सामाजिक या राजनीतिक स्तर पर ही नहीं होता, बल्कि स्वयं कविता के स्तर पर भी होता है। यह खतरा वहाँ हमेशा मौजूद रहता है कि कविता कविता रह ही न जाये! पर नागार्जुन एक रचनाकार की पूरी जिम्मेवारी के साथ इस खतरे का सामना करते हैं और इस दृष्टि से देखें तो उनमें खतरनाक ढंग से कवि होने का अद्भुत साहस है। पर उससे भी बड़ी बात यह है कि उनकी तात्कालिक विषयों पर लिखी हुई कविताएँ उनकी कविता-सम्बन्धी एक विशेष अवधारणा की ओर संकेत करती हैं। हम जानते हैं कि उनके यहाँ 'गम्भीर' कही जानेवाली कविताओं की संख्या कम नहीं है। उनके पूरे काव्य को सामने रखकर देखें तो दिखाई पड़ेगा कि उनकी प्रतिभा एक साथ अनुभव

के दो ध्रुवान्तों पर काम करती है—एक तरफ प्रेम, वात्सल्य, करुणा और सौन्दर्य जैसे 'गम्भीर' समझे जानेवाले विषय हैं और दूसरी तरफ एकदम सद्यःघटित, आसन्न और तात्कालिक विषय। नागार्जुन का रचना-लोक इन दोनों से मिलकर बनता है। अतः इन दोनों में कोई-न-कोई सम्बन्ध जरूर होना चाहिए। वस्तुतः कविता के साथ नागार्जुन का यह दोहरा सम्बन्ध हमें कविता-सम्बन्धी उनकी अपनी अवधारणा के निकट ले जाता है। वे अपने पूरे कृतित्व के द्वारा मानो इस बात को रेखांकित करते हैं कि एक बदलते हुए संघर्षशील समाज में कविता की यह दोहरी भूमिका अनिवार्य है। यह एक बहस का विषय हो सकता है और नागार्जुन तात्कालिक विषय पर लिखी गई अपनी हर नयी कविता के द्वारा मानो इस बहस को आगे बढ़ाते हैं। उनकी कविता में समकालीन राजनीतिक और सांस्कृतिक परिवेश से जुड़े हुए कुछ नाम बार-बार आते हैं—इन्दिरा गांधी, मोरारजी देसाई, विनोबा भावे, अरविन्द घोष या यहाँ तक कि राजनारायण भी। ये नाम अगर उनकी संवेदना को कहीं झकझोरते या छूते हैं तो इसलिए कि एक हद तक ये जनता से दिलचस्पी या उसके सामान्य बोध का हिस्सा होते हैं। इसलिए इन नामों में एक सीधी अपील होती है और नागार्जुन अपनी रचना में अपने समय के यथार्थ की चीर-फाड़ करते समय उस 'अपील' का पूरा-पूरा फायदा उठाते हैं। इस दृष्टि से उनकी भाषा की बनावट का अध्ययन किया जाये तो अनेक रोचक और महत्त्वपूर्ण तथ्य सामने आ सकते हैं।

उनकी कविता का एक दूसरा महत्त्वपूर्ण पक्ष है, उसकी गहरी स्थानीयता। नागार्जुन की हर कविता की जड़ें एक वृक्ष की तरह अपनी मिट्टी में दूर तक धँसी होती हैं। यह स्थानीयता तात्कालिकता का ही दूसरा पहलू है। एक ठेठ देसीपन या स्थानीयता त्रिलोचन में भी है और एक हद तक केदारनाथ अग्रवाल में भी। पर नागार्जुन की 'स्थानीयता' इन दोनों से अलग इस मानी में है कि जब वे अपने परिचित परिवेश या अंचल से बाहर होते हैं, उस समय भी वे उतने ही 'स्थानीय' होते हैं। उनकी स्थानीयता बहुत कुछ लोक-काव्य में पायी जानेवाली 'स्थानीयता' की तरह होती है, जिसके दृश्य और रंग सम्प्रेष्य भाव को एक आकार और विश्वसनीयता देने के बाद चुपचाप तिरोहित हो जाते हैं। जिस बात के चलते नागार्जुन की कविता अपने सर्वोत्तम रूप में सारी तात्कालिकता और स्थानीयता को अतिक्रान्त कर जाती है, वह है उनकी विश्वदृष्टि जो उनके व्यक्तिगत अनुभव और जनता के सामान्य बोध से मिलकर बनी है और उनके निकट इन दोनों के बीच के अन्तःसूत्र को आलोकित करनेवाला तत्त्व है मार्क्सवाद। सामान्य बोध पर निर्भर करने की यह प्रवृत्ति जितनी नागार्जुन में है, उतनी और कहीं नहीं। भक्ति काव्य का एक बहुत बड़ा हिस्सा इसी सामान्य बोध से परिचालित होकर लिखा गया था। समकालीन कविता के इतिहास में नागार्जुन का एक बहुत बड़ा अवदान यह माना जायेगा कि उन्होंने पुनः कविता की दिशा को विशिष्ट बोध से सामान्य बोध की तरफ मोड़ने का प्रयास किया। इसी

प्रयास के चलते उनकी कविता के उस क्रान्तिकारी चरित्र का निर्माण हुआ है, जिसके हम इतने अभ्यस्त हो गये हैं।

मुक्तिबोध की समस्या थी–"कविता में कहने की आदत नहीं है, पर कह दूँ, वर्तमान समाज चल नहीं सकता।" नागार्जुन की स्थिति इसके बिल्कुल विपरीत है। उन्हें सीधी-से-सीधी बात और कई बार एकदम कविता न लगनेवाली बात को भी कविता में कहने की आदत है और खूब है। यह इन दोनों कवियों के मानसिक गठन का बुनियादी अन्तर है। नागार्जुन जितना कुछ देखते हैं, सुनते हैं, सूँघते हैं या महसूस करते हैं, उसे पूरा-का-पूरा और कई बार उसके सम्पूर्ण अनगढ़पन के साथ कविता में कहने की अद्भुत कला उनके पास है। उनके लिए कविता से बाहर कुछ नहीं है, न इतिहास का सत्य और न भूगोल का ऊबड़-खाबड़पन ! उनके रचनातन्त्र में कविता और इतिहास के बीच कोई सीधा द्वन्द्व इसलिए नहीं है कि वे कविता को, अपनी विलक्षण काव्यदृष्टि के द्वारा सीधे स्थूल दैनिक घटनाओं के बीच घटित होते हुए देखते हैं। यह एक ऐसी अचूक दृष्टि है, जिससे ऐसा कुछ भी नहीं छूटता जिसमें सामान्य जन की दिलचस्पी हो अथवा जो किसी-न-किसी स्तर पर उसकी नियति को प्रभावित करता हो। अपनी इस खास काव्य-प्रकृति के अनुरूप शिल्प की तलाश में नागार्जुन अपनी कविता में, रूप के स्तर पर अनेक प्रयोग करते हैं। इधर के संग्रहों को देखकर ऐसा लगता है कि उन्होंने अपनी कविता को, उसकी सारी आन्तरिक दृढ़ता के बावजूद, शिल्प के स्तर पर इतना लचीला बना लिया है कि वहाँ कविता और इतिहास के बीच का द्वंद्व एक विलक्षण रचनात्मक सन्तुलन में बदल गया है। कवि-कर्म की यह एक ऐसी सफलता है, जिसमें वे लगभग अद्वितीय हैं।

नागार्जुन ने अपनी एक कविता में स्वयं को 'तरल आवेगोंवाला हृदयधर्मी जनकवि' ('खिचड़ी विप्लव देखा हमने,' पृ. 24) कहा है। एक ऐसे समय में जब कविता में हृदय-सुलभ गुण अर्थात् भावात्मकता या भावुकता लगभग एक अस्पृश्य-सी चीज मान ली गयी हो, स्वयं को 'तरल आवेगोंवाला' और 'हृदयधर्मी' कहना विशेष अर्थ रखता है। अपने समय की प्रचलित कविता से नागार्जुन जिन बिन्दुओं पर टकराते हैं, उनमें से एक बिन्दु यह भी है। वे कविता को दूसरे छोर से पकड़ते हैं यानी 'हृदय' की ओर से। उनकी प्रकृति और प्रेम पर लिखी हुई कविताओं में वह बुनियादी भावुकता अपने सर्वोत्तम रूप में मौजूद है, जो समकालीन कविता से लगभग गायब हो गयी है। यह एक गहरी यथार्थवादी दृष्टि से अनुशासित भावुकता है–जैसी क्लासिकल कविता में पायी जाती है। एक ठेठ भारतीय किसान में अपने खेत और खलिहान को लेकर जो एक दबी हुई प्रगाढ़ और घनीभूत भावुकता होती है, नागार्जुन की भावुकता उससे बहुत मिलती-जुलती है। उन्होंने अपने समय की सारी विषम और विरोधी परिस्थितियों के बीच एक भारतीय किसान की उस गहरी भावुकता को अपने भीतर कहीं बचाकर रखा है। इसलिए उमड़ता हुआ मेघ उन्हें एक विलक्षण उल्लास

से भर देता है, नदी के किनारे भारी खुरों के निशान देखकर उनका मस्तक दुधारू भैंसों की याद में झुक जाता है और जब वे मधुमक्खियों को शहद की रचना में लीन देखते हैं तो अचानक कह उठते हैं—जैसे घर के बड़े-बूढ़े बच्चों को समझाते हुए कहते हैं—

छेड़ो मत इनको
रचने दो मधुछत्र
जमा हो ढेर-ढेर-सा शहद
भरेंगे मधुभाण्ड गरीब बनजारे के
आखिर तुम तक तो पहुँचेगा ही शहद
मगर अभी छेड़ो मत इनको !

नागार्जुन की इस बुनियादी भावुकता के कई स्तर हैं। एक गहरे अर्थ में, यह भावुकता आधुनिक समाज की बढ़ती हुई निस्संगता के विरुद्ध एक प्रतिक्रिया के रूप में काम करती है। अपनी प्रकृति और प्रेम-सम्बन्धी कविताओं के अलावा वे कई बार अपनी राजनीतिक या व्यंग्यमूलक कविताओं में भी इस भावुकता का इस्तेमाल करते हैं और ऐंसा करते हुए, कला की दृष्टि से एक कठिन चुनौती का सामना कर रहे होते हैं। 'खिचड़ी विप्लव देखा हमने' में 'लालू साहू' शीर्षक एक कविता है, जिसमें तिरसठ वर्षीय एक ऐसे पति की तसवीर उपस्थित की गयी है, जो कवि के ही शब्दों में अपनी साठवर्षीया पत्नी की चिता में अपने को डालकर 'सती' हो गया था। यहाँ 'सती' शब्द में निहित सारे व्यंग्य, विडम्बना और करुणा को एक साथ उजागर करते हुए नागार्जुन कविता के अन्त में कहते हैं—

इस तरह एक पति उस रोज 'सती' हो गया
और अब दिवंगत पति (लालू साहू) के नाम
पुलिसवाले केस चलायेंगे !
क्या इस हमदर्द कवि को
तथाकथित अभियुक्त के पक्ष में
भावात्मक साक्ष्य देना होगा बाहर जाकर ?

नागार्जुन की कविता अपने सर्वोत्तम रूप में इसी 'भावात्मक साक्ष्य' की कविता है—कविता के भीतर का साक्ष्य। पर एक कवि के रूप में उनके साथ खास बात यह है कि वे 'बाहर जाकर' साक्ष्य देने का दबाव भी महसूस करते हैं—बहुत कुछ अपने कवि-कर्म के दबाव की ही तरह। 'शालवनों के निबिड़ टापू' शीर्षक कविता ('तुमने कहा था', पृ. 83) में इस 'भावात्मक साक्ष्य' का एक दूसरा ही पहलू दिखाई पड़ता है। यह मध्यप्रदेश के घने जंगलों में एक अधेड़ आदिवासी से मुठभेड़ की कविता

है। नागार्जुन का यह अपना अंचल नहीं है, पर वहाँ के स्थानीय भूगोल के साथ रचना के भीतर वे जिस तरह घुलमिल जाते हैं, वह सारा कलात्मक प्रयास इस कविता को एक गहरी विश्वसनीयता से भर देता है। कविता के आरम्भ में उस अधेड़ आदिवासी का परिचय इस तरह दिया गया है–

दस-पन्द्रह वर्ष पहले वह दिल्ली गया था
आदिवासी लोकनृत्यवाली उस पार्टी के साथ
मैंने जानना चाहा
"पूछो, उन दिनों कौन था राजा
दिल्ली का ?"
नचाकर हथेलियाँ
अबूझ-सी पहेलियों में गुम हो गया
बेचारा शबर-पुत्र
क्या कहे, क्या न कहे
नाम ले कौन-सा
कौन-सा नाम न ले
X X X
मैंने आखिर सुझाईं कुछ संज्ञाएँ
नेहरू, राजेन्दर परसाद, राधाकृस्नन
बोलो उन दिनों कौन था दिल्ली का राजा ?
'मालूम नईं अपने को
अपने को नईं मालूम'
डालकर भौंहों पर जोर बोला माड़िया अधेड़

अधेड़ आदिवासी का यह भोलापन तिलमिला देनेवाला है और कवि ने जिस कौशल के साथ उस भोलेपन को आज की राजनीतिक वास्तविकता के आमने-सामने रख दिया है, वह इस पूरे प्रसंग के अन्तर्निहित व्यंग्य को और गहरा बनाता है। यहाँ नागार्जुन अपनी ओर से न तो कोई टिप्पणी करते हैं, न व्याख्या। वे एक अद्‌भुत कलात्मक तटस्थता के साथ विषय से जुड़े सन्दर्भ का एक-एक ब्यौरा सामने लाते जाते हैं–वर्णन की अपनी उसी खास शैली में, जिसका उल्लेख पहले किया गया है। इधर के संग्रहों में, उनकी वर्णन की इस तकनीक में और कसाव आया है।

कविता में नागार्जुन की दिलचस्पी का दायरा बहुत बड़ा है। और बातों को छोड़ भी दें तो भावबोध और मानवीय स्थितियों की जैसी विविधता उनके यहाँ है, वैसी अन्यत्र नहीं, उनकी कविता एक तरह से अपनी सम्पूर्णता में, विगत चालीस वर्षों के भारतीय जीवन के उथल-पुथल की महागाथा है। 'भावात्मक साक्ष्य' देने की

विकलता उन्हें यथार्थ की अनेक दिशाओं में ले जाती है। कभी वे कर्फ्यू के आतंक को देखते हैं, कभी बोतल के टुकड़ों पर उछल रही चाँदनी को, कभी सुदूर नवादा के स्टेशन पर होनेवाले रक्तपात को, कभी बस-ड्राइवर की स्टीयरिंग पर टँगी उन चूड़ियों को, जिन्हें उसकी नन्हीं बिटिया ने टाँग दिया था। उनकी आपातकालीन कविताओं में हम पाते हैं कि अचानक पशुलोक में उनकी दिलचस्पी बढ़ जाती है। जेल के सीखचों के भीतर वार्डों में चक्कर काटती गाय उन्हें आकृष्ट करती है, तीन बजे रात में मुर्गे का बाँग देना उन्हें परेशान करता है। पर इसे सारे माहौल में जो जीव उन्हें सबसे अधिक अभिभूत करता है, वह है नेवला। 'नेवला' ('खिचड़ी विप्लव देखा हमने', पृ. 46) उनकी इस बीच की कविताओं में सबसे महत्त्वपूर्ण कविता है। यह एक लम्बी कविता है, जिसका नायक नेवला है। जेल की चारदीवारी के भीतर वह एक चमत्कारी जीव की तरह कैदियों के बीच बार-बार आता और गायब हो जाता है। जेल की उस घुटन और जड़ता के बीच थोड़ी-सी गति बस नेवले के आने और जाने से पैदा होती है। नागार्जुन की कला की यहाँ सबसे बड़ी विशेषता यह दिखाई पड़ती है कि वे पूरी कविता में एक क्षण के लिए भी यह नहीं भूलते कि वह एक नेवले का वर्णन कर रहे हैं, जो एक खास तरह का पशु है और जिसका अपना खास रंग-रूप है–जिसके दाँत बेहद तेज हैं और नाखून बेहद तीखे। वे पूरी कविता में मानो इस बात के प्रति एक चुपचाप सतर्कता बरतते हैं–एक ऐसी सतर्कता जो कहीं भी दिखायी नहीं पड़ती–कि नेवला भूल से भी किसी और चीज का प्रतीक न समझ लिया जाये। नागार्जुन का यह अद्‌भुत कलात्मक संयम और कौशल, उनके अलावा केवल त्रिलोचन की कुछ लम्बी कविताओं में दिखायी पड़ता है। इस गहरे कलात्मक संयम और अपनी जटिल अर्थवत्ता के कारण 'नेवला' केवल आपातकालीन कविताओं में ही नहीं, पूरी समकालीन हिन्दी कविता में अपने ढंग की अद्वितीय रचना है। जेल-जीवन की सारी ऊब और अमानवीयता के बीच सुतली में टँगे हुए गोश्त के टुकड़े और नेवले के बीच की यह लड़ाई कितनी अर्थपूर्ण हो जाती है–

ताज़ा गोश्त का लाल टुकड़ा
मजबूत सुतरी के छोर पर बँधा है
फ़र्श से ढाई-तीन फुट ऊपर लटकाये
अखलाक़ ने वो सुतरी ऊँचे थाम रखी है
मोतिया बार-बार छलाँग रहा है
लपक रहा है बार-बार गोश्त के टुकड़े की ओर
पूरी ताकत लगाकर उछल रहा है
गुस्से से चीख रहा है–किर्र···
किर्र··· किर्र···

वर्तमान समाज की विडम्बनाओं और छल के विरुद्ध नागार्जुन के आक्रोश से हम अच्छी तरह परिचित हैं। बल्कि यह उनके काव्य-व्यक्तित्व का एक ऐसा पक्ष है और इतना अधिक जाना-पहचाना कि उसकी ओट में उस व्यक्तित्व के दूसरे पहलू कई बार ओझल हो जाते हैं। नागार्जुन की बहुत-सी कविताओं में जो एक खास तरह की नागार्जुनोचित विनोदप्रियता मिलती है, उसके अनेक स्तर हैं। सामान्यतः यह विनोदप्रियता हँसाती है, गुदगुदाती है और कई बार विचलित और परेशान भी करती है। पर अपनी कुछ कविताओं में उन्होंने इस विनोदप्रियता का इस्तेमाल अत्यन्त जटिल ढंग से किया है। 'खिचड़ी विप्लव देखा हमने' की 'आये दिन' शीर्षक कविता में बढ़ते हुए सामाजिक और आर्थिक असन्तुलन के बीच एक सत्तरसाला बूढ़े कवि का 'पुलकित होना' अपने सिर के बाल नोचना या अकेले में सीटियाँ बजाना उसकी विनोदप्रियता के भीतर के किस गहरे असन्तुलन या पीड़ा को सूचित करता है, उसे नीचे की पंक्तियों में देखा जा सकता है–

आये दिन
कोटिपति-युवक या अधेड़ पूँजी-पुत्र
छिप-छिपकर सेवन करता है
सिंगी और माँगुर मछलियाँ
तरुण बकरे की कलेजियाँ
आये दिन यह सब देख-सुनकर
अत्यधिक पुलकित हो उठता है
यह बनमानुस
यह सत्तरसाला उजबक
उमंग में भरकर सिर के बाल
नोचने लग जाता है यह व्यक्ति
अपने ही सिर के बाल
अकेले में बजाने लगता है सीटियाँ
आये दिन !

इन पंक्तियों के बीच में आया हुआ 'बनमानुस' शब्द खासतौर से ध्यान देने योग्य है। यहाँ कवि बनमानुस के पुलकित होने का जो बिम्ब खड़ा करता है, वह केवल उसकी विनोदप्रियता ही है या और कुछ, इसे पूरी कविता को पढ़कर आसानी से समझा जा सकता है।

नागार्जुन के इधर के संग्रहों की कुछ कविताओं में उनके भीतर की भावयात्रा का एक और स्तर दिखायी पड़ता है, जिसका उल्लेख आवश्यक है। इसका सम्बन्ध ठेठ भारतीय मानस की बनावट और उसके भीतर घटित होनेवाले परिवर्तन की उस

वास्तविकता से है, जो धार्मिक आस्था से नये जीवन-मूल्यों की ओर संक्रमण के द्वंद्व से पैदा हुई है। 'खिचड़ी विप्लव देखा हमने' में एक कविता है, जो इस प्रकार शुरू होती है–

थकित चकित भ्रमित भग्न मन को
स्फूर्ति देता है किसी समर्थ का सहारा
तो क्या मुझे भी प्रभु की सत्ता स्वीकारनी होगी ?
तो क्या मुझे भी आस्तिक बन जाना होगा ?

'तो क्या मुझे भी'–वाक्य का यह टुकड़ा अर्थपूर्ण है और कवि का सारा जोर उसी पर है। और बातों को छोड़ भी दें तो इस 'मुझे भी' में ढलती हुई आयु की एक ऐसी पीड़ा है, जिसका ठेठ हिन्दुस्तानी मन की बनावट से गहरा रिश्ता है। आगे की पंक्तियाँ इस पीड़ा के अनुभव को एक और दिशा में ले जाती हैं जहाँ द्वन्द्व लगभग समाप्त हो जाता है और कवि इस प्रत्यक्ष जगत के साथ अपने प्रगाढ़ सम्बन्ध की सूचना बड़े व्यंग्यात्मक ढंग से देता है। पर आरम्भिक पंक्तियों में पूछा गया प्रश्न पूरी कविता में बड़ी देर तक गूँजता रहता है। नागार्जुन की यह अकेली कविता नहीं है, जहाँ भावबोध का यह धरातल उभरता है। उनके नवीनतम संग्रह 'हजार-हजार बाँहोंवाली' के 15वें पृष्ठ पर एक कविता है, जिसका शीर्षक है–'पछाड़ दिया मेरे आस्तिक ने'। इस कविता के आरम्भ में कवि कार्तिक मास की सुबह का एक सघन ऐन्द्रिय चित्र प्रस्तुत करता है। नदी के किनारे के विभिन्न दृश्यों से गुजरते हुए वह उगते हुए सूर्य के सम्मुख रुक जाता है और मन्त्रोच्चार के साथ उसे नमन करता है। यह पूरी कविता एक अद्‌भुत आवेग के साथ लिखी गयी है, जिसका अन्त एकदम अप्रत्याशित ढंग से और एक नाटकीय द्वन्द्व के साथ होता है। कविता के अन्त में कवि अपने पोस्ट ग्रेजुएट नौजवान सहचर–रत्नेश्वर–से कहता है–

पछाड़ दिया आज मेरे आस्तिक ने
मेरे नास्तिक को
साक्षी रहा तुम्हारे जैसा नौजवान पोस्ट ग्रेजुएट
मेरे इस डिवियेशन का
नहीं ? मैं झूठ कहता हूँ !
मुकर जाऊँ शायद कभी
कहाँ ? मैंने तो कभी झुकाया नहीं था मस्तक !
कहाँ ? मैंने तो कभी दिया नहीं था अर्घ सूर्य को !
तुम तो रत्नेश्वर, मुसकुरा-भर देना मेरी उस मिथ्या पर !

ये आस्तिकता को पुष्ट करनेवाली पंक्तियाँ नहीं हैं, सिर्फ हिली हुई आस्था और उसके तल में काम करनेवाले किसी गहरे संशय का आभास देनेवाली पंक्तियाँ हैं। उपर्युक्त कविता में प्रकृति के भौतिक रूप का जो गहन संवेदनात्मक चित्र कवि ने प्रस्तुत किया है, वह स्वयं किसी अभौतिक सत्य का जबर्दस्त प्रत्याख्यान करता है। नागार्जुन के भावबोध के इस धरातल की उनके शेष कृतित्व के साथ एक विलक्षण संगति है, जिसे ढूँढ़ना कठिन नहीं है। धार्मिक आस्था और नये जीवन-मूल्यों के बीच के टकराव का सम्बन्ध जनता के उसी सामान्य बोध से है, जिसका उल्लेख पहले किया गया है। निराला के अन्तिम दिनों की कविताओं में भी इस टकराव की गूँज जहाँ-तहाँ सुनी जा सकती है।

ना.ार्जुन की लम्बी काव्य-यात्रा के इन कुछ उदाहरणों से यह बात साफ हो जाती है कि उनकी कविता का फलक न केवल बहुत विस्तृत है, बल्कि उसमें जनता के ऊबड़-खाबड़ जीवन की तरह ऐसा बहुत कुछ है, जिसमें परस्पर संगति बैठाने में, पहली दृष्टि में, थोड़ी कठिनाई हो सकती है। पर जैसा कि मैंने पहले संकेत किया है, उनके पूरे कृतित्व में विचार का एक सूक्ष्म अन्तःसूत्र हमेशा मौजूद है, जो रचना को सही परिप्रेक्ष्य में रख देने पर अपने आप प्रकट हो जाता है। पर पढ़ते समय नागार्जुन की कविता का, यह जो ऊपर-ऊपर परस्पर असम्बद्ध-सा दिखायी पड़ने वाला ढाँचा है, वह कई बार पाठक को चक्कर में डाल देता है। कई बार अपनी कविता में, वे जो अपना आत्मकथ्य प्रस्तुत करते हैं, उसे बारीकी से न पढ़ने के कारण, आलोचक धोखा खा ही जाता है। 'खिचड़ी विप्लव देखा हमने' में एक ऐसी ही आत्मकथ्यपरक कविता है, जिसका शीर्षक है–'प्रतिबद्ध हूँ'। इस कविता की कुछ पंक्तियाँ हैं–

> सम्बद्ध हूँ, जी हाँ सम्बद्ध हूँ
> निश्चय से अनिश्चय से संशय से भ्रम से क्रम से
> व्यतिक्रम से
> निष्ठा से अनिष्ठा से आस्था से अनास्था से
> संकल्प से विकल्प से

और कुछ देर बार जैसे वे अपने कथन को समेटते हुए कहते हैं–

> **सबसे और किसी से नहीं**
> **और जाने किस किससे !**

कविता के इस टुकड़े की अन्तिम पंक्ति–'जाने किस किससे' की गहरी अर्थवत्ता के आलोक में यदि ऊपर की पंक्तियों को न देखा जायेगा तो फिर प्रभाकर माचवे की तरह हर पाठक को यही भ्रम होगा कि नागार्जुन "पुराने दार्शनिक नागार्जुन की तरह

सर्वनकारवादी कवि हैं।" यदि उनके सम्पूर्ण काव्य की गहराई से छानबीन की जाये तो पता चलेगा कि नागार्जुन हर चीज या हर विचार की धज्जियाँ नहीं उड़ाते। उनके पास अनुभव और विचार की वह स्वार्जित भूमि है, जहाँ से वे प्रहार करते हैं और हर बार जब वे प्रहार करते हैं तो कुछ-न-कुछ बहुत मूल्यवान दाँव पर लगा होता है, जिसे वे हर कीमत पर बचा लेना चाहते हैं। अक्सर जो दाँव पर लगा होता है, वह है इस देश का सबसे पीड़ित जन। नागार्जुन का काव्य उसी के पक्ष में और उसके विरुद्ध जो भी कुछ है, उसके विरुद्ध है।

[1981]

कालबद्ध तथा पदार्थमय : भूरी-भूरी खाक-धूल

एक लम्बे अंतराल के बाद मुक्तिबोध का दूसरा संग्रह प्रकाशित हुआ है–'भूरी-भूरी खाक-धूल'। इस बीच मुक्तिबोध हिंदी में कविता-संबंधी बहसों के केंद्र में रहे हैं और धीरे-धीरे उनका कृतित्व समकालीन भारतीय लेखन का महत्त्वपूर्ण हिस्सा बन गया है। पर यह विचित्र विडंबना है कि उनकी कविता पर होनेवाली सारी बहस–फिर वह चाहे पक्ष में हो या विपक्ष में–एक तरह से अपूर्ण और अधूरी रही है। अब तक पाठक या आलोचक के सामने मुक्तिबोध की केवल वे ही कविताएँ थीं जो 'चाँद का मुँह टेढ़ा है' में संकलित हैं। पर इन थोड़ी-सी चुनी हुई कविताओं को छोड़कर उनकी काव्य-सर्जना का एक बहुत बड़ा हिस्सा अब तक अप्रकाशित रहा। जाहिर है, मुक्तिबोध की कविता पर अब तक जो भी निर्णय दिये गये हैं वे उनके काव्य के छोटे-से हिस्से के आधार पर दिये गये हैं, उनके संपूर्ण कृतित्व के आधार पर नहीं। इस दृष्टि से 'भूरी-भूरी खाक-धूल' का प्रकाशन और भी महत्त्वपूर्ण हो जाता है कि वह मुक्तिबोध के काव्य-संसार को थोड़ा और फैलाता है। वह उनकी बहुत-सी ऐसी कविताओं को पहली बार सामने लाता है, जिनके बारे में उनके उत्सुक पाठकों को कोई जानकारी नहीं थी। मुक्तिबोध के काव्य-संग्रहों के प्रकाशन के साथ एक विडंबना यह भी रही है कि उनके नामकरण से संचयन तक का अत्यंत महत्त्वपूर्ण कार्य स्वयं कवि के द्वारा नहीं, बल्कि संपादकों या संकलनकर्ताओं के द्वारा संपन्न हुआ है। पर यह ऐसी अपरिहार्य स्थिति थी, जिससे बचा नहीं जा सकता था।

'भूरी-भूरी खाक-धूल' की कविताओं पर विचार करने से पहले यह जरूरी है कि कुछ छोटे-छोटे संबंधित तथ्यों पर विचार कर लिया जाये। मुक्तिबोध का पहला स्वतंत्र संग्रह सन् 1964 में छपा था, जिसमें कुल 28 कविताएँ थीं। दूसरा, पूरे 15 वर्ष बाद 1980 में छपा है, जिसमें कुल 47 कविताएँ हैं। यदि दोनों संग्रहों की चयन-प्रक्रिया पर विचार किया जाये तो कुछ रोचक तथ्य सामने आ सकते हैं। 'चाँद का मुँह टेढ़ा है' नेहरू-युग की समाप्ति के आसपास छपा था और यह दूसरा संग्रह तब छपकर आया है, जब भारतीय समाज अनेक राजनीतिक परिवर्तनों, युवा आंदोलनों, सूखा, अकाल, युद्ध और महँगाई के दौर से होता हुआ नेहरू-युग की

स्मृतियों के सम्मोहन से बहुत आगे निकल आया है। यदि ध्यान से देखा जाये तो दोनों संग्रहों के चयन में, कविता के प्रति इन दोनों युगों के दृष्टिकोण के अंतर को भी लक्षित किया जा सकता है। यह विचारणीय हो सकता है कि क्यों पहले संग्रह में अपेक्षाकृत लंबी कविताएँ ही दी गयी थीं, जबकि दूसरे संग्रह में कई छोटी कविताएँ दी गयी हैं, जिनमें से कुछ अत्यंत महत्त्वपूर्ण हैं ! इस बात की पड़ताल बेहद दिलचस्प हो सकती है कि क्यों 'चाँद का मुँह टेढ़ा है' में 'इस नगरी में' शीर्षक लंबी कविता नहीं दी गयी ('भूरी-भूरी खाक-धूल' में यह है), जबकि उसकी पांडुलिपि के अंत में दी हुई 'उपसंहार' उपशीर्षकवाली कविता ('चाँद का मुँह टेढ़ा है' में यह 'कल जो हमने चर्चा की थी' शीर्षक से छपी है) को देना अधिक प्रातिनिधिक जान पड़ा !

'भूरी-भूरी खाक-धूल' चूँकि मुक्तिबोध का दूसरा संग्रह है, इसलिए इस प्रलोभन से बचना कठिन है कि उसे पहले संग्रह के बाद का संग्रह मानकर देखा जाये। पर वास्तविकता यह है कि दूसरे संग्रह का बाद में छपना केवल संयोग है और इसके आधार पर कविताओं के ऐतिहासिक क्रम या कवि के रचनात्मक विकास के बारे में कोई निर्णय नहीं लिया जा सकता। मुक्तिबोध की कविता के अध्येता का काम इसलिए और भी कठिन हो जाता है कि कविताओं के रचना-काल का संकेत न तो पहले संग्रह में दिया गया था, न ही दूसरे में। यदि कोई पाठक कविताओं के कालगत संदर्भ को समझना ही चाहे तो फिर उसके सामने उनका मुद्रित पाठ ही एकमात्र आधार बच रहता है। यह काम आगे के अध्येताओं को करना होगा और मेरा खयाल है कि इसमें अन्य प्रमाणों के अलावा कविताओं की भाषा में विकास के जो विविध स्तर हैं, उनका संधान एक बड़ी हद तक सहायक हो सकता है। कुछ प्रसिद्ध कविताओं (जिनके रचना-काल का थोड़ा-बहुत ज्ञान पहले से है) में आनेवाले प्रतीकों, बिंबों और अभिप्रायों की तुलना के आधार पर भी इस बात की पड़ताल की जा सकती है। जैसे 'भूरी-भूरी खाक-धूल' की 'भविष्यधारा' शीर्षक कविता में जो वैज्ञानिक का बिंब आता है, वह 'ब्रह्मराक्षस' के केंद्रीय बिंब से बहुत मिलता-जुलता है। यहाँ तक कि दोनों की भाषा में भी ओवरलेपिंग ढूँढ़ी जा सकती है। इससे यह नतीजा निकाला जा सकता है कि दोनों की रचना लगभग एक ही समय या थोड़ा आगे-पीछे हुई होगी। इसी तरह 'चाँद का मुँह टेढ़ा है' की 'अँधेरे में' का अरुण कमल, 'भूरी-भूरी खाक-धूल' की 'मालव-निर्झर की झरझर कंचन-रेखा' शीर्षक कविता में एक दूसरे ढंग से आता है–

पार कर मुश्किलें सभी
जादुई अरुण कमल
उस दूर देश के रश्मि विकीरणशील
सरोवर का
तुम ला देना !

'साँझ और पुराना मैं' शीर्षक कविता की कुछ पंक्तियाँ भी 'अँधेरे में' के कुछ परिचित संदर्भों की याद दिला सकती हैं। 'अँधेरे में' का 'रात्रि के श्यामल ओस से क्षालित गुरु-गंभीर महान अस्तित्व' यहाँ उदात्त अस्तित्व बन जाता है–

उदात्त अस्तित्व
साँस लेता है उसके आसपास
हाँ, आसपास।

-'भूरी-भूरी खाक-धूल'

मैं इन समानांतरताओं का उल्लेख इसलिए कर रहा हूँ कि मुक्तिबोध का परिचित पाठक इनसे टकराये बिना रह नहीं सकता। लगता है, जैसे मुक्तिबोध की सारी कविताएँ एक ही विराट काव्य के अलग-अलग खंड हैं, जिनमें कुछ प्रतीक और चरित्र लौट आते हैं। यह उनके काव्य का एक ऐसा पहलू है जिसका स्वतंत्र रूप से अध्ययन होना चाहिए। पर शायद इससे भी कविताओं के रचना-काल के निर्धारण की समस्या पूरी तरह हल हो जायेगी, ऐसा नहीं कहा जा सकता और कठिनाई यह है कि मुक्तिबोध एक ऐसे कवि हैं, जिनकी कविताओं को उनके काल-संदर्भ से अलग करके समझा ही नहीं जा सकता। वे गहरे अर्थ में एक कालबद्ध कवि हैं। इस कालबद्धता की कोई सीमा नहीं, बल्कि यह एक ऐसी विलक्षण ऊर्जा है जो अपने समय के प्रति गहरी रागात्मक संसक्ति से पैदा होती है। ऐसी स्थिति में इन कविताओं को तिथियों से अलग करके पढ़ना वैसा ही है, जैसे पिकासो के विविध काल के चित्रों को गड्डमड्ड करके एक जगह रख दिया जाये और दर्शक से अपेक्षा की जाये कि वह 'गुएर्निका' जैसे चित्र के संपूर्ण अर्थ को आत्मसात् कर लेगा। इस अर्थ में पिकासो और मुक्तिबोध की नियति एक-जैसी है–दोनों की जड़ें अपने समकालीन इतिहास में गहराई तक धँसी हुई हैं। वे श्रेष्ठ या कालजयी होने की क्षमता वहाँ से अर्जित करते हैं, जहाँ वे सबसे अधिक कालबद्ध होते हैं।

मुक्तिबोध की कविताएँ अपने समय के जीवित इतिहास को कविता में बदलने की कठिन चुनौती का सामना करनेवाली कविताएँ हैं। कला की दृष्टि से यह एक मुश्किल काम है–क्योंकि इतिहास का, खासतौर से सद्यःघटित इतिहास का कच्चा माल इस काम में कवि की बहुत दूर तक मदद नहीं करता। शायद कविता इसीलिए बहुत शुरू से स्मृतिगर्भी भाषा का प्रयोग करती आयी है। प्रचलित रूपक, परंपरागत प्रतीक, ऐतिहासिक चरित्र या आख्यान ऐसे ही स्मृतिगर्भी उपकरण हैं। पर मुक्तिबोध जैसा कवि, जो अपने पूरे कलात्मक संतुलन के साथ वर्तमान की तनी हुई रस्सी पर चलने का प्रयास करता है, शुरू में ही इन उपकरणों से वंचित होने की स्थिति को स्वीकार कर लेता है। नतीजा यह होता है कि मुक्तिबोध अगर फंतासी का भी निर्माण

करते हैं तो उसकी जड़ें वर्तमान में ही होती हैं, 'कामायनी' की फंतासी की तरह किसी मोहक अतीत में नहीं। कल्पना की वर्तमान से सीधी मुठभेड़—मुक्तिबोध अपनी कविता में यही करते हैं और उनकी इस विशिष्ट कला की पहचान करानेवाली अनेक कविताएँ 'भूरी-भूरी खाक-धूल' में हैं। ये कविताएँ स्थान से होकर समय में प्रवेश करनेवाली कविताएँ हैं और इस तरह एक विलक्षण अर्थ में 'स्थानिक' या 'स्थानपरक' कविताएँ हैं। इसीलिए इनमें दृश्यों या पदार्थों की बहुलता है। मुक्तिबोध अपनी कविता में एक भाव या विचार को संप्रेषित करने के लिए एक पूरा दृश्यालेख प्रस्तुत करते हैं और इस प्रक्रिया के द्वारा भाव के स्तर पर एक अद्‌भुत पदार्थमयता का निर्माण करते हैं। कठिनाई वहाँ होती है, जहाँ वे इस पदार्थमयता को एक अलग आवर्तन के साथ दूर तक खींचते हैं, जैसा कि 'शब्दों का अर्थ जब' या 'मालव-निर्झर की झर-झर कंचन-रेखा' शीर्षक कविताओं में हम देखते हैं। संभवतः ये कविताएँ उनकी शुरू की कविताएँ हैं, जब वे इस विशिष्ट कला के अंतर्गत अपनी संवेदना (या उन्हीं के शब्दों में कहें तो ज्ञानात्मक संवेदना का) निकटतम साँचा तलाश रहे थे। 'भूरी-भूरी खाक-धूल' की ज्यादातर कविताएँ गहरे अर्थ में पदार्थमय हैं। यह पदार्थमयता 'चाँद का मुँह टेढ़ा है' की कविताओं में भी एक अलग ढंग से थी। पर 'भूरी-भूरी खाक-धूल' में दृश्यालेखों का रंग ज्यादा गाढ़ा है, उसकी अनेक कविताओं में एक ठेठ देसीपन है, जिसे 'इसी बैलगाड़ी में' या 'भविष्यधारा'-जैसी कविताओं में देखा जा सकता है। 'इसी बैलगाड़ी में' इस संग्रह की एक उल्लेखनीय कविता है, जिसमें कवि एक ठेठ किसान की ढचर-ढचर चलनेवाली बैलगाड़ी को सारी अमानवीय शक्तियों के विरुद्ध खड़ा कर देता है। गाड़ीवान कहता है—

> दूर उस पहाड़ी ढलान पर
> भरा हुआ कई मन
> ताजी कटी फसलों का
> गेहूँ है उत्तम।

और फिर वह इस गेहूँ को मंडी तक ले जाने की समस्या और इससे उत्पन्न होनेवाली शंका और भय की ओर इशारा करता है—

> क्योंकि यहाँ गिरोह डाकुओं के अकस्मात्
> प्रगति रोकते हैं
> और हमें गेहूँ ले जाना है मंडी में जल्दी से जल्दी।

इस 'जल्दी से जल्दी' में उसकी सारी पीड़ा छिपी हुई है, जो कविता के अंत तक जाते-जाते इस पूरी लड़ाई में किसान की अपनी विडंबनापूर्ण स्थिति के व्यंग्य में बदल जाती है—

सुना है कि तुम भी खूब
शहरों के लुच्चों से करते हो दो-दो हाथ
डाकुओं से हम भी तो लड़ते हैं–
ताजी कटी फसलों का नाज बचाने को।

गाड़ीवान के टिक्कड़ और ताजी कटी फसलों की खुशबू पूरी कविता में भरी हुई है और यह दूसरा बिंब इतनी खूबसूरती के साथ थोड़े-थोड़े अंतराल पर दुहराया गया है कि अंत तक जाते-जाते वह किसान के अपने जीवन-मूल्य में बदल जाता है और फिर उसकी लड़ाई भी रास्ते के डाकुओं से लड़ी जानेवाली लड़ाई से ज्यादा जटिल और अर्थपूर्ण हो जाती है। इस कविता का कच्चा माल ठेठ हिंदुस्तानी गाँव की जिंदगी से लाया गया है और खास बात यह है कि ऐसा करते हुए मुक्तिबोध किसी नास्टेल्जिया या रोमानी प्रभाव का निर्माण कतई नहीं करते। एक अन्य कविता में मानो वे आधुनिकतावाद पर व्यंग्य करते हुए कविता की अँधेरी जड़ों की ओर संकेत करते हैं–

झरने पुराने पड़ गये
उनकी उपमा अब कोई नहीं देता
शायद धोबी टें
जो वहाँ कपड़े फचीटते हैं
या किसान
जो उसमें फँसी हुई गाड़ी घसीटते हैं
लेकिन वे सभ्य नहीं हैं
इसलिए झरने की उपमा लभ्य नहीं है।

–'झरने पुराने पड़ गये', पृ. 106

इन कविताओं का परिवेश बहुत-कुछ प्रेमचंद की कहानियों-जैसा है, जिसमें गाड़ी घसीटते किसान हैं, कपड़े फचीटते धोबी हैं, कड़ाह माँजते बच्चे हैं, राहों के अशांत पीपल और बेरों के झाड़ हैं, जरायमपेशा कबीले हैं और इन सबके केंद्र में एक 'लँगोटधारी दुबला हिंदुस्तान' है। आधुनिक कविता के सुपरिचित नागर परिवेश के साथ इस परिवेश की सीधी संगति नहीं बैठती और इन अनाधुनिक उपकरणों के द्वारा मुक्तिबोध यदि आधुनिक कविता की सृष्टि करना चाहते हैं तो कला के स्तर पर वे एक विलक्षण चुनौती का सामना कर रहे होते हैं। पर उनकी सफलता इस बात में है कि वे इन आधुनिक उपकरणों का आधुनिक परिवेश के साथ जो तनावपूर्ण संबंध है, उसको बहुत शिद्दत के साथ महसूस करते हैं और इस प्रकार समकालीन कविता के सौंदर्य-बोध के एक नये धरातल का निर्माण करते हैं। इस दृष्टि से मुक्तिबोध की कविता पश्चिम की आधुनिक कविता के बीच कुछ अटपटी-सी लग

सकती है। यह आकस्मिक नहीं है कि अंग्रेजी में उनके जो अनुवाद हुए हैं, वे अपने मूल का दस प्रतिशत भी संप्रेषित नहीं कर पाते। मैंने इसी वैशिष्ट्य को मुक्तिबोध का ठेठ देसीपन कहा है। इस देसीपन के कई स्तर हैं और कई बार वह सतह के नीचे कहीं दबा रहता है। खास बात यह है कि मुक्तिबोध उसे हमेशा पूरी समग्रता में पकड़ते हैं—पूरे समकालीन भारतीय जीवन के संदर्भ में।

सुपरिचित आधुनिक कविता से मुक्तिबोध की कविता का एक और अंतर है, जो 'भूरी-भूरी खाक-धूल' की कविताओं में ज्यादा साफ होकर उभरा है। अपने समय के प्रति ज्यादातर आधुनिक कविता का रुख नकारात्मक रहा है। इसी के चलते बहुत-से कवियों ने—और इनमें मुक्तिबोध के अनेक समकालीन कवि भी शामिल हैं—उसमें कुंठा, संत्रास, घुटन, अकेलापन या बंजरपन देखा है। मुक्तिबोध अपनी प्रखर आलोचनात्मक दृष्टि के बावजूद—और शायद उसी के चलते—अपने युग को कुंठाग्रस्त या बंजर कभी नहीं कहते। वे सिर्फ इतना कहते हैं—

> जमाना बुरा नहीं, केवल विलक्षण है
> मनुष्य-सौजन्य कारण ही
> चाँद है, सूर्य है, लोग हैं व हम-तुम हैं ! —'गीत', पृ. 185

मुक्तिबोध की कविता अपने समय की क्रूरता से टकराती भी है और कभी-कभी मानो इस लंबे संघर्ष को अवकाश और उत्तेजना देने के लिए, एक छिपे हुए गहरे आत्मविश्वास के साथ, स्वयं पर और अपने आसपास पर हँसती है—

> और कुछ जोरदार
> सनसनीखेज कुछ
> गरम-गरम चाय के साथ
> मिल गयी ऐसी बात
> जिससे कि ढीली रगें तन जायें
> भीतर तनाव हो
> व विचारों का घाव हो
> कि आये-दिन ठंडी इन रगों को
> गर्मी की खोज है
> वैसे यह जिंदगी
> भोजन है, मौज है !

अपने समय के प्रति कवि के दृष्टिकोण का यह खुलापन 'भूरी-भूरी खाक-धूल' की ज्यादातर कविताओं में देखा जा सकता है। 'मीठा बेर' एक ऐसी कविता है, जहाँ यह खुलापन प्रकृति की अभिजात सीमाओं को तोड़ता है और उसमें कवि अपने

लिए और अपनी कविता के लिए एक सर्वथा नया बिंब खोल लेता है–

> मैं तो सिर्फ फैलता हूँ बहता हूँ खून में
> क्योंकि मैं एक घर का झाड़ हूँ
> जंगली और कँटीला
> किन्तु मीठा

'खून' या 'रक्त' शब्द 'भूरी-भूरी खाक-धूल' की कविताओं में बार-बार आया है। कहीं वह खूनी नक्शा है, कहीं पैरों-जाँघों में भागता हुआ गरम सुनहला खून और कहीं सिर्फ ताजा खून। यहाँ तक कि कवि 'इस नगरी में' कविता में तुलसीदास का स्मरण करता है तो वहाँ भी खून का अनुभव एक दूसरे ढंग से मौजूद है–

> दुर्दांत ऐतिहासिक स्पंदन
> के लाल रक्त से लिखते तुलसीदास आज
> अपनी पीड़ा की रामायण।

यह 'लाल रक्त' जीवन की समूची ऊर्जा और उथल-पुथल का उपलक्षण है, जो अलग-अलग संदर्भों में मुक्तिबोध की कविता में इतनी बार दुहराया गया है कि वह एक तरह से उसका केंद्रीय बिंब बन जाता है। 'भूरी-भूरी खाक-धूल' की कुछ कविताओं में कवि ने स्वयं अपनी कविता और कविता की निर्माण-प्रक्रिया के तथाकथित रहस्यों से भी टकराने की कोशिश की है–

> किंतु द्वंद्व
> स्थिति में स्थापित यह
> मेरा वजनदार लोहा
> उन भयंकर अग्निक्रियाओं में
> ढकेला जाकर
> पिघलते हुए, दमकते हुए
> तेजःपुंज गहन अनुभव का–छोटा-सा दोहा बनता है।
>
> –'ओ अप्रस्तुत श्रोता'

वजनदार लोहे का छोटे-से दोहे में बदल जाना वस्तुतः यथार्थ का कला में बदल जाना है और जिस विलक्षण रासायनिक प्रक्रिया के द्वारा यह घटित होता है, मुक्तिबोध उसी को 'भयंकर अग्निक्रिया' कहते हैं। यह अग्निक्रिया कवि के अनुभव का ताप है जिसमें उसकी सोच और दृष्टि की आँच भी शामिल है। इस 'अँधेरे-कारखाने की लाल भड़क बेताब धमन-भट्ठी में' कवि रोज खुद ही को झोंकता है (वह खुद ही लोहा है) और फिर उसके भीतर से–

वह पुनर्जन्म था
विकसित करता नया एकदम नया
पेट, धड़, सींग, पूँछ और पंख !

—'ओ अप्रस्तुत श्रोता'

पर इस कठिन समय में स्वयं इस विकसन की क्रिया अर्थात् रचना की संभावना को जिलाए रखना कवि के लिए सबसे बड़ी चुनौती है—बहुत-कुछ प्रमथ्यु की आग चुराने की घटना-जैसा दुस्साहसपूर्ण और रोमांचकारी ! ऊपर जिस कविता का उल्लेख किया गया है, उसी में आगे कवि चुपचाप मानो एक रहस्योद्घाटन करता है—

मैंने चोरी-चोरी भीतर का रेडियम सँभाल रखा है।

दरअसल मुक्तिबोध के निकट कविता 'भीतर का रेडियम' है, जिसे बाहर और भीतर की सारी चुनौतियों के विरुद्ध सँभाले रखने का कठिन दायित्व कवि के ऊपर है। कविता के लिए—विशेषतः आज का कविता के लिए 'भीतर का रेडियम' एक अत्यंत सारगर्भित बिंब है और जो कवि कला को जीवन-संघर्ष के केंद्र में रखकर देखने का साहस रखता हो, भीतर के रेडियम की आँच वही महसूस कर सकता है।

'भूरी-भूरी खाक-धूल' की कुछ कविताओं में गंभीरता के बीच एक विचित्र ढंग के खेल का-सा भाव या हल्का-फुल्कापन दिखाई पड़ता है, जो प्रभाव को गहनतर बनाता है। यह हल्का-फुल्कापन गंभीरता के अनपेक्षित दबाव को थोड़ा कम करता है और कविता की पूरी बनावट में एक नया कलात्मक संतुलन पैदा करता है। 'चाँद का मुँह टेढ़ा है' में भी यह प्रवृत्ति जहाँ-तहाँ थी, पर नये संग्रह की अनेक कविताओं में इस रचनात्मक कौशल का अत्यंत सधा हुआ इस्तेमाल दिखाई पड़ता है। 'भूरी-भूरी खाक-धूल' की पहली ही कविता का अंत इस तरह होता है—

और इस पागल-सी खोज को
कहते हम सत्यानुसंधान
फिजूल बात है
जब तक न चाय मिले
हमारी न होती कभी
हाय, सुप्रभात है।

सत्यानुसंधान जैसे भारी-भरकम मूल्यपरक शब्द के बाद सुप्रभात के साथ जुड़ी हुई चाय की शर्त सत्यानुसंधान की सारी महिमा को कितना निरर्थक बना देती है ! दरअसल यह मध्यवर्गीय जीवन का सुप्रभात है, जिसके साथ जुड़ा हुआ 'सु' केवल व्यंग्य को और गहरा बनाता है।

कुछ कविताओं में इस रचनात्मक हल्के-फुल्केपन का इस्तेमाल ज्यादा बड़े

फलक पर किया गया है—वहाँ वह पूरी कविता में व्याप्त है, सिर्फ एक या दो पंक्तियों में नहीं। 'हर चीज जब अपनी' एक ऐसी ही कविता है, जिसमें तुकों से लेकर भाव या विचारों तक गंभीरता और खेल का यह द्वन्द्वन्याय एक विलक्षण ढंग से सक्रिय रहता है। यदि कविता के आरंभिक अंश में यह उद्दाम आकांक्षा है कि—

सबको समेट लें, पी लें
ब्रह्मांड की कालसूचक घड़ियों के
मिनटों और घंटों को
धड़कन में ले लें और जी लें !

—तो उसी कविता में दूसरी ओर इस जानी-पहचानी दुनिया के बारे में भी यह पुरलुत्फ मगर तिलमिला देनेवाली टिप्पणी भी है—

यही कारण है कि रेत के ढेर-सी दिखती है
तो किसी को यह दुनिया
पके हुए बेर-सी दिखती है
कि जिसको वह तोड़े और खा जाय
तो किसी को लहँगे के घेर-सी
जिसमें वह पैठे और समा जाय
तो किसी को वह रीछ-सी, भालू-सी
किसी को कद्दू-सी, आलू-सी।

अभिव्यक्ति की इस विलक्षणता के कारण ही नहीं, अपनी पूरी काव्यात्मक समृद्धि के कारण 'हर चीज जब अपनी' इस संग्रह की एक अत्यंत महत्त्वपूर्ण कविता है—एक ऐसी कविता, जो मुक्तिबोध के पूरे कृतित्व में अलग-से पहचानी जा सकती है। स्वाधीनता के बाद का भारतीय जीवन अपनी सारी विडंबनाओं और अंतर्विरोधों के साथ यहाँ मौजूद है—जहाँ हरेक अपना-अपना स्वर्ग, सेतु, बुलडोजर, क्रेन उठाये चल रहा है। पर इस सारी गति के पीछे छिपी हुई गहरी सचाई—इस समूची स्थिति का अंतर्विरोध—यह है कि—

सब लोग सब कहीं जा रहे हैं—
लेकिन कोई कहीं नहीं जा रहा है।

यह पूरी कविता समकालीन भारतीय जीवन पर एक तेज और तल्ख टिप्पणी है। पर साथ ही यह एक गहरी मानवीय करुणा से भरी टिप्पणी भी है—उनके प्रति, जो 'ईंट के सिरहाने अकेले लेटते हैं।' अंत तक जाते-जाते कविता का सारा नकारात्मक आवेग जैसे एक मोड़ लेता है, गंभीरता और खेल का द्वंद्व एक गहनतर परिणति

की ओर बढ़ने लगता है और कवि उन्हीं ईंट के सिरहाने लेटनेवालों के प्रति अपने लगाव की घोषणा इस तरह करता है–

अब आप सरकार हो
या साहूकार हो
उनके साथ मेरी पटरी बैठती है
उनके साथ
हाँ, उन्हीं के साथ
मेरी यह बिजली-भरी ठठरी लेटती है
और रात कटती है।

अन्य कविताओं की तरह इस कविता की रचना-तिथि भी अज्ञात है। पर इसकी भाषा में जो निखार और सफाई है, उससे यह अनुमान लगाया जा सकता है कि यह मुक्तिबोध के अंतिम दिनों की रचना है। इस दृष्टि से इस कविता का महत्त्व और बढ़ जाता है–क्योंकि मुझे लगता है, यह मुक्तिबोध के काव्य-विकास में एक बिल्कुल नयी दिशा को सूचित करनेवाली कविता है। पुरानी कविताओं की जटिलता यहाँ कम हो गयी है, मुक्तिबोध की चिरपरिचित फंतासी यहाँ पीछे छूट गयी है, भाषा में ईंट-पत्थर जैसी चमक है और कवि का वस्तुगत लगाव ज्यादा साफ होकर उभरा है। सबसे बड़ी बात यह है कि यहाँ मुक्तिबोध उस लगाव को एक सर्वथा नये सौंदर्यात्मक धरातल तक उठाने में सफल हुए हैं।

इन कविताओं को पढ़ते समय एक खास बात की ओर हमारा ध्यान बार-बार जाता है, जिसे मैं किसी और उपयुक्त शब्द के अभाव में मुक्तिबोध की भाषा का अजनबीपन कहना पसंद करूंगा। मेरा खयाल है, इसके कारणों की खोज, मुक्तिबोध की द्विभाषिकता के भीतर की जा सकती है, जिसकी ओर ध्यान बहुत कम दिया गया है। घर में मराठी और कविता में हिंदी, यह एक ऐसा भाषिक द्वंद्व था जो मुक्तिबोध के कवि-कर्म को उनके अन्य समकालीनों की तुलना में अधिक चुनौतीपूर्ण बना देता है। इस अंतराल को पाटने के लिए कोई सीधा रचनात्मक उपाय मुक्तिबोध के पास नहीं था–शायद किसी भी रचनाकार के पास हो ही नहीं सकता। होता यह है कि मुक्तिबोध अपनी रचना-प्रक्रिया के दौरान अपनी द्विभाषिकता का निषेध नहीं करते, बल्कि उसे एक विलक्षण सृजनात्मक स्तर पर सक्रिय बनाये रखते हैं। परिणामतः उनकी घर की भाषा और कविता की भाषा का द्वंद्व उनकी पूरी कविता की बनावट में एक अजीब-सा रचनात्मक अजनबीपन पैदा करता है। यह अजनबीपन उनकी कविता में हिंदी के परिचित शब्द-समूह और पूरे वाक्य-विन्यास को अनेक झटके देता है। आरंभ में मुक्तिबोध के पाठक को इन झटकों के प्रति अभ्यस्त होने के लिए थोड़ी प्रतीक्षा करनी पड़ती है। पर एक बार उनकी कविता की भाषिक

प्रकृति को पहचान लेने के बाद वे झटके एक रचनात्मक उत्तेजना देते-से जान पड़ते हैं। 'भूरी-भूरी खाक-धूल' में चूँकि उनकी कई आरंभिक कविताएँ भी हैं, इसलिए वहाँ इन झटकों का सामना पाठक को बार-बार करना पड़ता है। 'कायरता और साहस के बीच' कविता हिंदी के परिचित वाक्य-विन्यास को तोड़ती हुई इस तरह शुरू होती है–

कायरता और साहस के
जिंदा हूँ, बीच में।

भाषा का यह अजनबीपन मुक्तिबोध की संपूर्ण कलात्मक क्षमता को कहाँ तक समृद्ध या क्षत-विक्षत करता है, यह विचारणीय हो सकता है और उस पर अलग से विचार होना भी चाहिए। पर इतना निश्चित है कि यह एक ऐसी भाषा है जिस पर मुक्तिबोध के व्यक्तित्व का मजबूत ठप्पा लगा हुआ है।

जैसा कि पहले कहा गया है, 'भूरी-भूरी खाक-धूल' में कई छोटी कविताएँ भी हैं और दूसरी बातों को छोड़ भी दें तो यह एक ऐसी बात है, जिसमें यह संग्रह 'चाँद का मुँह टेढ़ा है' से अलग दिखायी पड़ता है। इनमें से कुछ सहज गीतात्मक बनावटवाली प्रेम-कविताएँ भी हैं, जिनमें मुक्तिबोध के पुराने पाठकों को एक नये मुक्तिबोध का साक्षात्कार होगा। इस अर्थ में यह संग्रह मुक्तिबोध के काव्य-संसार के कुछ सर्वथा नये अध्यायों को खोलता है। 'सहर्ष स्वीकारा है' और 'बिना तुम्हारे'–ये दोनों ही अलग-अलग स्तर पर प्रेम-कविताएँ हैं और पहले में यदि प्रेम के गहन अनुभव की प्रगाढ़ स्वीकृति है तो दूसरे में एक संभावित अभाव की कचोट या दबी हुई हल्की निराशा–जहाँ दमकती हुई झील भी पानी का कोरा झाँसा दिखायी पड़ती है। ये और इस संग्रह की ऐसी ही अनेक छोटी-बड़ी या अपेक्षाकृत कम लंबी कविताएँ कवि मुक्तिबोध के मानवीय पक्ष के अनेक ऐसे स्तरों को उद्‌घाटित करती हैं, जो 'चाँद का मुँह टेढ़ा है' के बृहत् आकारवाली कविताओं के ढाँचे में समायोजित नहीं हो पाये थे। अनेक अच्छी रचनाओं के साथ 'भूरी-भूरी खाक-धूल' में कुछ कमजोर रचनाएँ भी दी गयी हैं, जो सिर्फ इसलिए पढ़ी जा सकती हैं कि वे मुक्तिबोध की रचनाएँ हैं। ऐसी कविताएँ संभवतः कवि की आरंभिक कृतियाँ हैं और कालक्रम का विचार करते हुए यदि उनका एक अलग संग्रह प्रकाशित किया जाता तो यह ज्यादा बेहतर होता। 'भूरी-भूरी खाक-धूल' जिस रूप में हमारे सामने है, उसमें मुक्तिबोध की सभी दौर की कविताएँ हैं और उनमें से कुछ यदि कवि की प्रखरतम प्रतिभा के श्रेष्ठ उदाहरण हैं, तो अनेक ऐसी भी हैं जो सिर्फ इसलिए दिलचस्प हो सकती हैं कि वे किसी हद तक मुक्तिबोध के दीर्घ और जटिल काव्य-विकास को समझने में सहायक हो सकेंगी।

[1980]

ताप के ताये त्रिलोचन

'ताप के ताए हुए दिन' का प्रकाशन समकालीन हिन्दी कविता के इतिहास की एक विलक्षण घटना है। पिछले पच्चीस वर्षों की हिन्दी कविता के बरक्स इस संग्रह को रख दिया जाये तो इसकी विलक्षणता की पहचान ज्यादा आसान हो जायेगी और शायद ज्यादा तीखी भी। त्रिलोचन एक खास अर्थ में आधुनिक हैं और सबसे आश्चर्यजनक बात तो यह है कि वे आधुनिकता के सारे प्रचलित साँचों को अस्वीकार करते हुए भी आधुनिक हैं। दरअसल वे आज की हिन्दी कविता में उस धारा का प्रतिनिधित्व करते हैं, जो आधुनिकता के सारे शोर-शराबे के बीच हिन्दी भाषा और हिन्दी जाति की चेतना की गहरी जड़ों को सींचती हुई चुपचाप बहती रही है। पिछले तीन-चार दशकों की हिन्दी कविता के पूरे विकास को देखा जाये तो हम पायेंगे कि उसमें दो समानांतर प्रवृत्तियाँ एक साथ सक्रिय रही हैं। एक वह जो पश्चिम की आधुनिक कविता की बहुत-सी बातों को स्वीकार करते हुए धीरे-धीरे अपने रूपाकार में ज्यादा नागरिक और अपनी प्रकृति में ज्यादा सार्वभौम होती गयी है और दूसरी वह जो हर कीमत पर अपने खास भारतीय मिजाज को बनाये रखने के लिए अपनी ठोस जमीन और ठेठ भाषा से लगातार जुड़ी रही है। त्रिलोचन की कविता का संबंध इस दूसरी प्रवृत्ति से है और शायद हिन्दी में वे इसके विरलतम उदाहरण भी हैं। नागार्जुन और केदारनाथ अग्रवाल की बहुत-सी कविताएँ भी इसी के अंतर्गत आती हैं। समकालीन कविता के बहुरंगी आंदोलनों के बीच इस दूसरी प्रवृत्ति की ऐतिहासिक भूमिका कई बार आलोचकों की दृष्टि से ओझल हो गयी है। कई बार उसकी विशिष्टता को पहचानने की कोशिश की भी गयी है तो केवल प्रकृति के साथ एक नये संबंध की खोज या लोक-सम्पृक्ति के आधार पर। ये कविताएँ केवल प्रकृति या रूढ़ अर्थ में लोक-अनुभव की कविताएँ नहीं हैं। ये समकालीन बोध की सुपरिचित परिधि को तोड़नेवाली कविताएँ हैं और इस तरह आज की कविता की हमारी बनी-बनायी अवधारणा को थोड़ा छिन्न-भिन्न करनेवाली कविताएँ थीं। 'ताप के ताए हुए दिन' को पढ़कर पहली प्रतिक्रिया यही होती है। मुझे त्रिलोचन की कविताएँ आधुनिक कविता के अभ्यस्त पाठक के लिए चुनौती की तरह लगती हैं, क्योंकि आज की कविता

को देखने-परखने के जो प्रचलित मान हैं, जैसे विरोध, विडम्बना और तनाव वगैरह, कई बार उसके सामने झूठे पड़ने लगते हैं।

असल में त्रिलोचन की कविता (और अपने सर्वोत्तम रूप में नागार्जुन की कविता भी) प्रचलित समकालीन कविता के समानांतर एक प्रतिकविता की हैसियत रखती है और इसलिए इस बात की माँग भी करती है कि उसका मूल्यांकन करते समय आधुनिक कविता के प्रचलित मान-मूल्यों को लागू करने की जल्दी न की जाये। ये कविताएँ पाठक से और उससे भी ज्यादा आलोचक से एक नये प्रकार के मुक्त और सीधे संबंध की अपेक्षा रखती हैं क्योंकि इनके मूल्य कहीं बाहर नहीं, इनकी पूरी बनावट में निहित हैं—बहुत कुछ लोहे की धार की तरह जो लोहे में ही होती है। शायद इसीलिए त्रिलोचन ने अपनी छोटी-सी भूमिका में पाठक और कवि के मध्य सीधे संबंध के अभाव पर अपनी पीड़ा इन शब्दों में व्यक्त की है :

"कविताएँ मेरी हैं और उनके प्रति अपनी जिम्मेदारी से मैं बरी नहीं। पर जिम्मेदारी की मंजूरी का कोई खास मानी नहीं। यह मानी उस हालत में खास मतलब रखता जब जागरूक पाठक और कवि के मध्य सीधा संबंध होता। यह सीधा संबंध अभी हिन्दी में दिखायी नहीं देता, शायद आगे कभी हो।"

उपर्युक्त कथन आज की कविता पर त्रिलोचन की एक बेहद तल्ख टिप्पणी-जैसा है और साथ ही स्वयं त्रिलोचन की कविता की प्रकृति को समझने की एक कुंजी भी। हिन्दी में पाठक और कवि के बीच सीधे संबंध का विघटन छायावादी कविता के साथ शुरू हुआ था। औद्योगिक सभ्यता के विकास और उससे भी ज्यादा उस पर आधारित पूँजीमूलक अर्थव्यवस्था के विकास के साथ-साथ पाठक और कवि के बीच का अंतराल बढ़ता गया। आज की कविता तक आते-आते यह स्थिति अपनी तर्कसंगत परिणति को पहुँच गयी है, जहाँ कवि और पाठक के बीच के सारे जीवंत सूत्र पूरी तरह टूट गये हैं। त्रिलोचन के कथन में जो बेचैनी है, उसको इसी ऐतिहासिक संदर्भ में रखकर देखा जाना चाहिए। एक आधुनिक कवि के रूप में त्रिलोचन अपनी इस विलक्षण ऐतिहासिक स्थिति और उससे पैदा होनेवाली विडम्बना को जानते हैं। इसलिए यदि एक ओर वे अपनी कविता को सबका 'अपना ही घर' मानते हैं तो दूसरी ओर उन्हें यह पीड़ा-भरी जानकारी भी है कि—

> महल खड़ा करने की इच्छा है शब्दों का
> जिसमें सब रह सकें, रम सकें, लेकिन साँचा
> ईंट बनाने का मिला नहीं।

मैं यहाँ 'साँचा' शब्द को रेखांकित करना चाहूँगा, क्योंकि 'साँचा' यहाँ उस बड़ी वास्तविकता की ओर इशारा कर रहा है जो शब्दों के बाहर है। उस बड़े साँचे से कविता के इस 'कामचलाऊ' साँचे का सीधा संबंध है। कवि के भीतर यह तीखा

एहसास है कि शब्दों का ऐसा महल बनाने के लिए, जिसमें सब रह सकें और रम सकें, मानवीय संबंधों का सारा ढाँचा बदलना होगा। त्रिलोचन की कविता इसी बुनियादी चिन्ता से पैदा होनेवाली कविता है। इसीलिए उनके भीतर यह कचोट और एक दबा हुआ विश्वास है कि अभी हिन्दी में पाठक और कवि के मध्य जो संबंध दिखायी नहीं देता, "शायद आगे कभी हो।"

'ताप के ताए हुए दिन' की कविताओं की जड़ें बहुत दूर तक फैली हुई हैं। साहित्यिक स्तर पर इन कविताओं के पीछे एक भरा-पूरा अतीत है, जिससे इनका गहरा और जीवित संबंध है। इस संबंध का सबसे सीधा प्रमाण इन कविताओं की भाषा में मिलता है। त्रिलोचन ने अपने समय की प्रचलित साहित्यिक हिन्दी से अलग और अंग्रेजी-वाक्यविन्यास तथा मुहावरों के प्रभाव से बिलकुल अछूती एक ऐसी काव्य भाषा विकसित की है जो पूरी तरह हिन्दी है। यह एक ऐसी हिन्दी है जिसके शब्दों में लगभग एक हजार वर्षों की संघर्षों की गूँजें हैं और त्रिलोचन अपनी कविता में उन गूँजों का भरपूर इस्तेमाल करते हैं—

समझ सुगबुगाई
नहीं तो कहीं से
धुन आई क्या आई
....
चादर फिर फैलाई
फिर फिर तहिआई

हिन्दी की क्लासिकी कविता के सुपरिचित पाठक को यह पहचानते देर नहीं लगेगी कि त्रिलोचन की इस 'चादर' के ताने-बाने कितनी दूर तक फैले हुए हैं। एक ओर यदि उसके सूत कबीर की 'झीनी चदरिया' से मिले हुए हैं तो दूसरी ओर चादर को फिर फैलाने और फिर-फिर तहिआने की यह क्रिया अपनी तहों में तुलसी की उस वेदना को भी लपेटे हुए है—

डासत ही गयी बीति निशा सब
कबहुँ न नाथ नींद भरि सोयो।

शब्द की ऐसी गूँजें कवि के संघर्ष और उसकी पीड़ा को पूरे इतिहास से जोड़ देती हैं। त्रिलोचन की कविता में ऐसी क्लासिकी गूँजें भरी पड़ी हैं और मैं नहीं जानता कि आज हिन्दी के किस दूसरे कवि में उन्हें ढूँढ़ा जा सकता है। खास बात यह है कि वे अपनी संपन्न स्मृति से छनी हुई इन गूँजों का केवल गहन सांकेतिक इस्तेमाल करते हैं, इलियट या पाउण्ड की तरह पाठक के मस्तिष्क पर कोई अतिरिक्त बोझ नहीं डालते। कहीं-कहीं उनमें एक अद्भुत तिलमिला देनेवाली सादगी मिलती है—बहुत

कुछ भक्तों जैसी—

बाँह गहे कोई
अपरिचय के सागर में
दृष्टि को पकड़कर
कुछ बात कहे कोई।

'अपरिचय' की यह यातना नयी है और त्रिलोचन के भावबोध को भक्त कवियों के भावबोध से अलग करती है। साथ ही इसमें जो अकेलापन है वह आधुनिकतावादी कवियों के अकेलेपन से एकदम भिन्न है क्योंकि वह 'अपरिचय के सागर' के प्रति एक गहरी मानवीय ऊष्मा से भरा हुआ है। 'मैंने जो सोचा था' कविता में यही ऊष्मा कवि को हारे-थके मानव-समुदाय के बीच से होते हुए इस गहरे सवाल तक ले जाती है—

हैं मानव इतने सारे
क्यों ये असहाय हुए
अलग-अलग हारे !

अपने समय के आदमी की अलग-अलग हार त्रिलोचन को परेशान करती है, क्योंकि वे इस सचाई को जानते हैं कि दरअसल अलग-अलग होना ही हार है। अपनी अनेक कविताओं में वे अनुभव के इस नये और जटिल स्तर को जैसी सीधी और अचूक अभिव्यक्ति देते हैं, वैसी पंक्तियाँ केवल निराला के अंतिम दिनों की कविताओं में मिल सकती हैं। दरअसल, इस संग्रह के बहुत-से गहन भावबोधवाले गीत वहाँ से शुरू होते हैं, जहाँ निराला का 'गीत-गुंज' समाप्त हुआ था। 'ताप के ताए हुए दिन' की कुछ कविताओं को पढ़कर मुझे इस बात का एहसास खासतौर से हुआ कि निराला और त्रिलोचन के बीच जो पूर्वापर संबंध है, उसके ऐतिहासिक आधार को ठीक-ठीक समझे बिना त्रिलोचन के काव्य की पूरी बनावट को अच्छी तरह नहीं समझा जा सकता।

मुझे समकालीन हिन्दी कविता के बीच त्रिलोचन की स्थिति बहुत कुछ वैसी ही लगती है, जैसी आधुनिक अंग्रेजी कविता के बीच टामस हार्डी की। दोनों में न सिर्फ कविता के, बल्कि अपनी सम्पूर्ण भाषिक परंपरा के श्रेष्ठ तत्त्व पूरी तरह मौजूद हैं। अवध अपनी सारी प्राकृतिक और सांस्कृतिक गरिमा के साथ त्रिलोचन का 'वेस्सेक्स' है। अपने समय की (विशेष रूप से अंतिम दिनों की) प्रचलित आधुनिकता की कीमत पर, हार्डी जिस विलक्षण रचनात्मक जिद्दीपन के साथ अपने प्रिय प्रदेश (वेस्सेक्स) की मिट्टी से अंत तक जुड़े रहे, त्रिलोचन के भीतर भी अवध के लिए वैसा ही गहरा लगाव दिखायी पड़ता है और लगभग वैसे ही रचनात्मक जिद्दीपन के साथ।

'नगई महरा' की बनावट में जो खूबी है, उसे समझने के लिए अवध की अपनी बनावट को समझना जरूरी है। यह आकस्मिक नहीं कि हार्डी की कविता का महत्त्व तब समझा गया, जब आधुनिकतावादी कविता का दौर समाप्त हो गया। हिन्दी में त्रिलोचन की कविता को गंभीरता से पढ़ने-समझने की कोशिशें भी पिछले कुछ वर्षों में शुरू हुई हैं–आधुनिकतावादी आंदोलनों की धूल थम जाने के बाद। हाँ, यह जरूर है कि त्रिलोचन अवध की मिट्टी और उसके जीवन से जहाँ और जिस तरह जुड़ते हैं, उसके पीछे उनकी गहरी जनचेतना है, जो बेशक ब्रिटेन की संरक्षणशील प्रजातांत्रिक परंपरा की छाया में पले टॉमस हार्डी के पास नहीं थी।

त्रिलोचन किसी भी आंदोलन के, यहाँ तक कि प्रगतिशील आंदोलन के भी, केन्द्र में कभी नहीं रहे। चौथे या पाँचवें दशक के प्रमुख प्रगतिशील कवियों में, उनके समानधर्मा कुछ अन्य कवियों का जिक्र तो बार-बार किया जाता था, पर त्रिलोचन का बहुत कम। 'ताप के ताए हुए दिन' की कविताओं को पढ़ने के बाद यह बात साफ हो जाती है कि ऐसा क्यों है ? असल में त्रिलोचन एक ज्यादा गहरे अर्थ में प्रगतिशील हैं और अक्सर उनकी प्रगतिशीलता सतह पर दिखायी भी नहीं पड़ती। उनकी कविता एक शांत-गम्भीर मैदानी नदी की तरह है, जिसमें उद्वेलन हमेशा कहीं बहुत गहरे होता है। सतह की खामोशी से पाठक कई बार धोखा खा जाता है। उनकी 'झापस' कविता इस तरह शुरू होती है–

आठ पहर की टिप्-टिप्
सड़की भींग गई है
पेड़ों के पत्तों से बूँदें
गिरती हैं टप्
टप्
हवा सरसराती है
चिड़ियाँ समेटे पंख यहाँ-वहाँ बैठी हैं

वारिश के इन स्थिर और स्थानिक चित्रों के बाद कविता में अचानक एक मोड़ आता है–

बादलों ने हलकी अँगड़ाई ली
एक ओर चमक जरा बढ़ गई
हवा नये अँखुओं से यों ही बतियाती है
उनका सिर हिलता है
फूल खिलखिलाते हैं।

इस कविता में आये विशेषणों पर ध्यान दें तो बादलों की अँगड़ाई 'हलकी'

है और उससे पैदा होनेवाली चमक भी 'जरा'-सी। कविता का शीर्षक भी 'झापस' (लगातार होनेवाली हलकी बारिश) है, झंझावात या मूसलाधार बारिश नहीं। पर सतह के नीचे झाँककर देखने पर वस्तुओं के संबंध के कई बारीक स्तर खुलते दिखायी पड़ेंगे और हम पायेंगे कि पूरी कविता धीरे-धीरे एक खास दिशा की ओर बढ़ रही है। वस्तुओं के संबंध के भीतर से उभरनेवाली इस दिशा का त्रिलोचन की जीवन-दृष्टि से गहरा संबंध है। उन्होंने इस दृष्टि को अपने और अपने समय के जटिल संघर्षों के भीतर से अर्जित किया है। यह मार्क्सवाद तक पहुँचने का त्रिलोचन का अपना बनाया हुआ रास्ता है, जिस पर वे निहायत सधे हुए कदमों से, धीरे-धीरे मगर पूरे विश्वास के साथ आगे बढ़ते हैं। त्रिलोचन के लिए मार्क्सवाद कोई अमूर्त विचार-दर्शन नहीं, बल्कि एक सच्चे कवि की छटपटाहट और यातना है, जिसे उनकी अनेक कविताओं–खासतौर से सॉनेटों और संग्रह के अंत में दी हुई लंबी कविताओं–में देखा जा सकता है।

संग्रह में त्रिलोचन के कुछ सॉनेट भी हैं। सॉनेट और त्रिलोचन हिन्दी में पर्याय बन गये हैं। इस संग्रह की एक विशेषता यह भी है कि वह एक हद तक कवि के इस पूर्वनिर्मित 'इमेज' को तोड़ता है। यहाँ जो थोड़े-से सॉनेट दिये गये हैं, वे अपनी पूरी बनावट में पहले के सॉनेटों से भिन्न नहीं हैं। इन सॉनेटों की एक विशेषता जो मुझे हमेशा आकृष्ट करती रही है, वह है इनका लचीलापन जो इनकी अलस को लय को अनंत संभावनाओं से भर देता है। हिंदीभाषी जाति के साथ त्रिलोचन के संबंध की जिस अभिन्नता की चर्चा पहले की गयी है, उसका एक विशिष्ट रूप उनके सॉनेटों में दिखायी पड़ता है। सॉनेट–जैसाकि सब जानते हैं–हिंदी में अंग्रेजी कविता के प्रभाव से आया है। पर त्रिलोचन ने रोला छंद के मात्रिक संगीत में ढालकर इसका एक अलग साँचा तैयार किया है, जो पूरी तरह हिंदी की आंतरिक लय से मेल खाता है। सॉनेट के लिए इस विशिष्ट छंद की खोज त्रिलोचन की हिंदी भाषा की प्रकृति की पहचान का एक और उदाहरण है।

'नगई महरा' त्रिलोचन की एक ऐसी कविता है, जिसकी हिंदी में पर्याप्त चर्चा हुई है। यह एक लंबी और वर्णनात्मक कविता है–एकदम ठेठ अर्थ में वर्णनात्मक। बाह्यतः इस कविता के मंच पर कुछ भी नाटकीय या महत्त्वपूर्ण घटित होता हुआ नहीं दिखायी पड़ता। पर सीधे-सपाट शब्दों के पीछे एक समूची दुनिया है, जहाँ बिना किसी घोषणा के चुपचाप एक पूरा युद्ध लड़ा जा रहा है–बहुत कुछ होरी के जीवन-युद्ध की तरह। त्रिलोचन की कविता में भाषा के विविध धरातल मिलते हैं, पर 'नगई महरा' की जमीन पर आते ही जैसे उनकी भाषा अपने घर में आ जाती है। फिर भाषा का सारा बाह्य रचाव–यहाँ तक कि शब्दों का मुखर संगीत, आवेग और तनाव भी–अपने-आप खत्म हो जाता है–

नगई खाँचा फाँदे बैठा था
हाथों में वही काम
आँखें उन हाथों को
हथवट चिताती हुई
खाँची में लगी एक आँख मुझे भी देखा
और कहा बैठो उस पीढ़े पर
... ...
अच्छा बाँच लेते हो रमायन
तुम्हारे बाबू कहते थे जैसे
अब कोई क्या कहेगा
उनकी भीतर की आँख खुली थी
सुर भी क्या कंठ से निकलता था
जैसे असाढ़ के मेघ की गरज।

त्रिलोचन के शिल्प की एक खास बात यह है कि वे किसी भी वस्तु का प्रतीकवत् प्रयोग नहीं करते। अपनी कविता में, वे अपनी सारी काव्यात्मक जिम्मेदारी के साथ उसे 'वस्तु' ही बने रहने देते हैं। वस्तुतः इसका संबंध भारतीय साहित्य की रूप-संबंधी अवधारणा की एक विशिष्ट परंपरा से है, जिसके व्यावहारिक उदाहरण हमें अपनी लोक-कविता और क्लासिकी-कविता में एक साथ मिल सकते हैं। यह परंपरा एक खास ढंग से प्रेमचंद के कथा-साहित्य में भी जीवित है। वहाँ भी वर्णन के क्रम में आनेवाली वस्तुओं को प्रतीकों में बदल डालने की जल्दी कहीं नहीं दिखायी पड़ती। 'नये पत्ते' और 'बेला' की कुछ कविताओं में निराला ने भी इसी तथ्यपरक कला का प्रयोग किया है। 'नगई महरा' में त्रिलोचन ने, कविता के सारे प्रलोभनों को एक तरफ रखकर और पूरी तरह अकाव्यात्मक हो जाने का खतरा उठाते हुए भी, इस पद्धति का अत्यन्त सधा हुआ इस्तेमाल किया है। वे गाँव-गँवई के अपढ़ कथावाचक की तरह एक-एक दृश्य और घटना को सामने लाते जाते हैं और एक अद्भुत धैर्य के साथ मानो इस बात का इंतजार करते हैं कि तथ्यात्मक तफ़सीलों से भरा और ऊपर से तनावमुक्त दिखनेवाला वह सारा वर्णन धीरे-धीरे परस्पर-गुम्फित होकर एक अर्थपूर्ण रूपक में बदल जाये। 'नगई महरा' की कला का यही रहस्य है और बेशक कवि की यथार्थ-दृष्टि से इसका कोई-न-कोई रिश्ता होना चाहिए। एक तरह से त्रिलोचन के लगभग पूरे काव्य में—फिर वह गीतात्मक हो चाहे वर्णनात्मक—उनकी कला का यह बुनियादी साँचा किसी-न-किसी रूप में हमेशा मौजूद रहता है। संग्रह की पहली कविता 'नदी : कामधेनु' से लेकर अंतिम कविता 'छोटू' तक इस ठेठ वर्णनात्मक तकनीक के कई रंग देखे जा सकते हैं। एक ऐसे युग में जब कला, अपने सिकुड़ते हुए पाठक-वर्ग की रुचि के अनुरूप निरंतर सूक्ष्म और विशेषीकृत होती जा

रही हो, त्रिलोचन जैसे कवि का वर्णनात्मकता की सामान्य और लोकपरक पद्धति को अपनी काव्यकला का बुनियादी साँचा बनाना एक जोखिम का काम है और कवि को लंबे समय तक समकालीन कविता की पृष्ठभूमि में रहकर उसकी कीमत भी चुकानी पड़ी है। वस्तुतः 'ताप के ताए हुए दिन' की कविताएँ एक संघर्षरत कवि के अनुभव के ताप से ताई हुई कविताएँ हैं। उनके पक्ष-विपक्ष में बहुत-कुछ कहा जा सकता है और कहनेवाले कहेंगे भी। पर इतना निर्विवाद है कि इस संग्रह के प्रकाशन से समकालीन हिंदी कविता का दायरा कुछ और चौड़ा हुआ है।

[1981]

एक आलोचक का काव्यलोक

डॉ. रामविलास शर्मा हिन्दी के एक बड़े आलोचक होने के साथ-साथ कवि भी हैं–हिन्दी का सामान्य पाठक उन्हें इसी रूप में जानता है। पर जिन्होंने उनकी कविताएँ ध्यान से पढ़ी हैं, वे मानेंगे कि वे 'कवि भी' नहीं, कवि हैं; और आज यदि वे एक बड़े आलोचक के रूप में प्रतिष्ठित हैं, तो इसमें उनके कवि होने का भी कोई-न-कोई हाथ जरूर है। वास्तविकता यह है कि उनके प्रचण्ड आलोचक व्यक्तित्व ने उनके कवि-रूप को कुछ इस तरह ढँक लिया है कि वहाँ कविता अलग से दिखायी नहीं पड़ती। उनकी कविता तक पहुँचने के दो रास्ते हो सकते हैं। एक तो यह कि उनके आलोचना-साहित्य से होकर उनकी काव्य-संवेदना के मूल उत्स तक पहुँचा जाय और दूसरा यह कि सबकुछ को एक तरफ रखकर सीधे कविता का सामना किया जाय। मुझे यह दूसरा मार्ग ज्यादा भरोसे का लगता है। इसलिए बाकी चीजों को छोड़कर मैं सीधे उनकी कविता पर ही बात करूँगा।

पुस्तक के नाम पर रामविलासजी का केवल एक संग्रह प्रकाशित है–'रूपतरंग'। इसका प्रकाशन सन् 1956 में हुआ और उसे बारह वर्ष पूर्व 'तारसप्तक' में संगृहीत अपनी कविताओं के द्वारा वे एक कवि के रूप में मान्यता प्राप्त कर चुके थे, एकाध को छोड़कर 'तारसप्तक' वाली सारी कविताएँ 'रूपतरंग' में सम्मिलित कर ली गयी थीं। जो छोड़ दी गयी थीं, उनमें 'हाथी घोड़ा पालकी, जय कन्हैयालाल की' जैसी सुपरिचित व्यंग्य कविता भी थी। कवि ने उसे क्यों छोड़ दिया, यह एक अलग प्रश्न है। पर मुझे लगता है कि किसी कवि द्वारा किसी कविता को छोड़ देना एक ऐसा तथ्य है, जिसकी आसानी से अनदेखी नहीं की जा सकती–क्योंकि इससे उसके काव्यबोध और कविता-सम्बन्धी मान्यता का प्रश्न जुड़ा होता है। यहाँ इस प्रश्न की तफसील में जाने का अवसर नहीं है। इसलिए उचित यही होगा कि 'रूपतरंग' जिस रूप में हमारे सामने है, उसी तक बातचीत को सीमित रखा जाय।

'रूपतरंग' का प्रकाशन जिस समय हुआ था, वह नयी कविता के विकास का दौर था। नयी कविता की अनेक महत्त्वपूर्ण कृतियों का निर्माण या प्रकाशन लगभग उसी समय के आसपास हुआ था। यदि आज इतने दिनों बाद 'रूपतरंग' को उस

समय के पूरे काव्य-परिदृश्य के बीच रखकर देखा जाय तो दो बातें स्पष्ट रूप से दिखायी पड़ेंगी। एक यह है कि 'रूपतरंग' की कविताओं का वस्तु-फलक उस काल के किसी भी अन्य काव्य-संग्रह से ज्यादा बड़ा है। सिर्फ विषय-सूची पर एक निगाह डाल लेने से यह बात साफ हो जायेगी। इस वस्तु-फलक के दो छोर हैं। एक ओर यदि 'चाँदनी' है तो दूसरी ओर 'पंजाब का हत्याकांड'। बीच में 'डलमऊ की गंगा' से लेकर केरल के प्राकृतिक दृश्यों तक का विशाल भूखण्ड फैला हुआ है। एक खास बात इस संग्रह में मुझे यह दिखायी पड़ी कि इसमें कवि जहाँ एक ओर अपनी ठेठ स्थानीयता से बँधा है, वहाँ दूसरी ओर वह अपने समय के अखिल भारतीय परिदृश्य को भी सामने रखता है। फलतः जहाँ 'बैसवाड़ा'-जैसी कविता है तो उसके साथ-साथ 'कृष्णातट का विजयवाड़ा', 'चिदम्बरम्', 'मातृतीर्थ : तिरुच्चिरापल्ली' और 'महाबलिपुरम् का समुद्र-तट'-जैसी कविताएँ भी हैं। 'तारसप्तक' के अपने वक्तव्य में रामविलासजी ने बड़े भावुक ढंग से अपनी संवेदना के इस अखिल भारतीय आयाम की ओर संकेत किया था—हिन्दुस्तान के जिस गाँव पर भी साँझ की सुनहली धूप पड़ती है, वह अपने गाँव-जैसा ही लगता है।

दूसरी दिलचस्प बात मुझे यह दिखायी पड़ी कि इतने दिनों बाद भी इस संग्रह में अनेक ऐसी कविताएँ हैं जिनकी ताजगी ज्यों-की-त्यों बनी हुई है—खासतौर से गाँव के ठेठ और ठोस अनुभवों से जुड़ी हुई कविताएँ। 'सिलहार', 'शारदीया', 'कनकी', 'चाँदनी', 'कुहरे के बादल' और 'दिवास्वप्न'-जैसी कविताएँ इसी प्रकार की हैं। ये कविताएँ एक खास अर्थ में स्वच्छन्दतावाद से नये भावबोध की ओर संक्रमण की सूचक और बीच के अन्तराल को भरनेवाली कविताएँ हैं। आधुनिक अमरीकी कविता के विकास में जो भूमिका राबर्ट फ्रॉस्ट की कविताओं की रही है, हिन्दी के सन्दर्भ में कुछ-कुछ उसी तरह की भूमिका इन कविताओं की भी है। इन दोनों कवियों का रुझान नगर के बाहर की दुनिया की ओर है—इस अन्तर के साथ कि भारतीय सन्दर्भ में 'नगर के बाहर की दुनिया' का ठीक-ठीक वही अर्थ नहीं है, जो अमरीकी सन्दर्भ में है। फिर वैयक्तिक अन्तर भी है। राबर्ट फ्रॉस्ट के लिए ग्राम्यदृश्य प्रायः एक प्रस्थान-बिन्दु की तरह होता है, जहाँ से उड़कर उनकी कल्पना एक अमूर्त्त चिन्तन की दुनिया में चली जाती है। 'रूपतरंग' का कवि ऐसा कभी नहीं करता। वह एक विलक्षण संवेदनात्मक आग्रह के साथ सम्बद्ध देश और काल से जुड़ा रहता है। 'सिलहार' शीर्षक कविता इसका अच्छा उदाहरण है—

पूरी हुई कटाई अब खलिहान में
पीपल के नीचे है राशि सुची हुई
दानों भरी पकी बालों वाले बड़े
पूलों पर पूलों के लगे अरम्भ हैं
... ...

फटे अँगोछों में बच्चे भी साथ ले
ध्यान लगा सीला चमार हैं बीनते–
खेत-कटाई की मजदूरी, इन्हीं ने
जोता-बोया, सींचा भी था खेत को।

ऊपर की पंक्तियों में कटाई के ठीक बाद खेत का जो भरा-पूरा सौन्दर्य होता है, उसका वर्णन किया गया है। पर अन्त तक आते-आते यह सारा सौन्दर्य एक तिलमिला देनेवाली विडम्बना में बदल जाता है–यह कि जिन्होंने 'जोता बोया सींचा' था, उनकी मजदूरी है, कटाई के बाद खेत में बिखरे हुए दाने, जिन्हें वे बीन रहे हैं। यहाँ कला की दृष्टि से जो बात हमारा ध्यान आकृष्ट करती है, वह यह कि इस पूरे वर्णन में कवि आभास यही दे रहा है कि वह अपनी ओर से जो जैसा है, उसको वैसा-का-वैसा रख देने के सिवा कुछ नहीं कर रहा। पर सचाई यह है कि वह बहुत महीन ढंग से धीरे-धीरे पाठक को एक खास बिन्दु तक ले जाना चाहता है और इस तरह गहरे स्तर पर उसकी बँधी हुई सौन्दर्य-चेतना को विचलित या आन्दोलित करना चाहता है। पर इसके लिए वह अपने विषय की परिधि के बाहर बिल्कुल नहीं जाता। यहाँ मुझे राबर्ट फ्रॉस्ट की एक प्रसिद्ध कविता याद आ रही है, जिसमें कवि कटाई के बाद खेत में पड़े हुए हँसिये को देखता है और फिर विचारों की एक बिल्कुल दूसरी दुनिया में खो जाता है। खेत और हँसिया वहाँ ज्यादा-से-ज्यादा एक प्रस्थान-बिन्दु का काम करते हैं। इसके विपरीत रामविलासजी की कल्पना यथार्थ के इर्द-गिर्द घूमती है और उसके साथ एक कलात्मक संगति की तलाश करती है। इसीलिए उनकी इस तरह की कविताओं में शब्दों और दृश्यों की एक अद्भुत मितव्ययिता है। ऊपर उद्धृत कविता में, यदि ध्यान से देखा जाय तो सौन्दर्य और यथार्थ के बीच एक टकराव भी दिखायी पड़ेगा–एक चुपचाप विरोध जो कि फसल की संचित राशि और सीला बीनते हुए चमारों के बीच है। यह विरोध 'शारदीया' शीर्षक कविता में एक दूसरे ढंग से व्यक्त हुआ है–

सोना ही सोना छाया आकाश में
पश्चिम में सोने का सूरज डूबता
पका रंग। कुन्दन जैसा ताया हुआ
भरे ज्वार के भुट्टे पककर झुक गये।
'गला-गला' कर हाँक रही गुफना लिये
दाने चुगती हुई गलरियों की खड़ी
सोने से भी निखरा जिसका रंग है
भरी जवानी जिसकी पककर झुक गयी।

यह सिर्फ ग्राम्यप्रकृति का चित्रण नहीं है, बल्कि उसके तल में निहित विरोध या वैसे

दृश्य की तलाश की एक कोशिश है। 'भरे ज्वार के भुट्टे पककर झुक गये' और 'भरी जवानी ज़िसकी पककर झुक गयी'-जैसी पंक्तियों को यदि आमने-सामने रख दिया जाय तो दोनों के बीच का तीखा विरोध साफ दिखायी पड़ेगा।

'रूपतरंग' के 'परिचय' में श्री रघुनाथ विनायक तावसे ने लिखा था—"मैं अन्त में एक बार बैसवाड़े के इस 'निराला टाइप' कवि का अभिनन्दन करता हूँ।" इस कथन पर यदि रामविलासजी की समस्त प्रकाशित कविताओं के आलोक में विचार किया जाय तो दिखायी पड़ेगा कि दोनों की काव्य-प्रक्रिया में पर्याप्त अन्तर है। यह एक सर्वविदित तथ्य है कि रामविलासजी निराला के सबसे बड़े प्रशंसक और आलोचक हैं और साथ ही उन्होंने उन पर एक बहुत प्रभावशाली कविता भी लिखी है, जो 'रूपतरंग' की पहली कविता है। पर अपनी कविताओं में वे निराला से अलग एक रास्ता खोजते दिखायी पड़ते हैं। यह अपने-आपमें एक विडम्बना हो तो हो, पर 'चाँदनी', 'प्रत्यूष के पूर्व', 'कतकी' और 'कुहरे के बादल'-जैसी कविताओं में कवि रामविलास शर्मा पन्त की 'ग्राम्या' की जमीन के अधिक निकट दिखायी पड़ते हैं। शायद यह इस सदी की हिन्दी-कविता के चौथे दशक की एक विशेष मनोभूमि थी, जिसमें लोक-जीवन के प्रति झुकाव, गहरी ऐन्द्रियता और अमूर्त विचार की अपेक्षा पदार्थ (रूप) के प्रति दृढ़ आकर्षण—ये सारी प्रवृत्तियाँ घुली-मिली थीं। इन सारी प्रवृत्तियों का प्रतिनिधित्व उस समय 'रूपाभ' कर रहा था और यह आकस्मिक नहीं कि रामविलासजी के काव्य-संग्रह का नाम 'रूपतरंग' है। 'ग्राम्या' के पन्त और 'मिट्टी और फूल' तथा 'पलाशवन' के नरेन्द्र शर्मा के अतिरिक्त केदारनाथ अग्रवाल की कविताएँ भी इसी धारा से जुड़ी थीं। 'रूपतरंग' की ज्यादातर कविताएँ इसी काल की हैं—रचना के नीचे दी गयी तिथियाँ इसका प्रमाण हैं।

पर रामविलास शर्मा केवल ग्राम्यप्रकृति या उन्हीं के शब्द का इस्तेमाल करें तो 'भदेसपन' के कवि नहीं हैं। उनमें विषय की विविधता और विस्तार है, यह बात पहले कही जा चुकी है। यह विविधता 'रूपतरंग' में भी है, पर उसके काफी बाद 'आलोचना' के चालीसवें अंक (अक्तूबर-दिसम्बर-1968) में प्रकाशित उनकी दस कविताओं को पढ़ना एक बिल्कुल नया अनुभव है। ग्राम्य-जीवन यहाँ भी है, पर उसके अतिरिक्त कुछ और भी है, जो एक नये रामविलास शर्मा से हमारा परिचय कराता है। इनमें 'धूप', 'रास्ता' और 'साँझ का झुटपुटा' तो पुराने रामविलास शर्मा की कविताएँ हैं, पर 'फुर्सत नहीं है', 'गलियाँ' और 'कला' बिल्कुल नये ढंग की कविताएँ हैं—ऐसी कविताएँ, जिनमें कवि के नागर-जीवन का अनुभव बोलता है। 'फुर्सत नहीं है' एक नितान्त व्यक्तिगत रागबोध की कविता है, लगभग उस प्रकार की कविता, जिसे प्रचलित भाषा में प्रेम की कविता कहा जाता है। मैं यहाँ पूरी कविता उद्धृत करना चाहता हूँ—क्योंकि उसके एक अंश को काटकर अलग करना लगभग असम्भव है—

उस पुराने घर के सामने
तुम्हें याद हैं यूकलिप्टस के पेड़ ?
हम लोग शाम को घूमकर आते थे,
सीढ़ियों पर बैठते थे,
चिकनी शाखों से बिछलती चाँदनी
खम्भों पर
हम-तुम दोनों पर झिलमिलाती थी।
उस पुराने घर में
अब नये लोग आ गये हैं;
जहाँ वे यूकलिप्टस के पेड़ थे
अब नयी इमारतें हैं।
चाँदनी रात में
हम-तुम दोनों को
सीढ़ियों पर बैठने की फुर्सत नहीं है।

जिस सादगी के साथ यह पूरी कविता लिखी गयी है, वह एक जटिल भाव पर कवि की अचूक पकड़ का प्रमाण है। सचाई यह है कि एक कवि की महत्ता का प्रमाण चाहे जिस प्रकार की कविताओं से मिलता हो, पर वह कवि है, इसकी सबसे कठिन परीक्षा प्रेम-कविता लिखते समय ही होती है। वहाँ कई तरह के खतरे होते हैं, पर कला की दृष्टि से सबसे बड़ा खतरा तो यही होता है कि कवि को एक नितान्त निजी और अपेक्षाकृत अधिक जटिल मानसिक स्थिति को दूसरों तक पहुँचाना होता है। 'फुर्सत नहीं है' में जटिलता का कोई आभास नहीं है। कविता एकदम गद्य के तर्क से, कुछ तथ्यात्मक संकेतों को सामने रखती हुई, आगे बढ़ती है। पर इस ऊपर-ऊपर दिखाई पड़नेवाली गद्यात्मकता में ही कविता की ताकत है, क्योंकि वह उन सीधी-सादी पंक्तियों में निहित भावुकता को कला के कठोर संयम से बाँधे हुए है।

'गलियाँ' एक दूसरे प्रकार की कविता है, जिसमें नगर के अन्दर की दुनिया का एक दृश्य है। शहर में जहाँ कवि के संवेदनशील कान 'जिन्दगी का संगीत' सुनते हैं, वह लम्बी-चौड़ी सड़कें नहीं, नम और कच्ची मिट्टीवाली ये तंग गलियाँ हैं–

गलियाँ
पुराने युगों की भूली हुई चित्रमयी लिपियाँ
गलियाँ–
जहाँ आदमी आदमी से सटा हुआ है।

कहने की जरूरत नहीं कि हमारे सामाजिक जीवन का एक छोर यदि भारतीय गाँव है तो दूसरा, शहरों की ये गलियाँ। ये दोनों छोर यदि कवि रामविलास शर्मा को आकृष्ट

करते हैं तो इसलिए कि वहाँ 'आदमी आदमी से सटा हुआ है !'

कविता अन्य कलाओं से कहाँ अलग होती है, यह प्रश्न आलोचक रामविलास शर्मा को चाहे जितना झकझोरता हो, पर कवि रामविलास शर्मा को सिर्फ झकझोरता नहीं, उसे धीरे-धीरे अभिव्यक्ति के एक ऐसे धरातल पर ले जाता है, जहाँ अनुभव और सिद्धान्त घुलमिलकर एक हो जाते हैं। 'आलोचना' के उपर्युक्त अंक में प्रकाशित 'कला' शीर्षक कविता ऐसी ही है। यहाँ कवि एक साथ दोहरे स्तर पर काम करता है। वह विभिन्न कलाओं की प्रकृति की पहचान भी कराता है और साथ ही यह कोशिश भी करता है कि कुल मिलाकर यह सारा अनुभव एक सर्जनात्मक अनुभव में बदल जाय–

नृत्य–
कला अभी देह से जुड़ी हुई है।
गीत–
कला अभी देह से बँधी हुई है।
चित्र–
कला पर देह की छाया है।
काव्य–
शब्द के नभ में
कला अब मुक्त है।

कविता में कला की जो मुक्ति है, शायद यही वह ताकत है, जो आलोचक रामविलास शर्मा को बार-बार काव्य-रचना की ओर आकृष्ट करती है। वर्ना बहुत पहले 'तारसप्तक' के अपने वक्तव्य में ही वे घोषित कर चुके थे–"एक बात का विश्वास दिलाना चाहता हूँ; वात्स्यायनजी ने कविताओं के लिए परेशान कर डाला। नहीं तो कविता लिखने में बड़ी मेहनत पड़ती है और उसकी नकल करने में और ज्यादा। आशा है, यह प्रकाशन अन्तिम होगा।" पर हम जानते हैं कि ऐसा नहीं हुआ। हो भी नहीं सकता था–रामविलासजी की आरम्भिक कविताओं के आधार पर हम यही कह सकते हैं। अभी हाल ही में उन्होंने अपने एक इण्टरव्यू में कहा है कि वे फिर से कविताएँ लिखना चाहते हैं। यह सब कुछ इस बात का प्रमाण है कि कविता के साथ उनका गहरा लगाव है–क्योंकि वहाँ उन्हें आज भी एक रास्ता दिखायी पड़ता है–

शाम तक
घास के पूले उठ जायेंगे,
ठूँठ ही ठूँठ रह जायेंगे।
...   .

बाग के बीच का रास्ता
बरसों तक
नंगे पैरों के चलने से
घिसकर ऐसा चिकनाया है
रात में भी
तारों की छाँह में
चमकेगा।

रामविलासजी की ज्यादातर अच्छी कविताएँ पाठक को इसी रास्ते के आसपास ले जाकर छोड़ती हैं। वे वहाँ तक ले जाती हैं किसी भावावेश या आतंक के द्वारा नहीं, बल्कि धीरे-धीरे वस्तुओं के दृढ़ आकर्षण के सहारे, पाठक को एक सहज विश्वास में लेकर। उनकी कविता की दुनिया हिन्दुस्तानी गाँव की तरह ऊपर-ऊपर बेहद शान्त और स्थिर दिखायी पड़नेवाली दुनिया है। इसलिए कविता में तुरत-फुरत क्रान्ति खोजनेवाले पाठकों को थोड़ी निराशा भी हो सकती है। ऐसे पाठकों को कवि 'अगिया बैताल' की कविताओं की तलाश करनी पड़ेगी, जिन्हें रामविलासजी ने–'अगिया बैताल' के साथ अपनी अभिन्नता के बावजूद–'रूपतरंग' में स्थान नहीं दिया है। मैं इसे कवि रामविलास शर्मा पर आलोचक रामविलास शर्मा की एक अर्थपूर्ण टिप्पणी मानता हूँ–एक बेहद ईमानदार और निर्मम टिप्पणी।

[1982]

श्रीकांत वर्मा की एक कविता : घर-धाम

'घर-धाम' (1959) श्रीक़ान्त वर्मा के आरंभिक दौर की कविता है—बल्कि आरंभिक दौर के खत्म होने और एक नये दौर के शुरू होने के बीच की कविता। अगर मैं भूलता नहीं तो मैंने पहली बार यह कविता 'कृति' में पढ़ी थी और इसका जो प्रभाव—ताजा-टटका और झकझोर देनेवाला—मेरे मन पर उस समय पड़ा था, वह आज भी ज्यों का त्यों है। यह कविता मुझे क्यों अच्छी लगती है—इसका जवाब देना आसान नहीं है। पर बेहतर हो, इस क्यों का कारण स्वयं कविता के भीतर खोजा जाय। पहली नजर में, पूरी कविता में एक खास तरह की 'नास्टेल्जिया' दिखाई पड़ेगी। पर यदि यह कविता सिर्फ 'नास्टेल्जिया' के कारण आकृष्ट करती तो कोई खास बात न होती। सचाई यह है कि 'मैं घर जाना चाहता हूँ'—इस पंक्ति से शुरू होनेवाली यह कविता 'घर की याद' की कविता नहीं है। पर है वह घर की ही कविता—एक तरह से समकालीन हिन्दी कविता में अपनी सम्पूर्ण ऊष्मा के साथ 'घर' शब्द की वापसी की कविता। उन्नीसवीं शताब्दी के उत्तरार्द्ध में घर शब्द गालिब की कविता में एक अद्‌भुत तड़प और बेचैनी के साथ आया था। फिर हिन्दी में वह निराला के यहाँ दिखाई पड़ता है—एक ऐसा घर, जिससे व्यक्ति बाहर कर दिया गया है। 'घर-धाम' में हम देखते हैं कि वही व्यक्ति घर लौटने के लिए बेचैन है। पर आधुनिक मनुष्य के साथ कठिनाई यह है कि वहाँ घर का अर्थ उतना सीधा और साफ नहीं है, जितना गालिब के निकट था या यहाँ तक कि निराला के निकट भी। गालिब के समय तक, इतिहास की सारी उथल-पुथल के बावजूद घर अलग था और जंगल अलग। और इसीलिए वे बेसाख्ता कह सकते थे—

> कोई वीरानी-सी वीरानी है
> दश्त को देख के घर याद आया।

दश्त, यानी जंगल को देखकर घर का याद आना एक निहायत सीधी और तर्कसंगत प्रतिक्रिया है। पर जहाँ से अनुभव का यह तर्कसंगत ढाँचा टूटना शुरू होता है, वहीं से आधुनिक युग की शुरूआत होती है। फिर घर और जंगल का फर्क धीरे-धीरे मिटने

लगता है। 'घर-धाम' कविता में इस फर्क के मिटने का तीखा एहसास इस तरह व्यक्त होता है :

मैं अब घर जाना चाहता हूँ
मैं जंगलों
पहाड़ों में
खो जाना चाहता हूँ

यहाँ 'घर' और 'जंगल' दर्पण की तरह आमने-सामने रख दिये गये हैं। यह है आधुनिक व्यक्ति के मन में बननेवाला घर का बिम्ब। पर 'घर-धाम' कविता की ताकत यह है कि वह इस नकारात्मक बोध के दुश्चक्र को तोड़ती है और उससे बाहर निकलने की कोशिश करती है। कविता शुरू होती है मोहभंग की एक दबी हुई पीड़ा के साथ–

मैं अब हो गया हूँ निढाल।
अर्थहीन कार्यों में
नष्ट कर दिये
मैंने
साल पर साल
न जानें कितने साल।
और अब भी
मैं नहीं जान पाया
है कहाँ मेरा योग ?

यह तत्कालीन युवा मानस का विक्षोभ है, जो इन पंक्तियों में ध्वनित हो रहा है और अगर ध्यान से सुनें तो आलोचकों ने हिन्दी कविता में जिस मोहभंग की शुरूआत सन् '62 के बाद से मानी थी, उसकी एक दबी हुई आहट इस कविता में भी मिल सकती है। पर यहाँ इतिहास के साथ अपनी संसक्ति का एक गहरा एहसास भी है, जो उस मोहभंग को एक अर्थहीन आक्रोश में क्षरित होने से बचाता है। आगे की पंक्तियों में कवि अपने अनुभव को सँभालता-बटोरता एक विलक्षण कौशल के साथ वहाँ ले जाता है, जहाँ उसका सारा आंतरिक संघर्ष अपना तीव्रतम अर्थ प्राप्त करता है–

मैं जीना चाहता हूँ
और जीवन को भासमान करना चाहता हूँ
मैं कपास धुनना चाहता हूँ
या फावड़ा उठाना
चाहता हूँ–

या गारे पर ईंटें
बिठाना चाहता हूँ
या पत्थरी नदी के ढोंके पर
जाकर
बैठ जाना चाहता हूँ

'मैं जीना चाहता हूँ'—इस पंक्ति में एक गद्य का-सा तीखापन है। यहाँ जाकर पता चलता है कि घर जाने की इच्छा वस्तुतः जीने की इच्छा का ही पर्याय है। इसके बादवाली पंक्ति में 'भासमान' शब्द अपने सघोष और घुमावदार संगीत के कारण अलग से ध्यान आकृष्ट करता है। मुझे याद नहीं आता कि 'भासमान' जैसे ईषत् अप्रचलित शब्द का इतना अर्थपूर्ण और काव्यात्मक प्रयोग खड़ी बोली कविता में पहले कभी हुआ हो ? जीने की इच्छा के उद्घोष के साथ ही कविता का स्वर एकबारगी बदल जाता है। यहाँ से वह 'है कहाँ मेरा योग' वाला व्यर्थताबोध का स्वर भी दब जाता है और कवि जैसे उन ठोस स्थितियों की कल्पना करने लगता है, जहाँ वह अपने 'योग' को प्रमाणित कर सकता है। वह जल्दी-जल्दी कई विकल्प सामने रखता है। ये सारे विकल्प श्रमपरक हैं और हर विकल्प से पहले एक संदेहवाचक 'या' लगा हुआ है। इसलिए जीने की इस सकर्मक चाह की परिणति एक पत्थर के ढोंके पर जाकर बैठ जाने की अर्थहीन क्रिया में होती है। पर यह अर्थहीन-सी लगनेवाली क्रिया इस पूरे संदर्भ में कितनी अर्थपूर्ण है, यह बताने की जरूरत नहीं। वस्तुतः यह पत्थर के ढोंके पर जाकर बैठ जाने की इच्छा जिस विवशता को सूचित करती है, वह पहले के सारे श्रमपरक विकल्पों को एक गहरी विडम्बना में बदल देती है।

अब तक कविता घर लौटने की इच्छा के बावजूद, घर से बाहर की दुनिया में सक्रिय थी—जैसे घर का रास्ता तलाश रही हो। अब वह सीधे घर की ओर मुड़ती है—'घर' को एक सहज मानवीय अर्थ से मंडित करती हुई—

मैं अब घर जाना चाहता हूँ
मैं विवाह करना चाहता हूँ
और उसे प्यार करना चाहता हूँ
मैं उसका पति
उसका प्रेमी
और उसका सर्वस्व
उसे देना चाहता हूँ
और उसकी गोद भरना चाहता हूँ

यह ध्यान देने की बात है कि प्रेम के गहरे सामाजिक अभिप्राय से भरी ये पंक्तियाँ उस समय लिखी गई थीं, जब ज्यादातर 'नई कविता' उसे पूजा की-सी वस्तु

या कोई नितान्त निजी या ऐकान्तिक-सी चीज मानकर चल रही थी। ऐसे समय में इस नैतिक साहस से भरी घोषणा के द्वारा कि 'मैं विवाह करना चाहता हूँ'··· और 'उसकी गोद भरना चाहता हूँ', 'घर-धाम' का कवि उस अस्पष्ट अमूर्त प्रेम को जैसे उसकी खोई हुई सामाजिक अर्थवत्ता लौटाने की कोशिश कर रहा था। वस्तुतः कवि के भीतर 'घर' की जो संकल्पना है, उसका पूरा-पूरा अर्थ इन्हीं पंक्तियों में खुलता है। यह उस घर को फिर से पा लेने की आकांक्षा का उद्घोष है, जिसे आधुनिक जीवन के दबावों ने नष्ट-भ्रष्ट कर दिया है। आगे की पंक्तियों में कवि जैसे अपने कवि-कर्म और जीवन-कर्म के द्वैत को मिटाते हुए एक खामोश-सी टिप्पणी करता है–

मैं अपने पास
अपना एक लोक
रचना चाहता हूँ।

मैं यहाँ 'रचना' शब्द को रेखांकित करना चाहूँगा। यह आधुनिक काव्यदर्शन का एक मूल्यपरक शब्द है, जिसे जानबूझकर यहाँ लाया गया है। इससे 'घर' शब्द से जुड़े हुए परिवेश को एक अतिरिक्त अर्थवत्ता मिल रही है–एक सतरंगी गरिमा जो 'रचना' शब्द की ध्वनि में निहित है। इसके तुरंत बाद, मानो इसके विरोध के रूप में जो पठार ओढ़ लेने का विराट बिम्ब आया है, वह वस्तुतः इन स्थूल चुनौतियों का सूचक है, जो 'घर' शब्द के साथ जुड़ी हुई हैं। यह इस बात का संकेत भी है कि कवि के निकट 'घर' कोई रूमानी अवधारणा नहीं, बल्कि एक जीती-जागती वास्तविकता है। इसके ठीक बाद पाठक की मुठभेड़ एक और विराट बिम्ब से होती है–

मैं समूचा आकाश
इस भुजा पर
ताबीज की तरह
बाँध लेना चाहता हूँ।

ऊपर से ये पंक्तियाँ सीधी-सादी लगती हैं। पर इनके बीच जो आपसी रिश्ता है, वह थोड़ा जटिल है। 'आकाश' और 'भुजा' में लगभग वैसा ही विरोध है, जैसा नियति और कर्म के बीच होता है। लेकिन 'आकाश' और 'ताबीज' के बीच वैसा कोई विरोध नहीं है–क्योंकि एक पदार्थेतर ध्वनि दोनों ही शब्दों में है। पर केवल एक दृश्य बिम्ब के स्तर पर देखा जाय तो आकाश को भुजा पर ताबीज की तरह बाँध लेने की कल्पना अद्भुत है, जिससे नियति नहीं, बल्कि विषम स्थितियों से जूझने और उन पर विजय प्राप्त करने की एक तीव्र आकांक्षा ध्वनित हो रही है। इसके ठीक बाद महुए के

वन में कण्डे-सा सुलगने और 'गुँगुवाने' का बिम्ब आता है, जो ठीक उसी प्रकार पूर्ववर्ती बिम्ब का विरोधी है, जैसे इससे पहलेवाले खण्ड में कपास धुनने और फावड़ा उठाने की इच्छा के बाद पत्थरी नदी के ढोंके पर जाकर बैठ जाने की इच्छा ! इस तरह कवि अपने संकल्प और वर्तमान वास्तविकता के बीच, अपनी रचना में एक विलक्षण भाव-संतुलन बनाये रहता है, जिसके बिना कविता का सारा ढाँचा भहराकर गिर सकता था। पूरी कविता की बनावट एक गीत की-सी है, जिसकी टेक है–'मैं अब घर जाना चाहता हूँ।' इस पंक्ति की आवृत्ति एक धुँधली-सी 'नास्टेल्जिया' की सृष्टि करती जरूर है, पर बीच की पंक्तियाँ इस 'नास्टेल्जिया' को बार-बार तोड़ती हैं। कविता इसी तर्क से आगे बढ़ती है और फिर समाप्त होती है उसी बुनियादी इच्छा के साथ–'मैं अब घर जाना चाहता हूँ।' यह कवि के कलात्मक संयम का ही प्रमाण है कि कविता में विषय का एक पक्ष तो सामने आता है कि वह घर जाना चाहता है, पर जहाँ से जाना चाहता है, उसका कोई जिक्र नहीं है। उसे जान-बूझकर जैसे नेपथ्य में रखा गया है। पर इतना तय है कि वह 'घर' शब्द का विलोम है अर्थात् सम्बन्ध की उस सारी प्रगाढ़ता और ताप से रहित जो घर में होता है। कहने की जरूरत नहीं कि इस तरह घर अपनी विरोधी स्थिति, यानी आधुनिक शहर या महानगर की ओर संकेत कर रहा है। इस तरह यह पूरी कविता 'घर की याद' से अधिक नागरिक जीवन के बढ़ते हुए परायेपन के विरुद्ध एक लम्बी चीख में बदल जाती है–एक पीड़ा और उम्मीद-भरी मानवीय चीख।

[1984]

पाश्चात्य आधुनिकता के कुछ रंग

आधुनिक कविता का आविष्कर्त्ता : एज़रा पाउण्ड

पिछले दिनों जब अचानक समाचार पत्रों में एज़रा पाउण्ड के निधन का समाचार छपा तो आधुनिक कविता के बहुत-से पाठकों को पहली बार पता चला कि वे एज़रा पाउण्ड के समकालीन हैं। यह अनुभव ऐसे असंख्य पाठकों के लिए जितना विस्मयजनक था, उससे कहीं ज्यादा खौफनाक। एज़रा पाउण्ड का नाम पूरे विश्व-साहित्य में आधुनिकता के आन्दोलन के साथ कुछ इस तरह जुड़ गया था कि उसने बहुत-से लोगों के दिमाग में व्यक्ति से ज्यादा एक मिथक का दर्जा प्राप्त कर लिया था। किसी भी रचनाकार के लिए अपने जीवन काल में ही मिथक बन जाने से अधिक पीड़ादायक और विडम्बनापूर्ण कोई दूसरी स्थिति नहीं हो सकती। एज़रा पाउण्ड का कवि-व्यक्तित्व इस ऐतिहासिक विडम्बना का सबसे दिलचस्प उदाहरण है। 1885 में जन्मे इस विलक्षण व्यक्तित्ववाले अमरीकी कवि के काव्यात्मक विकास का अध्ययन जहाँ एक ओर अपने आपमें बेहद दिलचस्प हो सकता है, वहाँ दूसरी ओर उसके माध्यम से उन तत्त्वों की छानबीन भी की जा सकती है, जिनसे उस मिथक का निर्माण हुआ है, जिसे हम 'अमरीका' कहते हैं।

पाउण्ड की कविता का कोई ऐसा खाका नहीं बनाया जा सकता, जिसे आसानी से किसी निश्चित परिभाषा में बाँधा जा सके। इस अर्थ में उनका काव्य अपने कनिष्ठ सहकर्मी टी. एस. इलियट के कृतित्व का एकदम विलोम है। इलियट का काव्य-विकास 'लव साँग आफ जे. आल्फ्रेड प्रुफोर्क' से 'फ़ोर क्वार्टेट' तक एक क्रमिक गति की तर्कसंगत परिणति की तरह दिखाई पड़ता है। वह बाह्य यथार्थ के प्रति ऐंद्रिय प्रतिक्रियाओं से शुरू करता है और क्रमशः संवेदना से विचार और विचार से अमूर्त चिन्तन की ओर बढ़ता जाता है। पाउण्ड शुरू तो ऐंद्रिय प्रतिक्रियाओं से ही करते हैं, पर घूम-फिरकर वे अपने वानस्पतिक और जैवी अनुभवों के इर्द-गिर्द ही रहते हैं। उनके विचार उन कार्यों, घटनाओं, नामों, लिपि-संकेतों और दैनिक जीवन के मुहावरों से अलग नहीं होते, जो उनकी कविता में बार-बार आते हैं। पाउण्ड की कविता को जो इलियट-जैसी लोकप्रियता नहीं मिली, उसका प्रमुख कारण उनके

विचारों की दुरूहता नहीं, बल्कि उनका यह आग्रह है कि कविता में विचारों की नहीं, बल्कि 'कार्यरत विचारों' (आइडियाज़ इन एक्शन) की अभिव्यक्ति होनी चाहिए। इसीलिए पाउण्ड अपनी कविता में इलियट की तरह केवल विचारों के कथनमात्र से संतुष्ट नहीं होते। वे कार्यों, घटनाओं और दृश्यों का एक भयावह जाल बुनते हैं जिसमें व्यक्ति, इतिहास, नदियाँ, चीनी कविता, अर्थशास्त्र के नियम, और लैटिन तथ ग्रीक उद्धरण–सब कुछ एक विराट मिथकीय परिवेश में रूपान्तरित होता जाता है और पाठक को लगता है कि वह कविता की अँधेरी जड़ों में प्रवेश कर रहा है।

मानवीय यथार्थ को उसके सम्पूर्ण अन्तर्विरोधों के बीच झेलने की यह जिद पाउण्ड को निरन्तर गहन से गहनतर स्थितियों और खतरों की ओर ले जाती है। उनकी विशेषता यह है कि किसी वैचारिक सामान्यीकरण का सहारा लेकर उन खतरों से बचने की कोशिश नहीं करते, जैसाकि इलियट करते हुए पाये जाते हैं। इलियट की सफलता का एक बहुत बड़ा रहस्य यह है कि वे समकालीन यथार्थ की उस गहनतम स्थिति तक पहुँचने से पहले ही एक मध्ययुगीन ईसाई-सुलभ आस्था में अपने सारे प्रश्नों का समाधान प्राप्त कर लेते हैं। पाउण्ड के पास दुर्भाग्यवश एक रचनाकार की एकान्त स्वतंत्रता के अलावा कुछ भी ऐसा नहीं था जिसे वे यथार्थ के निर्मम प्रहारों के बीच ढाल की तरह इस्तेमाल करते। इसीलिए शुरू के दिनों में बिम्बवादी आन्दोलन से सम्बद्ध होते हुए भी उनकी दृष्टि बिम्ब से ज्यादा उस विद्रूप पर केन्द्रित थी जो जीवन के भीतर से धीरे-धीरे उभर रहा था–

हमारा युग एक बिम्ब माँग रहा है
अपने बढ़ते हुए विद्रूप का
नहीं, प्राचीन ग्रीक गरिमा तो किसी भी
कीमत पर
नहीं।

प्राचीन 'ग्रीक गरिमा' के प्रति यह तीव्र नकार का भाव कोरा साहित्यिक विद्रोह न होकर अधिक गहरे अर्थों को ध्वनित करनेवाला है। वस्तुतः यह साहित्य के धरातल पर उस गहरे नैतिक संक्रमण का परिचायक है, जो तत्कालीन अमरीकी समाज में अपने अन्तर्विरोधों की एक अस्पष्ट चेतना के रूप में उभर रहा था। पाउण्ड की सोचनेवाली शिराओं पर इस स्थिति का सबसे ज्यादा प्रभाव पड़ा था। यही कारण है कि उनकी अनेक कविताओं में पूँजीनिष्ठ समाज की विसंगतियों का गहरा एहसास और एक दहला देनेवाला बेगानापन दिखाई पड़ता है। पाउण्ड की अन्तिम कृति 'कैण्टोज' में ऐसी असंख्य पंक्तियाँ हैं, जिन्हें उपर्युक्त कथन के साक्ष्य के रूप में प्रस्तुत किया जा सकता है। उस विराट कविता के एक छोटे-से खण्ड की कुछ पंक्तियाँ यहाँ प्रस्तुत हैं–

महज गलत सूद* के कारण
तुम्हारी रोटी कागज़ की तरह सूखी है
पहाड़ी गेहूँ
या मजबूत आटे की नहीं।

महज गलत सूद के कारण
रेखाएँ घनी होती जा रही हैं
और उस लकीर का कहीं पता नहीं चलता
जो चीजों को अलग करती थी।

आदमी को रहने के लिए
जगह नहीं मिलती
महज गलत सूद के कारण
पत्थर तोड़नेवाला अपने पत्थर से
अलग रहता है
कपड़ा बुननेवाला
अपने सूत से
महज गलत सूद के कारण
ऊन बाजार में नहीं आता
भेड़ें कोई लाभ नहीं देतीं
महज गलत सूद के कारण

पूँजीवादी व्यवस्था की अमानवीयता पर चोट करनेवाली इससे सीधी पंक्तियाँ अब तक मेरे देखने में नहीं आईं। ध्यान से देखें तो इस कविता में पहली पंक्ति की जो बार-बार आवृत्ति होती है, वह स्वयं ब्याज की चक्राकार वृद्धि की तरह बढ़ती चली जाती है। कविता के शिल्प और भाषा पर पाउण्ड की पकड़ कितनी सख्त और अचूक थी–यह इन पंक्तियों को पढ़कर आसानी से समझा जा सकता है। पर यदि ये पंक्तियाँ केवल इतनी-सी सूचना देतीं तो कोई खास बात न थी। सच्चाई यह है कि इन सीधी-सादी, पर खौफनाक पंक्तियों को पढ़कर इस बात का भी ठीक-ठीक अंदाज लगाया जा सकता है कि पाउण्ड क्यों अपने देश में–जोकि मानव की स्वतंत्र गरिमा का हामी है–अपमानित और बहिष्कृत होते रहे। अपनी युवावस्था में लैटिन भाषा में एम. ए. करने के बाद वे इण्डियाना में अध्यापक हो गये और सिर्फ साल-भर

---

* पाउण्ड का अपना शब्द 'Usura' है, जिसका अर्थ होता है ब्याज की वह बढ़ी हुई दर, जिससे कानून की सीमा का उल्लंघन होता है।

बाद उन्हें उस पद से इसलिए त्यागपत्र देना पड़ा कि 'वे जरूरत से ज्यादा लैटिन रंग में रँगे हुए थे।' फिर उन्हें अपने उस खास रंग के लिए एक नये और व्यापक फलक की तलाश करनी पड़ी, जो उन्हें अपने योरुप प्रवास में मिला। पहले इटली और फिर इंगलैंड। इंगलैंड में उन्हें अपनी रचनात्मक आवश्यकता के अनुकूल भूमि मिली और बहुत जल्दी वे लंदन की साहित्यिक गोष्ठियों के केन्द्रीय व्यक्तित्व बन गये। एक ऐसे नगर में, जिसकी ऐतिहासिक जड़ें काफी गहरी थीं, पहली बार एक ऐसे व्यक्ति ने साहित्यिक आन्दोलनों के केन्द्र में अपने को प्रतिष्ठित किया, जिसका अपना कोई इतिहास नहीं था। पाउण्ड के लंदन प्रवास के बारे में कुछ लिखा गया है। उनके मित्र और लेखक कवि वि. लीविस के अनुसार 'पाउण्ड के साथ सबसे बड़ी कठिनाई यह थी कि वे लोगों में घुलना नहीं चाहते थे, बल्कि सिर्फ प्रभावित करना चाहते थे।' पर इसके विपरीत प्रख्यात प्रतीकवादी कवि डब्लू बी. यीट्स पाउण्ड को एक ऐसे सहकर्मी के रूप में पाते हैं 'जिसका दिमाग मध्ययुग की सांस्कृतिक अनुगूँजों से भरा हुआ था' और जो 'निश्चित' तथा 'ठोस' तक पहुँचने में उनकी मदद करता था।

लंदन में रहते हुए पाउण्ड ने जो बहुत-से महत्त्वपूर्ण कार्य किये, उनमें से एक था सन् 1908 में दूसरे बिम्बवादी घोषणापत्र का प्रकाशन। यह ऐतिहासिक दस्तावेज, जो कि एच. डी. और रिचार्ड एल्डिंगटन नामक अल्पख्यात कवियों के साथ मिलकर तैयार किया गया था, भाषा और सोचने के तरीके में एक निश्चित अलगाव का सूचक है और किसी हद तक बिम्बवादी आन्दोलन की सीमाओं को अतिक्रान्त भी करता है। और इसी के आसपास टी. एस. इलियट से उनका पहला साक्षात्कार हुआ और जैसा कि इलियट ने स्वयं स्वीकार किया है, यह मुलाकात उनके लिए खासतौर से मुफीद साबित हुई। यहीं 1920 में पाउण्ड की पहली महत्त्वपूर्ण कविता 'ह यू सेल्विन माबरने' प्रकाशित हुई, जो इलियट के अनुसार 'कैण्टोज' से पहले की उनकी सर्वश्रेष्ठ कविता है। इस पुस्तक के प्रकाशन के तुरन्त बाद पाउण्ड ने लंदन छोड़ने और पेरिस में जा बसने का निश्चय किया—यह कहकर कि इंगलैंड की उर्वरता समाप्त हो गई है। उनके पेरिस-प्रवास के बारे में लिखते हुए उपन्यासकार अर्नेस्ट हेमिंग्वे ने बताया है कि वहाँ उनके पास सिर्फ दो काम थे। पहला, अपने साहित्यिक मित्रों की आर्थिक तथा कलात्मक नियति को उजागर करना और दूसरा, कविता लिखना। इस दूसरे काम के लिए उन्हें अपने दैनिक जीवन का केवल पाँचवाँ हिस्सा ही मिल पाता था। बाकी या तो 'यूलिसिस' या 'वेस्ट लैण्ड' जैसी कृतियों की पाण्डुलिपि देखने अथवा उनके लिए प्रकाशक ढूँढ़ने की चिन्ता में ही बीत जाता था। पाउण्ड के व्यक्तित्व का यह पहलू इतना व्यापक और संवेदनशील था कि आधुनिक अंग्रेजी का शायद ही कोई ऐसा महत्त्वपूर्ण कवि या लेखक हो, जो किसी न किसी स्तर पर पाउण्ड का ऋणी न हो। यीट्स, इलियट, जेम्स ज्वॉयस, अर्नेस्ट हेमिंग्वे, विलियम कार्लोस

विलियम्स–केवल ये कुछ नाम उस लम्बी भीड़ से छाँटकर निकाले जा सकते हैं, जिनके विकास में किसी न किसी स्तर पर पाउण्ड के व्यक्तित्व ने महत्त्वपूर्ण भूमिका अदा की थी।

पाउण्ड के व्यक्तित्व की सबसे बड़ी विशेषता वह बुनियादी अन्तर्विरोध है, जो उनकी रचना और जीवन में एक साथ पाया जाता है। इसी के चलते न तो वे जीवन के साथ अपनी संगति पूरी तरह बैठा पाये, न रचना के साथ। उनकी कविताओं के अधूरेपन और बिखराव का कारण भी यही है। यह अन्तर्विरोध जितना पाउण्ड का है, उससे कहीं ज्यादा अमरीका के अपने व्यक्तित्व का। पाउण्ड जब अपने सर्वोत्तम रूप में होते हैं, तो उस सारे अन्तर्विरोध को निहायत सीधे-सादे शब्दों में पचाकर कुछ इस तरह व्यक्त करते हैं कि वह दृश्य बेहद विडम्बनापूर्ण हो उठता है–

जब मैं कुत्तों की हरकतों को गौर से देखता हूँ
तो मैं इस नतीजे पर पहुँचने के लिए
बाध्य होता हूँ कि आदमी
एक बेहतर जानवर है।
लेकिन जब मैं आदमी की
विचित्र आदतों के बारे में
सोचता हूँ तो मेरे दोस्त
मैं स्वीकार करूँ
मैं उलझन में पड़ जाता हूँ।

वस्तुतः पाउण्ड अमरीकी संस्कृति और उसकी सम्पूर्ण ऐतिहासिक जटिलता को प्रतिबिम्बित करनेवाले एक ऐसे कवि हैं, जिसे सही अर्थों में आधुनिक अमरीका का प्रतिनिधि कवि कहा जा सकता है। पूरे अमरीकी जीवन की बेचैनी, नवीनता के प्रति उसकी अदम्य आकांक्षा, उसकी टूटन, उसका अजनबीपन, उसके तल में निवास करनेवाले आर्थिक दैत्य के मजबूत डैनों की चोट यदि कहीं देखी जा सकती है, तो पाउण्ड की कविता में। वे एक ओर तो उस पूँजीनिष्ठ अमरीका का प्रतिनिधित्व करते हैं जो तकनीकी विकास को ही मानवीय विकास का पर्याय समझता है। दूसरी ओर उनकी कविताएँ–खासतौर से 'कैण्टोज'–अमरीकी जीवन की सतह के नीचे काम करनेवाली विद्रोही वृत्ति तथा गहरे विक्षोभ का भी प्रतिनिधित्व करती हैं। पाउण्ड के स्वभाव का यह दोहरापन उन्हें अपने अन्य समकालीन कवियों से अलग करता है। इस अर्थ में आज के अमरीका का प्रतिनिधित्व न तो वाल्ट ह्विटमैन की 'घास की पत्तियाँ' करती हैं, न ही विलियम कार्लोस विलियम्स की महाकाव्यात्मक रचना 'पेटरसन'। जिस तरह दक्षिणी अमरीका अपनी प्रागैतिहासिक पदार्थमयता तथा नव्यतर इतिहास की सारी टकराहटों के साथ पाब्लो नेरुदा की महान कविता 'कैण्टो

जेनरल' में दिखाई पड़ता है, उसी तरह उत्तरी अमरीका अपनी सारी विसंगतियों और खौफनाक अन्तरालों के साथ पाउण्ड के 'कैण्टोज' में।

'कैण्टोज' का फलक बहुत विस्तृत है। उसकी रचना का अंतराल 1925 से 1948 तक फैला हुआ है। इस लम्बी अवधि के भीतर पाउण्ड के जीवन में उतार-चढ़ाव आये। 'पिजान कैण्टोज' को छोड़कर बाकी सारा 'कैण्टोज' कवि के इटली प्रवास के दौरान लिखा गया था। इस अवधि में पाउण्ड दूसरे महायुद्ध की भीषण वास्तविकता को लेकर एक विलक्षण वैचारिक संघर्ष में उलझे हुए थे। इस बीच वे लगातार रोम के रेडियो-केन्द्र से तानाशाह मुसोलिनी के विचारों का समर्थन और मित्रराष्ट्रों की सेना में अमरीका के प्रवेश का विरोध करते रहे। पाउण्ड ने ऐसा किस आन्तरिक विवशता के कारण किया, यह कहना कठिन है। पर इतना साफ है कि इसके पीछे पाउण्ड का कोई राजनीतिक स्वार्थ नहीं था। वे उस समय भी अपने तरीके से एक स्वतंत्र कलाकार की भूमिका ही अदा कर रहे थे। यह उनके कलाकार की विजय तो थी, पर अपनी तथाकथित अमरीकी नागरिकता की कीमत पर।

फलतः 1945 में वे अपने देश की सेना द्वारा इटली में गिरफ्तार किये गये और उन पर देशद्रोह का मुकदमा चलाया गया। यह मुकदमा विश्व-इतिहास में अपने ढंग का एक अनोखा न्याय का नाटक है, जो पूरे अमरीकी जीवन के नैतिक मूल्यों के संदर्भ में रख देने पर 'ट्रायल' के जोसेफ के. के मुकदमे से भी कहीं ज्यादा भयावह और प्रतीकात्मक हो उठता है। अन्ततः लेखकों की सामूहिक अपील पर पाउण्ड छोड़ दिये गये, पर इस न्यायिक घोषणा के बाद कि उनका मानसिक संतुलन ठीक नहीं, और यह कि उनकी सही जगह मुक्त मानव-समाज नहीं, बल्कि मानसिक उपचार गृह है। नतीजा यह हुआ कि अपने उत्तर जीवन के अधिकांश दिन उन्हें वाशिंगटन के एक प्रसिद्ध मानसिक उपचारगृह में व्यतीत करने पड़े। 'कैण्टोज' का अंतिम भाग, जो 'पिजान कैण्टोज' के नाम से विख्यात है, इसी उपचारगृह में लिखा गया था। पाउण्ड के जीवनी लेखकों ने इस बात को लक्ष्य किया है कि 'पिजान कैण्टोज' में उपचारगृह की गहरी यातना ही मुख्य रूप से व्यक्त हुई है। यहाँ तक कि उसके तंत्र पर भी मानसिक उपचारगृह की स्पष्ट छाप है और वह पूरी कविता एक रचना न होकर असम्बद्ध वार्तालापों की एक लम्बी शृंखला है।

'कैण्टोज' एक तरह से उस काव्यधारा का, जिसका आरम्भ इलियट-विरोधी प्रवृत्ति के रूप में हुआ था, मूल उत्स है। वह सब कुछ जो विलियम कार्लोस विलियम्स की उत्तरकालीन रचनाओं या एलेन गिन्सबर्ग के 'फेत्कार' (हण्डल) अथवा अन्य कविताओं में दिखाई पड़ता है, 'कैण्टोज' के लम्बे विस्तार में उनकी पूर्वछाया कहीं न कहीं अवश्य देखी जा सकती है। यह आकस्मिक नहीं है कि पिछले दिनों पाउण्ड और विशेषतः 'कैण्टोज' के प्रति एक विशेष प्रकार का रागात्मक झुकाव अमरीका की नई पीढ़ी के कवियों में पैदा हुआ है। कुछ नये आलोचकों ने पूरे बलाघात के

साथ इस मत की स्थापना की है कि अपने सारे बिखराव के बावजूद 'कैण्टोज' आगे आनेवाले इतिहासकारों के निकट 'वेस्ट लैण्ड' की तुलना में अपने समय का कहीं ज्यादा प्रामाणिक दस्तावेज माना जायेगा। 'कैण्टोज के कवि के साथ सबसे बड़ी कठिनाई यह है कि वह वस्तुओं का वर्णन नहीं करता, सिर्फ एक तेज धार की तरह उसकी ऊपरी खाल को तराशता जाता है। अपने सर्वोत्तम रूप में 'कैण्टोज' की पंक्तियाँ एक ऐसी बेलाग और विचलित कर देनेवाली सरलता का आदर्श प्रस्तुत करती हैं, जो पाउण्ड के अन्य समकालीन कवियों में दुर्लभ है–

एक साल बाढ़ आयी।
एक साल उन्होंने युद्ध किया
गिरती हुई बर्फ में।
एक साल नरक गिर पड़ा पेड़ों और
दीवारों को ढहाता हुआ।
एक साल उन्होंने उसे पकड़ लिया
उस ढालवीं जगह में जहाँ
बरसात का पानी इकट्ठा हो गया था।
और वह गर्दन तक पानी में
खड़ा रहा
ताकि शिकारी कुत्ते उसके पास तक पहुँच
न सकें।

पाउण्ड की कविता की दुरूहता की बात तो बार-बार कही गई है, पर मुझे लगता है कि असली पाउण्ड की तलाश करना अभी बाकी है। 'कैण्टोज' में एक-दो या दस नहीं, हजारों ऐसी पंक्तियाँ हैं जहाँ कविता अपने नग्नतम रूप में मौजूद है। वहाँ पाउण्ड की उस विलक्षण इतिहास-दृष्टि को देखा जा सकता है, जिसे उन्होंने अपने समय की गहन से गहनतर होती जाती हुई परिस्थितियों के भीतर से अर्जित किया था। परन्तु पाउण्ड के रचनात्मक संघर्ष का यह केवल एक स्तर है। एक दूसरे और अधिक निजी स्तर पर वे भाषा की जड़ों की तलाश में लगे हुए थे। जड़ों की यही खोज उन्हें लैटिन, एंग्लो सैक्सन तथा इतालवी से होती हुई सुदूर चीनी भाषा तक गई थी। अपने अन्य समकालीनों से अलग हटकर पाउण्ड को अपने खास आधुनिक मुहावरे तक पहुँचने के लिए एक विलोम पद्धति का सहारा लेना पड़ा। उन्होंने चीनी कविताओं का अनुवाद इसलिए किया कि यह उनकी अपनी रचना-प्रक्रिया की माँग थी। वस्तुतः वे उस लम्बे और चक्करदार रास्ते से अपनी भाषा में लौटना चाहते थे, जो चीनी कविताओं से होकर गुजरता था।

कुछ आलोचकों की दृष्टि में उनका चीनी कविताओं का अनुवाद अंग्रेजी

साहित्य के प्रति पाउण्ड का सबसे बड़ा योगदान है। इतना तो निस्संदेह कहा जा सकता है कि आधुनिक कविता के आविष्कर्ता होने के साथ-साथ पाउण्ड पाश्चात्य साहित्य में चीनी कविता के भी आविष्कर्ता हैं। उनके अनुवादों की सबसे बड़ी सफलता इस बात में है कि उन्होंने संक्षिप्ततम शब्दों में मूल चीनी भाषा की चित्रमयता और 'पूर्वीपन' को काफी हद तक सुरक्षित रखा है। मित्र से जुदा होने का एक सीधा-सादा चित्र पाउण्ड की भाषिक संवेदना से छनकर इस तरह व्यक्त होता है–

> दीवार के उत्तर तरफ
> नीली पहाड़ियाँ
> श्वेत नदी
> उसके चारों तरफ।
> यहाँ
> निश्चय ही हमें अलग हो जाना है।
> दिमाग
> बहते हुए बादल की तरह
> और सूर्यास्त
> जैसे पुराने परिचित लोग
> हाथ मिलाकर अलग हो रहे हों।
> हमारे घोड़े जुदा होते वक्त
> एक-दूसरे को देखकर
> हिनहिना रहे हैं।

वस्तुतः अनुवाद के क्षेत्र में पाउण्ड के इस सारे प्रयास को 'कैंण्टोज' से पहले की विराट तैयारी के रूप में देखना चाहिए। स्वयं 'कैण्टोज' में चीनी कविता तथा उसकी चित्रलिपि के अनेक संकेत बिखरे पड़े हैं। अब तक पाउण्ड का जो मूल्यांकन हुआ है, वह ज्यादातर उन मूल्यों के आधार पर किया गया है, जिनका सीधा सम्बन्ध उनके साहित्य से अपेक्षाकृत कम और उनके विलक्षण व्यक्तित्व से अधिक है। काफी हद तक पाउण्ड के सही मूल्यांकन में उनकी सामाजिक और आर्थिक मान्यताएँ भी आड़े आई हैं। वे इस शताब्दी के शायद अकेले ऐसे कवि हैं, जिसने साहित्य की परिधि से बाहर जाकर अर्थशास्त्र की बुनियादी समस्याओं से जूझने का साहस दिखाया है। इस दृष्टि से उनकी 'ह्वाट इज़ मनी फ़ार' नामक पुस्तक का विशेष रूप से उल्लेख किया जा सकता है, जो अपने ढंग से उस संस्कृति की बखिया उधेड़ने का काम करती है, जो अर्थ को केन्द्र में रखकर उसके इर्द-गिर्द चक्कर काटती है।

पाउण्ड अपने युग के एक महान कवि होने के साथ-साथ एक पैनी दृष्टिवाले प्रखर आलोचक भी थे। वे उन थोड़े-से महान रचनाकारों में हैं, जो रचना के प्रतिमान

के साथ-साथ आलोचना के प्रतिमानों का भी सर्जन करते चलते हैं। आगे चलकर जिस नई समीक्षा का विकास हुआ, उसका आरम्भ रिचर्ड्स और इलियट की आलोचनात्मक कृतियों के साथ माना जाता है। पाउण्ड की आलोचनात्मक उपलब्धियों पर अपेक्षाकृत कम विचार किया गया है। पर गहराई से छानबीन करने पर उनके असंख्य बिखरे हुए लेखों में उस किस्म की आलोचना के बीज ढूँढ़े जा सकते हैं, जिसे अब 'नई समीक्षा' के नाम से जाना जाता है। सचाई यह है कि पाउण्ड की साहित्यिक मान्यताओं से असहमत हुआ जा सकता है, पर उस निर्मम परख और अन्तर्दृष्टि से नहीं, जो उनके हर शब्द के पीछे से झाँकती-सी दिखाई पड़ती है। पाउण्ड अपनी कृतियों में ज्यादातर प्रश्न करते रहे हैं और उनको पढ़ते हुए बराबर लगता है कि वे अपने प्रश्नों की चोट से चीजों की धज्जियाँ उड़ाने में जैसे मजा ले रहे हैं। पूरे जीवन-भर अमरीकी समाज तथा पूँजीनिष्ठ संस्कृति की बखिया उधेड़नेवाला यह कवि जब मानसिक उपचारगृह की लंबी यातना के बाद अपनी सफेद दाढ़ी और झुर्रियों से भरे चेहरे को समय के दर्पण में देखता है तो वह बहुत धीरे-से आत्मालाप की भाषा में सिर्फ इतना कहता है–

जो तुम प्यार करते हो
वही बच जाता है
बाकी सब व्यर्थ है।
जो तुम प्यार करते हो वह तुमसे
छीना नहीं जा सकता
वही तुम्हारी सच्ची विरासत है।

[1975]

रेनर मारिया रिल्के की कविता

जब कभी मैं रिल्के के बारे में सोचता हूँ तो मेरे सामने एक ऐसे उदास पार्क का दृश्य खुल जाता है, जिसमें एक अकेली बेंच है। उस पर एक धुँधली-सी आकृति बैठी है—चुपचाप और कुछ चिंतित-सी। सामने कुछ छोटे-छोटे बच्चे हैं जो शायद अपनी खोई हुई गेंद की तलाश में उधर आ निकले हैं और गेंद है कि सहसा एक बच्चे के सिर के ऊपर से होती हुई, दूसरी ओर ओझल हो जाती है। पर चिंतित व्यक्ति की आँखों में उस गेंद की उछाल अब भी अंकित है और उसके नीचे बच्चे का दौड़ना उसी तरह जारी है। शायद उसके निकट न तो अकेला बच्चा ही सत्य है, न ही उसके सिर पर से सहसा गेंद का गुजर जाना, बल्कि सत्य है इन परस्पर-स्पर्द्धी गतिचित्रों का आकस्मिक संयोग, जो जरा देर पहले घटित हुआ था और चिंतित व्यक्ति की आँखों में अब भी झूल रहा है। संभवतः उसके भीतर कोई बहुत पुराना प्रश्न था जो अकस्मात् उस दृश्य के सम्मुख हल हो गया है। वह मुस्करा रहा है—मानो परेशान बच्चे को इशारे से बता रहा हो कि गेंद तो वहाँ है—ठीक तुम्हारे सिर के ऊपर !

मुझे ठीक-ठीक याद नहीं कि यह अथवा ऐसा ही कोई चित्र रिल्के की किस कविता में आता है। पर मेरे निकट इसका एक प्रतीकात्मक महत्त्व है, क्योंकि यह एक चित्र उसकी सम्पूर्ण काव्यात्मक विशिष्टता को सूचित करने के लिए काफी है। रेनर मारिया रिल्के प्रकृति और जीवन के ऐसे ही सूक्ष्म इरादों का कवि है, जो अपने शब्दों को अर्थ की तर्कबद्ध संगति में बाँधने के बजाय, उनकी संगठित गति को एक खास दिशा की ओर मोड़कर, स्वयं उनकी ओट में खड़ा हो जाता है। यही उसकी शैली की खास दुरूहता है और यही है वह गहन दार्शनिक मुद्रा जो उसके काव्यात्मक व्यक्तित्व के चारों ओर कुहरों और परछाइयों का एक जाल-सा बुन देती है। नतीजा यह होता है कि एक उत्साही आधुनिक पाठक के ऊपर उसका असर बहुत गलत-सा पड़ता है—एक नितांत आत्मकेन्द्रित रोमाण्टिक कवि के रूप में। उदाहरणस्वरूप उसकी कविता में तारे, गुलाब, सूर्यास्त और विभिन्न ऐन्द्रिय बोधों के हल्के-धुँधले चित्र बहुत-से मिल जाते हैं। पर यह उसका पहला और ऊपरी प्रभाव है। निकट से देखने

पर वे सारे चित्र किसी दुखान्त नाटक के प्रथम दृश्य की तरह एकदम गायब हो जाते हैं और जो बच रहता है, उसका भोक्ता बनने के लिए एक विशेष प्रकार की बौद्धिक मनोदशा और भावात्मक साहस की आवश्यकता होती है—एक ऐसी तटस्थ मनोदशा जिसमें वस्तु को अपने से अलग, एक स्वतःपूर्ण इकाई के रूप में देखा जा सके।

रिल्के की कविता हमें झकझोरती तो नहीं, न ही अधिकांश आधुनिक कविताओं की तरह कोई संवेदनात्मक आघात ही देती है। उसकी पंक्तियाँ इलियट के बिम्बों की तरह एक तिक्त वास्तविकता के आस्वाद से विक्षुब्ध भी नहीं करतीं। वह महज एक अभ्यस्त 'गाइड' की तरह, बड़े इत्मीनान के साथ हमारे परिचित संदर्भ को थोड़ा-सा बदलकर हमारा रुख उस तरफ मोड़ देता है, जिधर देखने से हम बचते आ रहे थे। इलियट अगर हमें समकालीन इतिहास के भीतर होनेवाले किसी गहरे सांस्कृतिक संकट का बोध कराता है, तो रिल्के एक ऐसे आंतरिक संक्रमण के बिन्दु पर ले जाकर छोड़ देता है, जहाँ हर व्यक्ति एक दूसरे के अकेलेपन से जुड़ा हुआ, नितान्त अकेला है। यही नहीं, हर सीमित 'अकेलापन' अपने से बड़े किसी व्यापक 'अकेलेपन' के प्रति पर्युत्सुक है—

अक्सर
मैं खड़ा हो जाता हूँ एक खिड़की के नज़दीक
और देखता हूँ तुम्हें,
और उस विशाल नगर को
जिसके अविश्वसनीय दृश्य
        धीरे-धीरे धुँधले पड़ जाते हैं।
जैसे
मेरा अस्तित्व ही न हो !
जहाँ निकटतम वस्तुएँ भी
कभी बुरा नहीं मानतीं
यदि मैं उन्हें समझने में
        कभी ग़लतफ़हमी कर बैठूँ !
गली केवल वहाँ तक अपने पर विश्वास करती है
जहाँ लैम्प-पोस्ट है;
और मुझे यह विचित्र लगता है।
धीरे-धीरे हवा में
खुल जाता है एक दयनीय कक्ष
        लैम्प-पोस्ट के प्रकाश में;
और मैं जैसे हिस्सा लेने लगता हूँ
उन सबके अस्तित्व में
        जो कि अंदर हैं।

और वे
दरवाज़े बन्द कर लेते हैं।

मानवीय अस्तित्व के 'अकेलेपन' के प्रति इस तीव्र जागरूकता के कारण रिल्के का जीवन अपने अन्य समकालीन कवियों से बहुत भिन्न था। जन्म से वह आस्ट्रियन था तथा शिक्षा और संस्कार के द्वारा उसने जिस साहित्यिक परम्परा को आत्मसात् किया था, वह गेटे, हाइने और होल्डरीन के दीर्घकालीन काव्यात्मक प्रयोगों के द्वारा विकसित हुई थी। उससे कुछ पूर्व, स्टीफेन जार्ज की नई कविताएँ तत्कालीन जर्मन साहित्य में एक नये प्रकार के सौन्दर्यबोध और सूक्ष्म सांवेदिक शैली का सूत्रपात कर चुकी थीं। पर रिल्के जिस नई प्रतीकात्मकता की तलाश में था, वह उससे सर्वथा भिन्न और बहुत-कुछ विजातीय था। अब तक के सारे काव्य-आन्दोलन उसके अन्तःसंघर्ष, तथा मानवीय नियति के प्रति उसकी अदमनीय जिज्ञासा को अभिव्यक्ति की स्वतःप्रेरित दिशा देने में असमर्थ थे। अतः उसने खोज का एक बिल्कुल नया और दूरगामी मार्ग अपनाया। उसने जर्मनी की समसामयिक जीवनधारा और साहित्यिक प्रवृत्तियों से अपने को एकबारगी अलग कर लिया और नवीन प्रेरणा स्रोतों की तलाश में वृहत्तर योरप की यात्रा पर निकल पड़ा। एक तरह से वह जीवन-भर प्रवासी ही बना रहा। ज़ारकालीन रूस की ठेठ मध्ययुगीनता के साक्षात्कार से उसकी कविता में पहला मोड़ आया था और उसके बाद पेरिस, रोम, स्पेन तथा स्वीट्ज़रलैण्ड उसके उत्तरोत्तर विकासक्रम की प्रेरणाभूमि बने। यह आकस्मिक नहीं कि प्रायः उसकी सभी श्रेष्ठ कृतियाँ अपने देश से बाहर, किसी अजनबी वातावरण के बीच, लिखी गयी थीं। वह ऐसे स्थानों में 'अपने आन्तरिक अकेलेपन' को अधिक सुरक्षित महसूस करता था। किसी भी भाषा के नये कवि के लिए यह मार्ग टेढ़ा और एक हद तक खतरनाक हो सकता है। पर रिल्के के भीतर का कलाकार इस खतरे से खूब परिचित था। वह अपने रचना-क्रम के प्रत्येक अगले मोड़ पर बड़ी तीव्रता के साथ अनुभव करता था कि—

फिर भी हम क्रियाशील रहते हैं
एक अजीब सम्बद्धता में,
बिना यह जाने हुए
कि वस्तुतः हम कहाँ हैं ?

निरन्तर बाहर-बाहर रहने के कारण, धीरे-धीरे उसने अपनी दृष्टि को एक ऐसे बिन्दु पर केन्द्रित कर लिया था, जहाँ से सम्पूर्ण जर्मन संस्कृति और समसामयिक घटनाओं को एक अजनबी की तरह देखा जा सकता था—एक ऐसी जिज्ञासु, शिशु-सुलभ, वस्तुभेदी दृष्टि जो हर चीज़ को उसके मूल स्रोत तक जाकर पहली बार

देखती है। सामूहिक जीवन का हिस्सेदार वह कभी नहीं बन सका। क्योंकि उसकी विश्लेषणात्मक दृष्टि कभी समूह को समूह की तरह देख ही नहीं सकती थी, उसकी निगाह हमेशा उस शून्य पर रहती थी जिसे बड़े-से-बड़ा समूह भी अपने भीतर समान ही पाता। यथार्थ जीवन के प्रत्यक्ष परिचय के इस अभाव को उसने बचपन की स्मृतियों से भरने की कोशिश की। परन्तु कला के स्तर पर यह एक बहुत बड़ी समस्या थी—अपने ही भीतर एक प्रकार के मानसिक प्रत्यावर्तन की समस्या। उन सीधी, सच्ची और अकृत्रिम स्मृतियों तक पहुँचना आसान नहीं होता। उसके लिए एक बहुत लम्बी प्रक्रिया से होकर गुजरना पड़ता है। रिल्के के ही शब्दों में कहेंगे तो "मात्र एक कविता लिखने के लिए यह आवश्यक है कि हम बहुत से नगरों और बहुत-सी चीजों से परिचित हों, बहुत-से पशुओं, पक्षियों की उड़ान तथा उन सूक्ष्म भंगिमाओं से परिचित हों, जिन्हें एक छोटा-सा फूल खिलने से पूर्व सूर्योदय के प्रति व्यक्त करता है।··· स्मृतियाँ ही काफी नहीं होतीं। यह भी आवश्यक है कि एक कलाकार उन तमाम स्मृतियों को विस्मृत कर सकने की क्षमता भी रखता हो और साथ-ही-साथ यह धैर्य भी कि उनके पुनः लौट आने तक उनकी प्रतीक्षा कर सके। क्योंकि मूलतः स्मृतियाँ ही काम आती हैं—लेकिन तब, जब वे हमारे रक्त में घुल-मिल जायँ, हमारी दृष्टि और क्रियाओं से एकाकार हो जायँ और एक ऐसी नामहीन अवस्था में पहुँच जायँ जब उन्हें हमसे विच्छिन्न नहीं किया जा सकता। उसी दुर्लभ क्षण में किसी कविता के प्रथम शब्द का जन्म होता है···।

रिल्के का सारा जीवन भावबोध के उसी स्तर तक, स्मृतियों की उसी नामहीन अवस्था में पहुँचने का एक अनवरत प्रयास था। वह अच्छी तरह जानता था कि उन सुदूर स्मृतियों के टूटे-बिखरे सूत्रों को, उनकी सम्पूर्ण सार्थकता में, ज्यों-का-त्यों पकड़ पाना कितना मुश्किल है। और यह कि बचपन के सीधे-सादे बिम्ब भी जीवन की बड़ी वास्तविकताओं से घुल-मिलकर कितने जटिल और दुर्बोध हो जाते हैं—

> वे हरे-भरे पेड़
> जिन्हें बचपन में तुमने सजा दिया था
> एक सहज क्रम में,
> अब
> तुम्हारी सँभाल के बाहर हो गये हैं।

रिल्के का प्रयोग भाषा अथवा शैली के साथ न होकर वस्तुतः कविता की प्रकृति के साथ था। वह उसकी मूलभूत प्रकृति के नियमों में परिवर्तन करना चाहता था। इसके लिए उसने सबसे पहले भाषा को इतना लचीला और विकल्पात्मक बनाने की कोशिश की कि वह अपने-आप उसके सोचने और अनुभव करने के साँचे में ढल जाय। 'शायद', 'संभवतः' तथा 'कदाचित्' जैसे शब्दों का इतना अधिक और इतना

सार्थक प्रयोग शायद ही किसी युग की कविता में हुआ हो ! इन अनिश्चयबोधक शब्दों के द्वारा जहाँ उसने युग की मनोवैज्ञानिक स्थिति को प्रतिबिम्बित किया है, वहीं भाषा की व्यंजनाशक्ति का एक नया द्वार भी खोला है। उसकी विकल्पात्मक पदावली तथा प्रश्नात्मक शैली का बाद की योरोपीय कविता पर बहुत व्यापक प्रभाव पड़ा है। अपने लम्बे प्रयोगात्मक अनुभवों के आधार पर उसने काव्य-प्रक्रिया के सम्बन्ध में एक बहुत बड़े भ्रम का खंडन किया। उसके अनुसार कविता कवि की प्रत्यक्ष संवेदना की अभिव्यक्ति न होकर उसके विशिष्ट अनुभवों की अभिव्यक्ति होती है। 'संवेदना' से उसका तात्पर्य उन मानसिक प्रतिक्रियाओं से था, जो प्रत्यक्षीकरण के ठीक बाद होती हैं और 'विशिष्ट अनुभवों से' उन सच्ची, सुदूर, छनी हुई स्मृतियों से, जो एक लम्बी प्रतीक्षा के बाद वापस आती हैं। रिल्के के काव्य-व्यक्तित्व पर इस मान्यता का प्रभाव यह पड़ा कि उसका समकालीन यथार्थ उसकी कविताओं में रागबोध के कई स्तरों से छनकर प्रतिबिम्बित हुआ। यही कारण है कि कुछ आलोचकों को उनमें ऐतिहासिक अर्थ का नितान्त अभाव दिखाई देता है। कुछ तो जर्मनी के बौद्धिक वातावरण और कुछ अमूर्त विचारों की अभिव्यक्ति में जर्मन भाषा की सहज वरिष्ठता के कारण उसकी कविता स्वभावतः चिन्तनप्रधान हो गयी। समसामयिक यथार्थ उसके निकट केवल एक पृष्ठभूमि के रूप में था, जहाँ खड़े होकर वह जीवन की वृहत्तर समस्याओं और आन्तरिक उलझनों को एक ऐतिहासिक बिन्दु पर अनुभव कर सकता था। उसके लिए जीवन का छोटा-से-छोटा अनुभव भी एक अजीब रहस्यात्मक स्थिति का सूचक था। फूल-पत्ते इत्यादि तो काव्य के स्थायी उपादान रहे हैं, पर फल सम्बन्धी अनुभूतियों का काव्यात्मक उपयोग बहुत कम हुआ है। पर रिल्के स्वादबोध को उतने स्थूल अर्थ में ग्रहण करने के पक्ष में नहीं था, जितना सामान्यतः समझा जाता है। उसने अपनी एक कविता में संतरे के स्वाद के स्तर पर नृत्य की तीव्रतम संवेदना का बड़ा बारीक चित्र खींचा है और एक दूसरी कविता में फलों के आस्वाद की तात्कालिक प्रतिक्रिया को एक अधिक गहरे स्तर पर देखने का प्रयास किया है–

केले, गोल सेब, भूरे लाल नाशपाती, झरबेर
ये सब-के-सब
क्या तुम्हारे मुँह तक नहीं पहुँचाते
जीवन और मृत्यु के सम्मिलित आस्वाद को !

....

क्या तुम महसूस नहीं करते
अपने मुँह के अन्दर
एक बढ़ती हुई रहस्यमयता !

स्वभाव से ही चिंतन-प्रधान होने के कारण जीवन के मूलभूत प्रश्नों में उसकी रुचि बहुत गहरी थी। बल्कि एक तरह से कहा जा सकता है कि उन्हीं मूलभूत प्रश्नों से चलकर वह जीवन की ऊपरी सतह तक पहुँच पाता था। उसकी कविता के रूपविन्यास में भी लगभग यही प्रक्रिया पाई जाती है। इस अर्थ में वह अपने प्रिय कवि पाल वेलरी के बिल्कुल विपरीत था। वेलरी की अधिकांश कविताएँ किसी जीती-जागती पंक्ति से शुरू होकर एक अमूर्त विचार-लोक में समाप्त हो जाती हैं, पर रिल्के की कविता शुरू तो होगी एक आकस्मिक विचार, प्रश्न अथवा वक्तव्य के द्वारा, पर धीरे-धीरे सारे विचार एक क्रमिक आरोह के साथ यथार्थ स्थितियों से जुड़ते जायेंगे और इस तरह पूरी कविता एक जीवित इकाई के रूप में बदल जायेगी। अमूर्त से मूर्त की ओर लौटने की यह प्रक्रिया उसे अन्य आधुनिक कवियों से अलग करती है।

विचारों के धरातल पर वह नीत्शे के अधिक निकट था और जाने-अनजाने उसका सम्पूर्ण काव्य नीत्शे के इस कथन का समर्थन करता है कि वाह्य जगत की वास्तविकता को यदि प्रमाणित किया जा सकता है तो केवल सौन्दर्यबोध के स्तर पर। एक प्रसिद्ध जर्मन आलोचक के अनुसार तो उसके 'दूनो शोकगीत' का बहुचर्चित 'देवदूत' वस्तुतः नीत्शे का 'अतिमानव' ही है। इतना तो असंदिग्ध रूप से कहा जा सकता है कि जीवन की जटिलता और बिखराव को कलात्मक स्तर पर देखनेवाली दृष्टि उसे नीत्शे से ही मिली थी। उसके एक महत्त्वपूर्ण पत्र से इस बात की पुष्टि भी होती है। शिल्प की दृष्टि से कलाकार रोदाँ की कृतियों का प्रभाव उसके ऊपर बहुत गहरा था। यद्यपि अपने अंतिम दिनों में पॉल क्ली के अमूर्त चित्रों की सहज गीतात्मकता से भी वह प्रभावित हुआ था। पर रोदाँ की मूर्तियों का पुष्ट और भास्वर शिल्प उसकी अपनी कलात्मक आवश्यकता और मानसिक बनावट के अधिक अनुकूल था और उसने अपनी उत्तरकालीन कृतियों में उससे लाभ भी उठाया है। पर यें सारे-के-सारे प्रभाव केवल एक तात्कालिक समाधान-भर प्रस्तुत कर सकते थे। उसके भीतर जो मूलभूत प्रश्न थे, उनके समाधान के लिए पुनः अपने 'अकेलेपन' में लौट आने के सिवा और कोई चारा नहीं था। इस अकेलेपन की सुरक्षा की समस्या उसके जीवन की सबसे बड़ी समस्या थी।

एक तरह से रिल्के का सारा काव्य इस 'अकेलेपन' के विविध स्तरों का उद्घाटन और उसी की कलात्मक व्याख्या है। एक युवक कवि को विदेश से लिखते हुए उसने मानवीय सम्बन्धों के बीच भी इस 'अकेलेपन' की सत्ता को स्वीकार किया है। यहाँ तक कि उसके अनुसार वैवाहिक सम्बन्ध भी एक-दूसरे के 'अकेलेपन' की सुरक्षा के लिए किया गया एक प्रकार का आन्तरिक समझौता है। जाहिर है कि इस तरह निरन्तर अकेलेपन से संलाप करनेवाला व्यक्ति या तो पागल हो जायेगा या अपने व्यक्तित्व की संगति को खोकर मात्र परस्पर विरोधी विचारों और अनुभूतियों

का एक पुंज बन जायेगा। पर रिल्के की 'अकेलेपन' सम्बन्धी धारणा किसी रोमाण्टिक विचारधारा का परिणाम नहीं थी। वह वस्तुतः मानवीय अस्तित्व के उन्हीं मूलभूत प्रश्नों के साथ जुड़ी हुई थी, जिन्होंने उसे देश या विदेश में, कहीं भी चैन से बैठने न दिया। वह जैसे-जैसे अपने 'अकेलेपन' की गहराइयों में पैठता गया, वैसे-वैसे अपनी रचनाओं में वृहत्तर मानवीय 'ट्रेजेडी' के और निकट पहुँचता गया।

जीवन-भर की कलात्मक खोज और चिंतन-प्रक्रिया का परिपाक उसकी अंतिम दो कृतियों में हुआ, जिनकी रचना उसकी मृत्यु से चार वर्ष पूर्व हुई थी। इन दोनों ही कृतियों का निर्माण एक अभूतपूर्व रचनात्मक दौर में हुआ था, जो इतनी लम्बी प्रतीक्षा के बाद, जीवन के अंत में केवल तीन सप्ताह के लिए आया था। रिल्के कवि के लिए जिस धैर्य और प्रतीक्षा की बात करता था, उसका सर्वोत्तम उदाहरण उसने स्वयं अपनी इन अंतिम कृतियों में दिया। 'दूनो शोकगीत' की कुछ पंक्तियाँ इससे दस वर्ष पूर्व लिखी जा चुकी थीं और फिर वे अचानक छोड़ दी गयीं। इस बीच दूसरी बहुत-सी कविताएँ लिखी गयीं और उन पंक्तियों को छुआ तक नहीं गया। पर सन् 1922 की फरवरी में, एक दिन सहसा उसने अनुभव किया कि वह निहायत अस्पष्ट और धुँधली-सी अनुभूति जो उसे दस वर्ष पहले हुई थी, धीरे-धीरे एक विवश अनिवार्यता और जीवन के प्रति समग्र दृष्टिकोण के रूप में बदल गयी है। परिणाम यह हुआ कि पूरी कविता एक स्वतःचालित अवस्था में लिख डाली गयी। 'शोकगीत' की मूल समस्या वस्तुतः सम्पूर्ण अस्तित्व की–'होने' मात्र की–मूल समस्या है–

सिर्फ एक बार
एक बार और फिर कभी नहीं।
हम भी सिर्फ एक बार
और फिर कभी नहीं।
लेकिन यह एक बार
महज़ एक बार
पृथ्वी की कोर पर सिर्फ़ 'एक बार' 'होना'
क्या रद्द किया जा सकता है ?

रिल्के के ही शब्दों में कहें तो जीवन की 'भयानकता और आनन्द की सत्ता को पहचानना' उसकी उस कृति का मुख्य उद्देश्य है। व्यक्ति 'जो है' और व्यक्ति 'जो हो सकता है', इन दोनों स्थितियों के बीच का कभी न समाप्त होनेवाला संघर्ष पूरे 'शोक-गीत' में यहाँ-से-वहाँ तक व्याप्त है। रिल्के ने इस संघर्ष को व्यक्ति की परिधि के बाहर एक अधिक व्यापक स्तर पर पकड़ने का प्रयास किया है। इसीलिए हर शोकगीत के अन्त तक जाते-जाते उसके पीछे का प्रश्नकर्ता चुपचाप गायब हो जाता है और सारे प्रश्न सम्पूर्ण युग और परिवेश के भीतर से उभरते हुए

जान पड़ते हैं–

सच, यह अजीब है
कि पृथ्वी पर रहना अब ज़रूरी न लगे,
रीतियाँ सब-की-सब पड़ी रहें हवा में
        उपेक्षित और उदास।
परिभाषित न हों
वे सारे गुलाब और दूसरी चीज़ें
जिनसे मानव-अस्तित्व के भविष्य में विश्वास
                                        होता है;
व्यक्ति हो न पाए वह कुछ भी
जो कभी हुआ करता था
        किन्हीं अधीर हाथों में,
और अपना एकमात्र नाम भी
रख दिया जाये एक किनारे
एक टूटे हुए खिलौने की तरह।

कुछ आलोचकों ने 'दूनो शोकगीत' को बीसवीं शताब्दी की सर्वोत्तम काव्यात्मक उपलब्धि माना है। इसमें सन्देह नहीं कि आधुनिक मानव को, उसकी सम्पूर्ण जटिलता और आन्तरिक तीव्रता के साथ, कला में उतारनेवाली कोई दूसरी कृति उसकी समकक्षता में नहीं रखी जा सकती। पर 'शोकगीत' के बीच में ही, बिना किसी पूर्व योजना के, कुछ स्तुतिपरक सॉनेट भी लिख डाले गये थे, जो स्वयं रिल्के की दृष्टि में अधिक महत्त्वपूर्ण थे। इन सॉनेटों में जीवन की एक दूसरी समस्या, बिल्कुल दूसरे स्तर पर प्रतिध्वनित हुई है, जिसे वस्तु और आभास, जीवन और मृत्यु, सत्य और प्रतीक के चिरंतन द्वन्द्व की समस्या कह सकते हैं। रिल्के की सफलता इस बात में है कि उसने इन सार्वकालिक समस्याओं को जीवन की एक सच्ची करुण घटना के साथ सम्बद्ध कर लिया है और इस तरह पूरी कविता एक नितान्त व्यक्तिगत स्तर पर घटित होती है। इन सॉनेटों की एक खास विशेषता यह है कि इनमें रिल्के ने विभिन्न ऐंद्रियबोधों के संघात और सम्मिश्रण के द्वारा, अनुभूति के अगम्य स्रोतों तक पहुँचने का प्रयास किया है। ये सॉनेट केवल पंक्तियों की गणना की दृष्टि से सॉनेट कहे जा सकते हैं, परम्परागत अर्थ में ये सॉनेट नहीं हैं। इसकी रचना में एक ऐसी अबूझ-सी सादगी है, जो उसकी पुरानी कविताओं में नहीं पाई जाती। हर सॉनेट इस तरह शुरू होता है, जैसे कोई बहुत महत्त्वपूर्ण बात अचानक बीच से ही शुरू कर दी गयी हो, और बड़ी-से-बड़ी बात को व्यक्त करने के लिए कुछ भी माध्यम बन सकता है–जीवन की कोई सामान्य-सी स्थिति, रोजमर्रा का कोई अदना-सा

अनुभव, कोई बहुत पुरानी भूली हुई लोक-कथा। ये सॉनेट कला और संगीत के प्रतीक–आर्फियस के प्रति निवेदित हैं जो साथ-ही-साथ वस्तुओं के रूपान्तरण और कालगत संभावना का भी प्रतीक है–

मत उठाओ उसके स्मारक में एक भी पत्थर !
गुलाब खिलेंगे हर वसंत में उसके लिए।
क्योंकि वह आर्फियस है !
और इस एक नाम में बन्द हैं
उसके असंख्य रूपान्तरण।
यहाँ तक कि हमें दूसरे नाम के बारे में
सोचना भी नहीं चाहिए।

एक बार और हमेशा के लिए
वह केवल आर्फियस है;
जो आता है।
और चला जाता है।
और असंभव नहीं कि कुछ गिने-चुने दिनों के अन्दर
वह अतिक्रान्त कर जाय
एक सम्पूर्ण गुलाब को !

पर आह,
यह आवश्यक है कि कभी-कभी
वह अदृश्य हो जाय,
ताकि तुम उसे पहचान सको।

'शायद' और 'संभवतः' के बीच निरन्तर भटकते रहनेवाले इस कवि को जिस एक प्रतीक से सबसे अधिक प्यार था, वह था 'गुलाब'। अभिव्यक्ति की दृष्टि से इस एक शब्द के उपयोग की असंख्य विधियाँ उसे ज्ञात थीं, और आश्चर्य तो यह कि हर बार वह एक नया गुलाब होता था, पहले से सर्वथा भिन्न, और बिल्कुल नये अर्थ-संकेत के साथ। आरम्भ में उसका गुलाब रोमाण्टिक कवियों के गुलाब से बहुत भिन्न नहीं था, परन्तु धीरे-धीरे प्रौढ़तर प्रयोगों में इस गुलाब के अर्थ भी उत्तरोत्तर बदलते गये। रिल्के के विकास-क्रम का सारा इतिहास उसकी कविता में इस एक प्रतीक के क्रमशः बदलते हुए अर्थों के आधार पर अंकित किया जा सकता है। अर्थ-विज्ञान की दृष्टि से भी उसके 'गुलाब' का अध्ययन आधुनिक काव्य-भाषा की कई गुत्थियों को खोलने में सहायक हो सकता है। संभव है, 'अकेलेपन' की जिस

समस्या के साथ वह जीवन-भर जूझता रहा, उसका रहस्य भी किसी-न-किसी रूप में उसके साथ जुड़ा हुआ हो ! जीवन के आरम्भ में जो गुलाब सौन्दर्य और प्रेम का प्रतीक था, वह अन्तिम दिनों में किस तरह स्वयं कला और अस्तित्व के विरोधाभास का प्रतीक बन गया, यह केवल भाषा के विकास का ही रहस्य नहीं, आधुनिक संस्कृति के विकास का भी रहस्य है–

गुलाब–
एक पवित्र अन्तर्विरोध
असंख्य पलकों के नीचे
किसी एक की
नींद न बन पाने का
सरल आनन्द !

–समाधि-लेख

[1962]

रेने शा की कविता की अर्थवत्ता

फ्रांस के आधुनिक कवि रेने शा एक ऐसे कलाकार हैं, जिनके भीतर एक किसान-आत्मा निवास करती है। योरुप की सम्पूर्ण समकालीन कविता के संदर्भ में 'किसान-आत्मा' शब्द कुछ अटपटा-सा लग सकता है। पर रेने शा के संदर्भ में यह एक ऐसी सचाई है जो उन्हें अपने समय की पूरी पाश्चात्य कविता से अलग करती है। सामान्यतः आधुनिकता शब्द से जो अर्थ ध्वनित होता है, रेने शा का काव्य-संसार एक हद तक उसका निषेध करता है। यदि शा की दूसरे महायुद्ध के दौरान लिखी गयी कविताओं को छोड़ दिया जाये तो उनकी ज्यादातर कविताएँ ऐसी नहीं हैं, जिनमें हमारे समय के औद्योगिक समाज का सीधा हस्तक्षेप हो। पर आश्चर्यजनक बात यह है कि अपनी इस विलक्षण भूमिका के बावजूद रेने शा की कविता गहनतम अर्थों में बीसवीं सदी की कविता है।

रेने शा के व्याख्याकारों ने प्रायः कहा है कि उनकी कविता का संसार अनागरिक (गैर-शहराती) है। वे स्वयं भी पेरिस में नहीं रहते, जो न सिर्फ फ्रांस का, बल्कि समूचे समकालीन विश्व की आधुनिक संस्कृति का सबसे बड़ा केन्द्र है। पेरिस से अलग रहने और फ्रांस के सुदूर गाँव-गँवई परिवेश से जुड़े रहने की यह रचनात्मक जिद, रेने शा की एक ऐसी विशेषता है जिसे उनकी कविता के चरित्र को समझने की कुंजी कहा जा सकता है। उनकी कविता की इस विशेषता ने पश्चिम के जिन कवियों और कलाकारों को अपनी ओर आकृष्ट किया है, उनमें से एक महत्त्वपूर्ण नाम है–विलियम करोलस विलियम्स। अमरीकी कवि विलियम्स, अंग्रेजी कविता में योरोपीय परम्परा (जिसके प्रतिनिधि टी. एस. इलियट थे) के सबसे बड़े आलोचक थे। वे अपने समय की अमरीकी कविता को अमरीका की खास अपनी मिट्टी और मुहावरे से जोड़ना चाहते थे। अपने इस प्रयास में विलियम्स को रेने शा की कविता में अनेक ऐसे सार्थक संकेत मिले जो योरुप की समकालीन कविता की सीमाओं पर टिप्पणी-जैसे थे। ये सार्थक संकेत रेने शा की कविता के 'अनागरिक चरित्र' में छिपे हुए थे। परन्तु केवल 'अनागरिक' कह देने मात्र से रेने शा की कविता का ठीक-ठीक परिचय नहीं दिया जा सकता। उनमें गाँव या कस्बाई माहौल के लिए कोई रोमांटिक आग्रह नहीं है,

न ही उनकी कविता में नागरिक सभ्यता के निषेध का कोई स्वर है। उनकी कविता एक ऐसे फ्लैश-लाइट की तरह है जो एक किसान की दुनिया के किसी खास कोण से आज की सभ्यता की तरफ फेंकी जाती है और उसे वहाँ आलोकित करती है, जहाँ हमारी दृष्टि कुछ भी न देख पाने की यातना से घबराकर हार मान चुकी थी। इस अर्थ में रेने शा की कविता बीसवीं सदी के टूटते और बिखरते हुए योरोपीय समाज की सारी निराशा के विरुद्ध जीवन की एक गहरी स्वीकृति की कविता है। इस कविता का यह विधेयात्मक चरित्र एक भारतीय पाठक को बहुत अर्थपूर्ण और आत्मीय लग सकता है। अपनी कृतियों में रेने शा जो दुनिया रचते हैं, उनमें नदियों का चमकता हुआ पानी, बादाम के पेड़, जैतून के गुच्छे, अंजीर के बगीचे, घास की पत्तियाँ और देहाती मिट्टी के विविध-रंग अक्सर दिखायी पड़ते हैं। कई बार इन कविताओं के हल्के अँधेरे के पीछे हिन्दुस्तानी गाँव-जैसी झींगुर की झंकार भी सुनी जा सकती है। पर इन सारी बातों के बावजूद रेने शा मुख्यतः फ्रांस के कवि हैं–बीसवीं सदी के फ्रांस की सम्पूर्ण यातना और उल्लास के विलक्षण गायक।

सन् 1930 में रेने शा ने आंद्रे ब्रेताँ के नेतृत्व में चलनेवाले अतियथार्थवादी आंदोलन से अपने आपको सक्रिय रूप से जोड़ लिया था। यह पहला साहित्यिक आंदोलन था, जिससे वे जुड़े और जिसने उनकी कविता को दूर तक प्रभावित किया। पर उन्होंने अतियथार्थवाद से न तो स्वतःचालित काव्य-प्रक्रिया का सिद्धांत ग्रहण किया, न ही उसकी स्वप्न शैली। उन्होंने अतियथार्थवाद से जो चीज ली, वह थी–एकरूपता के विरुद्ध एक विद्रोह की चेतना। खासतौर से अतियथार्थवादी कविता के बिम्बों ने रेने शा की कविता की पूरी बनावट पर गहरा असर डाला। अतियथार्थवाद एक सामूहिक आन्दोलन था और रेने शा के आलोचकों ने इस बात की ओर लक्ष्य किया है कि इस आंदोलन के इस सामूहिक चरित्र ने उनके भीतर एक गहरा भ्रातृत्वबोध जगाया। यह उनकी कविता के भीतर से उभरनेवाले बोध का एक नया धरातल था, जिसमें एक गहरी मानवीय ऊष्मा भरी थी। यहीं उनकी कविता को वह विशेष परिप्रेक्ष्य मिला, जिसका विकास उनकी बाद की कविताओं में और स्पष्ट रूप से देखा जा सकता है।

दूसरे महायुद्ध के समय रेने शा, कविता में 'रिजिस्टेंस-मूवमेंट' के एक सक्रिय प्रवक्ता बन गये। यहाँ उनकी कविता की अपने समय की सबसे बड़ी वास्तविकता से मुठभेड़ हुई और यहीं आकर पहली बार उनकी कविता में एक राजनीतिक आयाम भी उभरा। इस बीच नाज़ी हमले के विरुद्ध कविता का जो भूमिगत आंदोलन चला, उसमें लुइ-अरागाँ और पॉल एलुआर की कविता के साथ-साथ रेने शा की कविता को भी एक अद्‌भुत लोकप्रियता प्राप्त हुई। इतिहास की यह विचित्र घटना है कि उस आंदोलन के दौरान लिखी गयीं ज्यादातर कविताएँ एकदम भुला दी गयीं। बची रह गयीं तो सिर्फ रेने शा की कविताएँ–जो अपनी शक्ति और ताज़गी के कारण

आज भी पढ़ी जाती हैं। सचाई यह है कि रेने शा के भीतर एक सच्ची और गहरी संवेदना है और अचूक कलादृष्टि, जो चीजों को तात्कालिकता के उस बिन्दु पर पकड़ती है, जहाँ वे सबसे अधिक अर्थवान होती हैं। उन्होंने इस आंदोलन से बहुत कुछ सीखा और अन्ततः इस नतीजे पर पहुँचे कि जब मानव-सभ्यता का सारा ढाँचा एक नये रूप में ढलने के लिए बेचैन हो तो यह उचित होगा कि कविता के निजी दरवाजों को बाहरी यथार्थ के बढ़ते हुए दबावों के सम्मुख पूरी तरह खुला छोड़ दिया जाये। इस तरह जहाँ पहुँचकर अनेक आधुनिकतावादी कवियों की कविताएँ लगभग नष्ट हो गयीं, रेने शा ने वहाँ से अपनी रचना के लिए नयी ऊर्जा प्राप्त की और अपने कथ्य और शिल्प के बीच एक विलक्षण संतुलन बनाये रखा।

रेने शा ने ज्यादातर गद्य-कविताएँ लिखी हैं–बहुत कुछ रिम्बो की परम्परा में। पर उनकी कविता में भाषिक जटिलता कहीं नहीं है। उनकी कविता बहुत कुछ उनके प्रदेश की उस खूबसूरत नदी की तरह है, जिसके बारे में उन्होंने अपनी एक प्रसिद्ध कविता में कहा है–

> नदी–जहाँ बिजली की चमक
> खत्म होती है
> और मेरा घर शुरू,
> नदी–जिसे तारे
> अपनी वे परछाइयाँ देते हैं
> जो वे समुद्र को नहीं देते

'नदी' एक ऐसा शब्द रूपक है, जो रेने शा की काव्य-प्रक्रिया और उसकी सम्पूर्ण प्रकृति को पूरी तरह व्याख्यायित करता है।

रेने शा मानते हैं कि कविता का सम्बन्ध मानव-जीवन के उद्यम और उसके भीतर निहित बुनियादी उत्साह से है। वे यह भी मानते हैं कि हमारी प्राचीनतम सभ्यताओं में विकसित होनेवाली हमारी सबसे पुरानी कविता की भी यही भूमिका थी और आज एक ऐसे विश्व में जहाँ युद्ध की छायाएँ निरंतर मँडरा रही हैं, कविता की भूमिका यही हो सकती है। अपने इस प्रयास में वे कविता को उसकी सतह से उठाकर भाषा और शिल्प के एक ऐसे धरातल पर ले गये हैं, जहाँ कथ्य और पाठक के बीच एक सीधा संवाद सम्भव है। इस तरह उन्होंने कविता में एक अद्भुत सूत्र-शैली का आविष्कार किया है–जैसी धर्म-ग्रंथों में पायी जाती है। अपनी इस शैली में वे कई बार तथ्यात्मक या उपदेशात्मक भी लग सकते हैं, पर शब्दों के पीछे काम करनेवाला एक संवेगात्मक और वैचारिक आवेग वहाँ निरन्तर मौजूद रहता है। अपनी इस विशिष्ट शैली के द्वन्द्वन्याय की व्याख्या करते हुए अपनी एक कविता में उन्होंने कहा है कि एक कवि के भीतर वृक्ष और पक्षी दोनों अभिन्न रूप से जुड़े होते हैं।

उनकी कविता में दो विरोधी तत्त्वों के टकराते रहने और फिर भी अविच्छिन्न रूप से जुड़े रहने की यह विडम्बना बराबर दिखायी पड़ती है।

सन् 1906 में जन्मे रेने शा इस समय फ्रांस के वयोवृद्ध कवियों में सबसे अधिक सम्मानित कवि हैं। उनके लिखने का क्रम अब भी जारी है और वे अब भी इस विश्वास पर अटल हैं कि मनुष्य न तो सूर्य की सम्पूर्ण ऊर्जा को निचोड़ लेने में अब तक समर्थ हुआ है, न ही इस पदार्थमय विश्व में निहित काव्यात्मक ऊर्जा को। वे अपनी कविता के द्वारा उसी ऊर्जा को शब्दों में बूँद-बूँद निचोड़ लेने की कोशिश करते हैं और इस प्रकार, जहाँ पश्चिम में कला के भविष्य के प्रति एक बहुत बड़ा समुदाय खिन्न या निराश है, वहाँ कविता की सक्रिय और विधेयात्मक भूमिका के प्रति एक नयी आस्था जगाते हैं। हाल में प्रकाशित उनकी 'दीर्घ जीवन' शीर्षक कविता में एक गहरा उद्वेलन दिखायी पड़ता है, जो इस बात का प्रमाण है कि कला को मानव-उद्यम की अपरिहार्यता से जोड़नेवाला यह कवि आज भी—अपने लम्बे जीवन के इस अंतिम दौर में भी—अपने समाज और अपने समय के अन्तर्विरोधों के प्रति पूरी तरह सजग है—

मेरे देश में
ऊँचे आदर्शों की तुलना में
बसंत के कल्ले
और बदरंग गौरैयाँ ज़्यादा पसन्द की जाती हैं

सचाई
एक मोमबत्ती की बगल में
सुबह का इंतज़ार करती है
मेरे देश में

खिड़कियों के शीशे
अनधुले पड़े रहते हैं
यह दृश्य किसी को परेशान नहीं करता

मेरे देश में
उस आदमी के बारे में कुछ नहीं कहा जाता
जिसे भावना छू गयी हो।

एक उल्टी पड़ी नाव में
कोई छाया नहीं होती

शुभ दिन !
मेरे देश में कोई नहीं कहता—'शुभ दिन'
तुम उधार नहीं ले सकते
यदि तुम सूद सहित लौटा न सको

मेरे देश के पेड़
पत्तों से लदे हैं
उनकी डालें स्वतंत्र हैं
न फलने के लिए

तुम विश्वास नहीं कर सकते
एक विजेता की सद्‌भावना पर

मेरे देश में लोग
कहते हैं—'धन्यवाद' !

[1981]

समकालीन अंग्रेजी कविता

दूसरे महायुद्ध के बाद की अंग्रेजी कविता, ख़ासतौर से ब्रिटिश कविता का इतिहास एक ऐसी नदी की तरह है, जिसमें बरसों से बाढ़ न आई हो। परन्तु नदी का इतिहास—कविता के इतिहास की तरह ही—सिर्फ बाढ़ के आने और जाने का इतिहास नहीं होता। जब पानी सतह पर चुपचाप बहता-सा दिखता है, तब भी उसके तल में ऐसा बहुत कुछ घटित होता रहता है, जो नदी को हर पल नया और ताजा बनाये रखता है। पिछले चार दशकों की अंग्रेजी कविता का इतिहास लगभग वैसा ही है। वहाँ आन्दोलनों के विस्फोट शायद न सुनायी पड़ें, पर नयी-नयी प्रवृत्तियों की उत्पत्ति की आहटें और फिर उनके विलयन की खामोशी जरूर सुनायी पड़ेगी।

अंग्रेजी कविता के साथ भारतीय मानस की मुठभेड़ का इतिहास खासा पुराना है। रोमाण्टिक कविता और फिर आधुनिकतावादी कविता से बीसवीं शताब्दी की भारतीय कविता की जान-पहचान, सारी भौगोलिक दूरी के बावजूद, कुछ इस तरह रही है, जैसे वह उसके पड़ोस में घटित कोई सांस्कृतिक घटना हो। इस जान-पहचान के नतीजे हमेशा सुखद ही रहे हों, ऐसा नहीं है। पर काफी समय तक हमारे पूरे साहित्यिक माहौल को आकार देने में जाने-अनजाने उस जान-पहचान की एक निश्चित भूमिका रही है। पिछले कुछ वर्षों में इस स्थिति में थोड़ा परिवर्तन आया है। कविता की दुनिया में इस परिवर्तन का एक ठोस परिणाम यह है कि अभिरुचि और आस्वाद के स्तर पर हमारे साहित्यिक रिश्ते बदले हैं। यह अकारण नहीं है कि पिछले कुछ वर्षों में तीसरी दुनिया (खासतौर से अफ्रीका और लैटिन अमेरिका) की कविता के साथ हमारे परिचय का दायरा थोड़ा विस्तृत हुआ है और साथ ही पश्चिमी योरुप से हटकर पूर्वी योरुप की कविता को जानने और किसी हद तक उससे जुड़ने की आकांक्षा हमारे भीतर बढ़ी है। साहित्यिक भूगोल में होनेवाले इस परिवर्तन के पीछे बेशक हमारी आन्तरिक परिस्थितियाँ सक्रिय रही हैं, पर पश्चिमी दुनिया के आधुनिकतावादी आन्दोलनों में आये ठहराव ने भी परोक्षतः ही सही, इस परिवर्तन की गति को नये क्षेत्रों की ओर मोड़ने में एक खास भूमिका निभायी है।

ऐसा नहीं कि यह परिवर्तन केवल हमारे साहित्यिक भूगोल में ही घटित हुआ। अंग्रेजी कविता को भी पिछले कुछ वर्षों में अपनी नयी पहचान का साँचा गढ़ने के लिए एक चुपचाप, मगर लम्बा संघर्ष करना पड़ा है। इस संघर्ष को नये क्षेत्रों से (जैसे अफ्रीका कैरेवियन देशों से) चुनौतियाँ भी मिली हैं और एक खास तरह की रचनात्मक उत्तेजना भी। लगभग पिछले दो दशक आंग्ल-अमरीकी कविता के लिए गहरे आत्म-परीक्षण के दशक रहे हैं, जिनमें एक ओर अपनी जड़ों की ओर लौटने की आकांक्षा दिखाई पड़ती है तो दूसरी ओर अपनी भौगोलिक सीमाओं से बाहर नये साहित्यिक रिश्तों की तलाश की कोशिश भी। अपनी इस कोशिश में अंग्रेजी कविता का संघर्ष हिन्दी कविता के अपने संघर्ष से अंशतः मिलता-जुलता है और इसीलिए हमारे निकट उसकी एक खास अर्थवत्ता है।

अंग्रेजी कविता, और विशेष रूप से ब्रिटिश कविता की एक लड़ाई तो इस बात को लेकर रही है कि वह अपनी चिरपोषित शालीनता या आभिजात्य की खोल से किस तरह बाहर निकले। सन् 1962 में पैंग्विन द्वारा प्रकाशित 'द न्यू पोएट्री' (नयी कविता) नामक अपने प्रसिद्ध संकलन में ए. अलवारेज ने लगभग चेतावनी के स्वर में कहा था—"मेरा अपना अनुभव यह है कि आज इंग्लैण्ड में बड़ी संख्या में कवि-प्रतिभाएँ मौजूद हैं। परन्तु यह स्थिति किसी परिणति तक पहुँचती है या नहीं, यह किसी साहित्यिक हंगामे पर नहीं, बल्कि बहुत कुछ इस बात पर निर्भर करता है कि ये कवि किस हद तक सौजन्य या शालीनता के उस रोग से अप्रभावित रह पाते हैं, जो अंग्रेजी संस्कृति में अक्सर पाया जाता है।"

उपर्युक्त कथन में जिन कवियों की ओर संकेत किया गया है, आज वे युद्धोत्तर अंग्रेजी कविता के इतिहास का अंग बन चुके हैं। अंग्रेजी शालीनता की खोल से वे किस हद तक बाहर निकले या फिर नहीं निकले, इसकी छानबीन अलग से की जा सकती है। परन्तु इस तथ्य से इनकार नहीं किया जा सकता कि फिलिप लार्किन, टेड ह्यूज और सिल्विया प्लाथ ने अपने रंगारंग कृतित्व से अंग्रेजी कविता के इतिहास में ऐसा बहुत कुछ जोड़ा है, जो न सिर्फ नया है, बल्कि कला के उन विशिष्ट तत्त्वों से समन्वित भी है, जिनसे कविता को स्थायित्व की गरिमा मिलती है। फिलिप लार्किन को केवल उनके चार छोटे काव्य-संकलनों के आधार पर जो व्यापक स्वीकृति और लोकप्रियता मिली, वह आधुनिक काव्येतिहास की एक अद्भुत घटना है। अपने समय की कविता को येट्स-इलियट के बजाय टामस हार्डी की परम्परा से जोड़ने का जो उन्होंने प्रयास किया, वह अपनी भाषिक जड़ों की ओर लौटने की एक दिलचस्प कोशिश थी, जिसने ब्रिटिश कविता को दूर तक प्रभावित किया।

टेड ह्यूज और सिल्विया प्लाथ जीवन में चाहे अभिन्न रहे हों, पर कविता में उनके व्यक्तित्व एकदम अलग हैं। इन दोनों कवियों ने शालीनता के मिथक को तोड़ने की भरपूर कोशिश की, टेड ह्यूज ने अपनी कविता में पशुजगत की हिंस्र

उपस्थिति के द्वारा और सिल्विया प्लाथ ने अपनी विक्षुब्ध, बेबाक और लगभग आक्रामक काव्यात्मक अभिव्यक्तियों के जरिए। इस कार्य में सिल्विया प्लाथ की कविता ने किसी भी अन्य कवि की तुलना में ज्यादा बड़ी भूमिका निभायी। टेड ह्यूज ने एक उल्लेखनीय काम यह किया कि उन्होंने अपनी कविता का मॉडल आधुनिकतावादी कवियों की तरह, पश्चिम योरुप की कविता में नहीं, बल्कि वास्को पोपा और या. वोश पिलिंस्की जैसे पूर्वी योरुप के कवियों में खाजा। यह अंग्रेजी कविता का एक बिल्कुल नया साहित्यिक रिश्ता था, जिसने अपने समय की काव्यभाषा को लोककाव्य-जैसा लचीलापन और एक अद्‌भुत मिथकीय गहनता प्रदान की।

युद्धोत्तर अमरीकी कविता में शालीनता और आक्रामकता, अनुभव के ये दोनों छोर लगभग साथ-साथ सक्रिय रहे हैं। एलेन गिन्सबर्ग और एनी सेक्स्टन-जैसे कवियों में यदि भ्रदलोक की सुरुचि को छिन्न-भिन्न करने की एक सचेत कोशिश दिखायी पड़ती है जो जान एशबरी और राबर्ट क्रीले-जैसे कवियों में उसे बनाये और बचाये रखने की एक कलात्मक विकलता भी। जिसे आत्मस्वीकृतिपरक कविता (कनफेशनल पोयेट्री) कहा जाता है, वह इस बीच की अमरीकी कविता की अपनी एक खास पहचान जरूर है, पर उस तरह की अधिकांश कविताओं में वह सर्जनात्मक नैतिक साहस नहीं दिखाई पड़ता जो अपने समय के सौन्दर्यबोधात्मक मान और मूल्यगत ढाँचे को किसी हद तक छिन्न-भिन्न करता है। फिर भी यह तथ्य अपनी जगह है कि काव्य-भाषा और कविता के रूप के स्तर पर अमरीकी कवियों ने अधिक खुलेपन का परिचय दिया और इस तरह अपने समसामयिक ब्रिटिश कवियों की तुलना में कविता की मुक्ति की लड़ाई को थोड़ी और गति तथा ऊर्जा प्रदान की। इस कार्य में अपने जोखिम-भरे नैतिक साहस के कारण 'ब्लैक' कवियों का योगदान अधिक महत्त्वपूर्ण माना जा सकता है। पर वह कविता की एक अलग दुनिया है, जो अलग से पड़ताल की अपेक्षा रखती है–पहली दुनिया के समानान्तर एक दूसरी दुनिया, जिसकी अलग से जाँच-परख की जानी चाहिए।

लार्किन और टेड ह्यूज के बाद ब्रिटिश कविता में कवियों की जो नयी पीढ़ी सामने आयी, उसमें सबसे चर्चित नाम आयरिश कवि साइमस हीनी का है। हीनी के आगमन के साथ अंग्रेजी कविता के संवेदनात्मक धरातल में एक और परिवर्तन दिखाई पड़ता है, जिसका भौगोलिक केन्द्र लंदन नहीं, बल्कि उत्तरी आयरलैण्ड है। हीनी ने अपने एक प्रमुख काव्य-संकलन का नाम जब 'नार्थ' (उत्तर) रखा तो कदाचित् वे संवेदना-भूमि के इसी स्थानान्तरण को रेखांकित करना चाहते थे। हीनी के बाद उत्तरी आयरलैण्ड में युवा कवियों की एक पूरी पीढ़ी उठ खड़ी हुई, जिनकी कविता का रंग-रूप और स्वभाव हीनी से मिलता-जुलता था। काव्यभूमि का यह भौगोलिक स्थानान्तरण आकस्मिक नहीं था–वस्तुतः इसकी शुरुआत डब्ल्यू-बी. येट्स के द्वारा

ही हो गयी थी और उन्होंने ही पहली बार आधुनिक अंग्रेजी कविता को आयरिश इतिहास और भूगोल से जोड़कर एक नयी ऊँचाई और एक गहरी विश्वसनीयता प्रदान की थी। परन्तु इस प्रवृत्ति को लगभग एक आन्दोलन का रूप बहुत बाद में मिला—सन् 60 और 70 के दशक में—साइमस हीनी, डेरेक महोन और माइकेल लांगले-जैसे कवियों के द्वारा। 'स्थानीयता' एक ऐसा शब्द है, जो इन कवियों की विशेषताओं को सूचित करने के लिए नितान्त अपर्याप्त होगा। हालाँकि यह भी सच है कि उनका बुनियादी चरित्र-लक्षण बहुत कुछ उनके भौगोलिक परिवेश से ही निर्धारित होता है। इस धारा के कवियों में बहुत कुछ ऐसा है, जिसे समकालीन हिन्दी-कविता के समानान्तर रखकर देखा जा सकता है।

इन नये कवियों के यहाँ एक और नयी बात दिखायी पड़ती है और वह है कविता में वर्णनात्मकता की वापसी। जब भी काव्य-संवेदना में कोई महत्त्वपूर्ण परिवर्तन घटित होता है तो वर्णनात्मकता एक नये तेवर के साथ लौटने की कोशिश करती है। कुछ आलोचकों ने इसी आधार पर इस काव्य-प्रस्थान को 'उत्तर आधुनिकता' की प्रवृत्ति से जोड़ने का प्रयास किया है और अपनी बात की पुष्टि के लिए इनकी कविता में 'सुंदर का तिरस्कार', 'अन्त का खुलापन' और 'यथार्थ के बजाय कल्पनाशीलता पर अधिक बल देना'-जैसे कुछ अन्य उत्तरआधुनिक चरित्र-लक्षणों को भी ढूँढ़ निकाला है।

लगभग आयरिश युवा कवियों के समानान्तर ही अंग्रेजी कविता में एक और नयी प्रवृत्ति का उदय हुआ, जिसे इसके पुरस्कर्ता कवि क्रेग रेन के 'ए मार्शियन सेण्ड्स ए पोस्टकार्ड होम' (मंगलग्रहवासी घर भेजता है एक पोस्टकार्ड) नामक संग्रह के आधार पर 'मार्शियन स्कूल' का नाम दिया गया। इस स्कूल के कवियों के यहाँ एक खास बात यह दिखायी पड़ती है कि ये अपनी दुनिया की व्याख्या अपनी प्रखर कल्पना-शक्ति और अपने मौलिक बिम्बों के द्वारा करते हैं। इसका अर्थ यह हुआ कि इनके देखने के ढंग से ही इनके भावबोध की विशिष्टता निहित है। देखने का यह ढंग सबसे अधिक इनके बिम्बों में व्यक्त होता है और इन बिम्बों का नयापन सबसे अधिक इस बात में होता है कि इनकी स्रोतभूमि ज्यादातर वह ठोस तकनीकी दुनिया होती है, जिसमें ये कवि रहते हैं। अपनी पूरी बनावट में ये कवि नागरिक जीवन के कवि हैं जो उन्हीं उपकरणों से कविता को रूपायित करते हैं, जिन उपकरणों की प्रयोगविधि से आधुनिक जीवन जाना-पहचाना जाता है। युद्धोत्तर पीढ़ी के कवियों पर इस स्कूल का व्यापक रूप से प्रभाव पड़ा है। परन्तु यह भी सच है कि अपने रूपाकार की सारी नवीनता के बावजूद मार्शियन स्कूल का महत्त्व उसकी उपलब्धियों में कम और सर्जनात्मक संभावनाओं में अधिक है। क्रेग रेन की एक प्रसिद्ध कविता का यह टुकड़ा उसी नई काव्यात्मक संभावना की ओर एक दृढ़ संकेत है—

खुली यातना सहने की अनुमति सिर्फ युवकों को है
वयस्क जाते हैं यातनागृह में बिना भोजन के–
और सिर्फ पानी के साथ
वे बन्द कर लेते हैं दरवाज़ा और निपट अकेले में
सहते हैं शोर
छूटता कोई नहीं और हरेक की पीड़ा की गंध
अलग-अलग होती है।

[1992]

कुछ टिप्पणियाँ

प्रतिबद्धता केवल विचार नहीं है

प्रतिबद्धता का प्रश्न नया नहीं है। पिछले दस-पंद्रह साल से इस पर विचार होता रहा है। शुरू में 'प्रतिबद्धता' शब्द के प्रति कहीं कोई झिझक रही भी हो तो अब वह लगभग समाप्त हो गयी है। यह इस बात का सबूत है कि पिछले डेढ़-दो दशकों में हमारे सोचने-विचारने के तरीके में महत्त्वपूर्ण परिवर्तन हुआ है। इस परिवर्तन का सीधा असर हमारी सोचने की भाषा पर पड़ा है। प्रतिबद्धता उसी बदली हुई भाषा का एक रूप है—लेकिन वह सिर्फ भाषा का एक रूप नहीं है। अन्य बातों को छोड़ भी दें तो इतना साफ है कि प्रतिबद्धता का वही अर्थ नहीं है जो सामान्यतः हम 'आस्था' शब्द से लेते हैं। ये दो अलग-अलग ऐतिहासिक संदर्भों से जुड़े हुए मूल्य हैं, जो एक-दूसरे के पर्याय नहीं हो सकते। आस्था एक विश्वासमूलक प्रत्यय है, जबकि प्रतिबद्धता एक ऐसी बौद्धिक अवधारणा, जिसका रुख कर्म की ओर है। कृष्ण या राम के प्रति सूर या तुलसी की प्रेम की जो एकनिष्ठ घोषणा है, उसे आलंकारिक रूप में चाहे कोई प्रतिबद्धता कह ले, पर इस शब्द को जो एक ऐतिहासिक अर्थ मिल गया है, उसके अनुसार वह प्रतिबद्धता नहीं है।

आज के संदर्भ में एक लेखक या कलाकार के निकट प्रतिबद्धता उसकी कला का राजनीतिक आयाम है। यह कला पर लगाया जानेवाला कोई अंकुश या 'सेंसर' नहीं, बल्कि हमारे समय के यथार्थ की ओर खुलनेवाला एक ऐसा दरवाजा है जो कला की अन्तर्निहित शक्ति और उसकी संभावना को विशालतर बनाता है। एक ऐसे समय में जब मानव-विरोधी शक्तियों और पूरी व्यवस्था की महीन मार कला को धीरे-धीरे निष्क्रिय और निष्प्राण बना देने पर तुली हो तो उसको बचाये रखने का शायद वह एकमात्र तरीका है। हाँ, यह जरूर है कि एक प्रतिबद्ध लेखक की रचनात्मक चुनौतियाँ कई गुना बढ़ जाती हैं। क्योंकि अंततः उसकी प्रतिबद्धता आकार पाती है शब्द के द्वारा और शब्द से सामना होते ही लेखक एक बिलकुल नयी किस्म के संघर्ष में प्रवेश करता है, जिसकी हार या जीत का निर्माता वह स्वयं होता है। इसका मतलब यह हुआ कि केवल प्रतिबद्ध होना कला की उत्कृष्टता की गारंटी नहीं है। पर वह आज के विशेष संदर्भ में एक सृजनात्मक दबाव जरूर है, जो कला को

प्रेरित करता है कि वह चीजों के बदलते हुए संबंधों के बीच अपनी नयी सार्थकता और संगति तलाश करे।

ऊपर जो कहा गया है, उसका एक सीधा अर्थ यह हुआ कि प्रतिबद्धता का कोई एक सार्वभौम अर्थ नहीं हो सकता। लेखक जिस खास आर्थिक, राजनीतिक और सांस्कृतिक परिवेश में रचना कर रहा है, उसकी प्रतिबद्धता का अर्थ उसी के द्वारा निर्धारित होगा। ऐसी स्थिति में अमूर्त 'मानव' या कोरी रचना के प्रति प्रतिबद्धता का कोई अर्थ नहीं रह जाता। एक भारतीय लेखक की प्रतिबद्धता भारतीय जन की मुक्ति के लिए होनेवाले संघर्षों में ही अपना आकार खोज सकती है। यह तीसरी दुनिया के लेखक की एक ऐसी नियति है, जिससे आँख बचाकर वह नहीं निकल सकता। यह अकारण नहीं है कि आज पूरे विश्व में कला (खासतौर से कविता) अपने परम्परागत केंद्रों से हटकर, उन देशों और समाजों में अपने लिए नये केंद्र खोज रही है, जहाँ संघर्ष की गति अधिक तेज है—जैसे लैटिन अमेरिका या अफ्रीका के कुछ देश। भारत की स्थिति उन देशों से बहुत भिन्न नहीं है। इसलिए यहाँ के लेखक को भी कला के नये तत्त्वों की तलाश के लिए, मुक्ति के लिए होनेवाले वृहत्तर प्रयासों से किसी-न-किसी स्तर पर जुड़ना होगा। जाहिर है, लेखक जिस स्तर पर किसी वस्तु से जुड़ता है, उसका सबसे विश्वसनीय आधार उसकी संवेदना है। इसलिए इस तथ्य को अच्छी तरह समझ लेना चाहिए कि साहित्य में सच्ची प्रतिबद्धता वहीं जन्म लेती है, जहाँ कला लेखक की संवेदना और उसके वैचारिक झुकाव को एक विलक्षण जादुई संतुलन में बदल लेती है।

[1981]

युद्ध और मानवीय संवेदना

साम्राज्यवाद जिस किसी शक्ल में आएगा, उससे युद्ध के खतरे बढ़ेंगे। यदि आज अंतरराष्ट्रीय राजनीति के मंच पर सारी शक्तियाँ चेहरा बदलकर नए रूप में सामने आ रही हैं तो यह एक चिंता की बात है। जागरूक साहित्यकार इस स्थिति से प्रभावित हुए बिना नहीं रह सकता। अब सवाल है कि हम नव-साम्राज्यवाद को किस तरह परिभाषित करते हैं। उसके स्वरूप की व्याख्या को लेकर मतभेद हो सकते हैं, पर जब हम साम्राज्यवाद की चर्चा करते हैं तो हमारा ध्यान सबसे पहले पश्चिमी देशों के गठजोड़ की तरफ जाता है, जिसका सूत्रधार अमेरिका है। साहित्य और कला की दुनिया में भी साम्राज्यवादी शक्तियाँ कई रूपों में सक्रिय हैं। जनता के पक्षधर साहित्यकार को शीतयुद्ध के इन हथकंडों के प्रति सतर्क रहकर अपनी भूमिका निभानी होगी।

शब्द की शक्ति में मेरा विश्वास है, इसलिए समझता हूँ कि युद्ध के संकट का विरोध साहित्य के अध्ययन से संभव है। यद्यपि ऐसा नहीं है कि साहित्य युद्ध को समाप्त कर सकता है। हम सभी जानते हैं कि युद्ध के कारण साहित्य के बाहर होते हैं, पर मानवीय संवेदना को जगाने की शक्ति इसमें होती है। इस संदर्भ में यह एक बड़ा हथियार है। साहित्यकार इसी हथियार से युद्ध की विभीषिका से लड़ता आया है और लड़ता रहेगा।

मानवीय संवेदनाएँ जिस हद तक मानवीय होती हैं, युद्ध-विरोधी भी होती हैं। यहाँ तक कि प्राचीन साहित्य भी, जिसको वीर रस कहा जाता है, अपने सर्वोत्तम रूप में मानव-विरोधी कदापि नहीं है। मनुष्य की सच्ची संवेदनाएँ चूँकि मानवधर्मी हैं, इसलिए अनिवार्यतः युद्ध-विरोधी भी हैं। वैसे कहा जा सकता है कि प्रेम, करुणा, मैत्री इत्यादि की सौंदर्यमूलक संवेदनाएँ अधिक विध्वंस-विरोधी होती हैं, पर मेरा खयाल है कि मानवीय संवेदनाओं को व्यापक अर्थ में लेना चाहिए।

मानव सभ्यता के विकास के साथ मानवीय संवेदना के धरातल भी बदले हैं। जाहिर है कि युद्धविरोधी साहित्य लिखने के लिए संवेदना के नवीनतम विकास को अर्जित करना आवश्यक है। दूसरे शब्दों में, आज केवल मध्ययुगीन संवेदना के स्तर

पर आधुनिक विभीषिका का पूरी तरह सामना नहीं किया जा सकता।

युद्ध-विरोधी साहित्य की कमी का बड़ा कारण यह है कि निकट अतीत में जो दो विश्वयुद्ध हुए, उनका प्रत्यक्ष प्रभाव भारत पर नहीं पड़ा। दूसरे महायुद्ध के समय कलकत्ता थोड़ा-सा प्रभावित हुआ अवश्य, पर यह प्रभाव वहीं तक सिमटा था। परोक्ष प्रभाव अधिक व्यापक पड़ा। आर्थिक मंदी से महँगाई बढ़ी और साम्राज्यवादी दमनचक्र भी तीव्र हुआ, लेकिन ऐसा नहीं है कि हिंदी में युद्ध पर साहित्य बिल्कुल लिखा ही नहीं गया। दिनकर का 'कुरुक्षेत्र' इसी संदर्भ में आया था। उस काल की पत्र-पत्रिकाएँ देखी जाएँ तो अनेक युद्ध-विरोधी कविताएँ मिलेंगी। मसलन 'हंस' (पुराना), 'नया-साहित्य' और दूसरी प्रगतिशील पत्रिकाओं में यह बात विशेष रूप से देखी जा सकती है।

तीसरी दुनिया के देशों में जो गृहयुद्ध हो रहे हैं, उनका स्वरूप और प्रकृति एक नहीं है। उदाहरणार्थ निकारागुआ और श्रीलंका में जो आंतरिक संघर्ष है, वह एक-सा नहीं है, इसलिए गृहयुद्ध के बारे में लेखक का दृष्टिकोण गुणदोष के रूप में बनाया जाना चाहिए। जो गृहयुद्ध जनता के व्यापक हितों की रक्षा और मुक्ति के लिए लड़े जाते हैं, जाहिर है कि लेखक की उनके प्रति सहानुभूति होगी ही। यदि किसी बाहरी षड्यंत्र के तहत कोई विघटनकारी तत्त्व या वर्ग गृहयुद्ध की स्थिति उत्पन्न करता है, जैसे पंजाब, निकारागुआ में, तो वैसी दशा में उसे जनविरोधी माना जाना चाहिए और लेखक को उसके विरुद्ध आवाज उठानी चाहिए।

[1988]

हिंसा और लोकतंत्र

हिंसा के प्रश्न का सीधा संबंध मानव-जीवन के व्यापक स्वरूप से है और इस नाते वह हमारी चिंता का एक मुख्य विषय है। हम अच्छी तरह जानते हैं कि इस प्रश्न ने हमारे इतिहास के बहुत आरंभिक काल में अनेक चिंतकों एवं महापुरुषों को विचलित किया था। बुद्ध का नाम इस संदर्भ में सहज ही याद आता है। जहाँ तक एशियाई संदर्भ का सवाल है, मेरे पास कोई स्पष्ट आँकड़ा नहीं है, जिसके आधार पर बहुत प्रामाणिक ढंग से कह सकूँ। पर मेरा मानना है कि हिंसा में होनेवाली वृद्धि एक विश्वव्यापी वास्तविकता है और एशियाई देशों में बढ़नेवाली हिंसा को भी उसके साथ जोड़कर देखा जाना चाहिए। हो सकता है, तथाकथित विकसित देशों की हिंसा और तीसरी दुनिया की हिंसा के स्वरूप में थोड़ा अंतर हो, किंतु कुल मिलाकर हिंसा का एक विश्वव्यापी पहलू है, जिससे काटकर इस विषय पर चर्चा नहीं की जा सकती।

मार्क्सवादी चिंतन और व्यवहार दोनों ही क्षेत्रों में आज बड़े स्तर पर आत्म-परीक्षण और पुनर्विचार की प्रक्रिया चल रही है। रूस में होनेवाली घटनाओं ने बेशक हमें नए सिरे से सोचने के लिए विवश किया है कि हिंसक क्रांति के गर्भ से पैदा होनेवाली नई व्यवस्था ऐसी नहीं है, जिसे आँख मूँदकर एक ऐतिहासिक आवश्यकता के रूप में स्वीकार कर लिया जाए। यहाँ भी पुनर्विचार की गुंजाइश है, और वह प्रक्रिया चाहे जितनी पीड़ादायक हो, पूरे वामपंथी चिंतन को उससे गुजरना होगा। मैं हिंसा को अपरिहार्य नहीं मानता। पिछले दिनों रूस में जो घटनाएँ घटी हैं और जो व्यापक उलट-फेर हुए हैं, उनका सबसे चौंकानेवाला पहलू यह है कि वह सब कुछ हिंसा के बगैर हुआ है। हम बाकी चीजों को छोड़ भी दें तो यह अपने आपमें एक नई सीख है, जिसके आलोक में राजनैतिक परिवर्तन की सारी प्रक्रिया की जाँच नए सिरे से होनी चाहिए।

जहाँ तक रूस और अमेरिका के बीच तनाव-शैथिल्य और उस संबंध में होनेवाली वार्ताओं का सवाल है, मुझे वे हमेशा अधूरी और अपर्याप्त लगती रही हैं। यह मानना भी अपने आपमें पूरी तरह ठीक नहीं है कि तनाव-शैथिल्य का संबंध केवल दो महाशक्तियों के तनाव-शैथिल्य से है। और इस स्थिति में और भी ज्यादा,

जबकि महाशक्तियों के स्वरूप में ही मूलभूत परिवर्तन घटित हुआ हो। इस समय विश्वशांति को खतरा विश्वयुद्ध से नहीं, बल्कि व्यापक आर्थिक ऋणजाल और भयदोहन (ब्लैकमेलिंग) से है, जिसमें पिछले दिनों तेजी से वृद्धि हुई है। मेरे लिए यह विश्वयुद्ध से भी ज्यादा खतरनाक स्थिति है, क्योंकि इसमें शत्रु सतह पर दिखाई नहीं पड़ता। इसलिए वह वार करने की दृष्टि से हमेशा एक सुविधाजनक स्थिति में होता है। इस स्थिति पर व्यापक रूप से बहस होनी चाहिए, जो अभी होती दिखाई नहीं पड़ रही है।

राजनैतिक दल असामाजिक तत्त्वों से संबंध विच्छिन्न कर लें और चुनावों के दौरान इन तत्त्वों के सहयोग से चुनावों में होनेवाली धाँधली और भ्रष्टाचार से अपने को मुक्त रखें, यह एक ऐसी माँग है जो व्यावहारिक दृष्टि से इस समय लगभग असंभव दिखाई दे रही है, क्योंकि यह एक ऐसा रोग है, जिसमें कमोबेश सारे राजनीतिक दल शामिल हैं और जैसे-तैसे सत्ता में बने रहने की जो कुर्सी-दौड़ शुरू हुई है, वह बार-बार उन्हें हिंसा जैसे हथियार को आजमाने के लिए उकसाती है क्योंकि इस पद्धति के जरिए जनमत को तोड़फोड़ लेना सबसे आसान होता है। मेरे सामने कोई सीधा समाधान इन स्थितियों का नहीं है, सिवा इसके कि स्वयं वृहत्तर जनसमुदाय को इसके विरुद्ध शिक्षित किया जाए और फिर वह प्रतिरोध के लिए उठ खड़ी हो। मुझे इस बात की जानकारी नहीं है कि भारतीय संदर्भ में यह काम कौन-सा दल कर रहा है, मैं सिर्फ इतना जानता हूँ कि इस सारी परिस्थिति के बीच सबसे अधिक अप्रासंगिक जो समुदाय हो गया है वह खुद बुद्धजीवी समुदाय है। वह इनसे चिंतित होता है, वह इस पर बहस-मुबाहसा भी करता है पर फिर चुप हो जाता है। मुझे लगता है कि इस समस्या से दो-चार होने के लिए बुद्धिजीवियों को ज्यादा सक्रिय रूप में अपने वैचारिक प्रतिरोध को सामने लाना चाहिए, जैसा कि कई बार विकसित देशों—फ्रांस वगैरह—में हम देखते हैं।

आजादी के पहले और आजादी के बाद की परिस्थितियों में एक बहुत बड़ा अंतर तो यही आया है कि तब हमारे बीच महात्मा गांधी-जैसे नेता थे, जिनके चिंतन और कर्म में एक हद तक संतुलन था। इसलिए जब महात्मा गांधी हिंसा के विरुद्ध बोलते थे तो उसका बड़ा असर होता था। आज ऐसा कोई नेतृत्व हमारे बीच नहीं है, और जो है उसकी सोच और व्यवहार में भयानक फाँक है। इसलिए हिंसा के विरुद्ध व्यापक जनमत तैयार करने की सामर्थ्य आज न तो किसी राष्ट्रीय नेता में है और न ही राष्ट्रीय दल में। आजादी से पहले हिंसा और राजनीति का वैसा गहरा रिश्ता नहीं था। आज वह रिश्ता लगभग संस्थाबद्ध रूप ले चुका है। इसका सबसे दुखद परिणाम यह है कि सामान्य जन इस गिरोह को अपनी आँखों के सामने और उसे एक जानी-पहचानी वास्तविकता मानकर चुपचाप स्वीकार कर लेता है। यह एक चिंताजनक स्थिति है हमारे पूरे राष्ट्रीय जीवन की, जो मेरे-जैसे लोगों को बुरी

तरह परेशान करती है।

सैंतालीस के बाद हिंसा के विरुद्ध जो आंदोलन चलाए गए, उनमें वैसा व्यापक जन-सहयोग लेने की कोशिश नहीं की गई, जैसा स्वाधीनता के पूर्व महात्मा गांधी आदि ने किया था। धीरे-धीरे हिंसा के विरुद्ध चलाए जानेवाले आंदोलन भी लगभग निष्प्रभावी या शांत हो गए। मेरी जानकारी में आज भारतीय समाज में हिंसा में लगातार वृद्धि का अहसास है, पर उसके प्रतिरोध में चलाया जानेवाला व्यापक आंदोलन नहीं है और यह अपने आपमें एक भयावह स्थिति है जो इस बात की ओर इंगित करती है कि हमने हिंसा की स्थिति को एक अप्रतिरोध्य स्थिति के रूप में चुपचाप स्वीकार कर लिया है, जो एक दुर्भाग्यपूर्ण घटना है। पिछले कुछ दिनों से लोकतांत्रिक मूल्यों में गिरावट आई है। हमने जनतंत्र को एक ढाँचे के रूप में स्वीकार किया है, उसकी आत्मा को एकदम भुला दिया है। यहाँ यह रेखांकित करना आवश्यक है कि हिंसा को जिन कारगर तरीकों से रोका जा सकता है, उनमें जनतांत्रिक मूल्यों की चेतना को जगाना और विकसित करना एक बड़ी आवश्यकता है, जिसकी ओर से ज्यादातर राजनीतिक दल विमुख हैं। मुझे लगता है कि चुनाव-प्रणाली में भी व्यापक परिवर्तन की जरूरत है। इसके लिए जनप्रतिनिधित्व कानून का पुनर्परीक्षण होना चाहिए और इस पर पूरे देश में लंबी बहस चलाई जानी चाहिए। यह लगभग एक जाना-पहचाना तथ्य है कि अब चुनाव और हिंसा के बीच एक विलक्षण गठबंधन स्थापित हो चुका है, जिसको तोड़ने के उपायों में से एक उपाय है जनप्रतिनिधित्व कानून में अपेक्षित परिवर्तन, ताकि जनतांत्रिक प्रक्रिया में वृहत्तर जनता की साझेदारी संभव हो सके। आज यह स्थिति नहीं है और इसे बदलने के लिए मैं फिर दोहराना चाहता हूँ कि जनता का सच्चे अर्थों में राजनीतिक प्रशिक्षण होना चाहिए और उसे अपने अधिकारों के प्रति जागरूक बनाए रखने का यत्न करना चाहिए। मुझे लगता है कि हिंसा के विरुद्ध हमें एक नये अहिंसक संघर्ष के दौर में प्रवेश करना होगा। इस समय मैं यह दावे के साथ नहीं कह सकता कि इस अभियान में वे कौन-सी शक्तियाँ हैं, जो पहल करेंगी।

[1992]

भाषा की राजनीति

उर्दू के महत्त्व को लेकर कोई विवाद नहीं हो सकता। वह भारतीय भाषाओं में अत्यंत महत्त्वपूर्ण स्थान रखती है और उसमें बहुत कुछ ऐसा लिखा गया है, जो लंबे समय तक भारतीय मन को आंदोलित और प्रभावित करता रहेगा। मेरे-जैसा व्यक्ति तो साहित्यिक खड़ी बोली की कल्पना ही नहीं कर सकता मीर और ग़ालिब के बिना। फिर मेरा यह भी मानना है कि यदि उर्दू का कोई भविष्य है तो भारतीय संदर्भ में ही है, क्योंकि उसकी जड़ें यहीं हैं। तात्पर्य यह कि उर्दू के साहित्यिक महत्त्व और एक महत्त्वपूर्ण भाषा के रूप में उसके बने रहने की जरूरत को लेकर कोई बहस नहीं हो सकती।

दरअसल, जो बहस उठाई गई है, वह उत्तर प्रदेश में उर्दू के द्वितीय राजभाषा बनाने को लेकर है और मैं शुरू में ही कह दूँ कि यहाँ भी सिद्धांत रूप में उर्दू के द्वितीय राजभाषा घोषित किए जाने की बात से मेरी कोई मूलभूत असहमति नहीं है। परंतु दो प्रश्न ऐसे हैं, जिन पर विचार करने की जरूरत है। पहला प्रश्न उर्दू के राजभाषा बनाए जाने के समय को लेकर है, और दूसरा इस बात को लेकर कि क्या द्वितीय राजभाषा का सवाल किसी एक राज्य का सवाल है, या इसका कोई राष्ट्रीय संदर्भ या परिप्रेक्ष्य भी होना चाहिए ? जहाँ तक पहले सवाल का संबंध है, यह लगभग निर्विवाद है कि इस सारी घोषणा के पीछे एक शुद्ध अवसरवाद काम कर रहा है। उत्तर-प्रदेश सरकार, जैसाकि प्राप्त तथ्यों से ज्ञात होता है कि, आज से लगभग नौ-दस वर्ष पहले उर्दू को द्वितीय राजभाषा बनाने के संबंध में सोच-विचार कर चुकी थी, फिर क्या कारण है कि इतने वर्षों तक इस प्रश्न को लगातार टालते रहने के बाद सितंबर 1989 में अचानक यह महसूस किया गया कि उर्दू को दूसरी राजभाषा बनाने की घोषणा कर ही दी जानी चाहिए। यह बात छिपी हुई नहीं है कि ऐसा क्यों किया गया और यह कि आगामी चुनाव से इसका क्या संबंध है ? परंतु चिंताजनक बात यह है कि घोषणा ऐसे समय की गई, जब हिंदी क्षेत्र में सांप्रदायिक तनाव निरंतर बढ़ता जा रहा था। ऐसा नहीं कि सरकार इससे बेखबर थी। परंतु सब कुछ जानते हुए भी यदि इस समय यह निर्णय लिया गया तो फिर

यही कहा जा सकता है कि यह सत्ता में बैठे हुए लोगों की एक ऐसी दुरभिसंधि है, जिसके नतीजों का अंदाज शायद उन्हें खुद न हो।

दूसरा प्रश्न अधिक महत्त्वपूर्ण है। यह पूछा जा सकता है कि क्या बिना राष्ट्रीय परिप्रेक्ष्य को ध्यान में रखे किसी राज्य में द्वितीय राजभाषा की समस्या का समाधान ढूँढ़ा जा सकता है ? मेरा मानना है कि नहीं। क्योंकि कुल मिलाकर देखें तो द्वितीय राजभाषा का सवाल केवल उत्तर प्रदेश और बिहार का सवाल नहीं है। स्वयं बिहार या उत्तर प्रदेश में ही दूसरी अनेक ऐसी बोलियाँ हैं, जो अब पूरी तरह भाषा-पद की अधिकारिणी हो गई हैं और उनकी तरफ से भी यह माँग उठ सकती है कि उन्हें भी द्वितीय राजभाषा का स्थान दिया जाए। वैसी स्थिति में भाषा-समस्या का यह समूचा दृश्य अत्यंत भयावह हो उठेगा। उत्तर प्रदेश और बिहार के अलावा मध्य प्रदेश, पंजाब, कश्मीर, महाराष्ट्र, बंगाल और दूसरे अनेक ऐसे प्रदेश हैं, जहाँ द्वितीय राजभाषा का सवाल सिर उठा सकता है और तब एक ऐसा सिलसिला शुरू होगा, जिसका कोई अंत नहीं दिखलाई पड़ता। दुःख की बात यह है कि पूरे राष्ट्र का प्रतिनिधित्व करनेवाली जो केंद्र सरकार है, उसने इस प्रश्न के राष्ट्रीय स्वरूप को विश्लेषित और परिभाषित करने की जरूरत ही नहीं महसूस की। अब शायद इस बात की सबसे अधिक आवश्यकता है कि भाषा के पूरे सवाल को अलग-अलग भाषाओं की प्रादेशिक अस्मिता को ध्यान में रखते हुए भी, एक अखिल भारतीय परिप्रेक्ष्य में देखा जाए। कहा जा सकता है कि उर्दू का सवाल, उसके अल्पसंख्यक चरित्र के कारण अन्य भाषाओं से पृथक् है। परंतु क्या सचमुच ऐसा है ? उर्दू को केवल मुसलमानों की भाषा मानना एक बहुत बड़ी भूल होगी। यह भाषा-वैज्ञानिक दृष्टि से तो गलत है ही, सामाजिक तथा जातीय दृष्टि से भी गलत होगा। यदि उर्दू सिर्फ मुस्लिम समुदाय की भाषा है तो फिर उसे जम्मू के हिंदुओं की राजभाषा का स्थान नहीं दिया जा सकता !

इसलिए उचित यह होगा कि भाषा के सवाल को भाषिक धरातल पर ही हल किया जाए और साथ ही इस तरह हल किया जाए कि भारतीय भाषाओं का जो बहुजातीय स्वरूप है, वह क्षतिग्रस्त न हो। कठिनाई यह है कि भाषा के बारे में फैसला करने का दायित्व उन लोगों को सौंप दिया गया है, जो हर चीज का निर्णय सिर्फ राजनीतिक हानि-लाभ की दृष्टि से करते हैं। क्या ही अच्छा होता कि इस कार्य में, कोई भी निर्णय करने से पहले भाषाविदों और बौद्धिक कर्म से जुड़े हुए लोगों से भी परामर्श कर लिया गया होता। ऐसा न करने से भाषा का सवाल केवल राजनीतिक हथियार बनकर रह जाएगा, जिससे दलगत लाभ चाहे जितना हो, भाषा का सवाल निरंतर उलझता ही जाएगा।

[1989]

एक स्तम्भ का अकेलापन

यह एक छोटा-सा कस्बा है जहाँ मैं खड़ा हूँ। देश के विशाल नक्शे में इसके लिए कोई जगह नहीं है। पर यह है और सदियों से उसी तरह घिसट रहा है। यहाँ मैं किसी काम से नहीं खड़ा हूँ। सचाई यह है कि मजबूरी में खड़ा हूँ। जिस बस में यात्रा कर रहा था, उसे यहीं आकर खराब होना था। सामने कुछ दूर पर एक ऊँचा-सा स्तम्भ दिखाई पड़ रहा है। उसे पहले भी कई बार बस से आते-जाते देख चुका हूँ। स्तम्भ की बनावट मुझे आकर्षित करती है। सो, उसी दिशा में चल पड़ता हूँ। पास जाकर देखता हूँ, वह एक बड़ा-सा सुन्दर स्तम्भ है—लाल-लाल लाहौरी ईंटों का बना हुआ। कई सवाल मेरे मन में उठते हैं। क्यों है यह स्तम्भ ? कस्बे के बाहर उस झाड़-झंखाड़ के बीच वह इस तरह क्यों खड़ा है—उपेक्षित और अकेला ? इस कस्बे से उस स्तम्भ का रिश्ता क्या है ? ये सारे सवाल मैं एक साथ पूछना चाहता हूँ—यदि कोई मिल जाये।

इस कस्बे का नाम मैं नहीं जानता। पर इससे कोई फर्क नहीं पड़ता। भला अपने ही मुहल्ले के कितने लोगों के नाम मैं जानता हूँ। फिर भी कहता हूँ कि वह मेरा मुहल्ला है। जैसे-जैसे अंदर धँसता हूँ, कस्बा अपने भेद खोलने लगता है। हर कस्बे का चरित्र बहुत कुछ एक ठेठ हिन्दुस्तानी चेहरे की तरह होता है, जो सहानुभूति की जरा-सी आँच पाते ही मोम की तरह पिघलने लगता है। चार कदम अन्दर जाने के बाद कस्बा मेरे लिए अपरिचित नहीं रह जाता। लगता है, इसे बरसों से जानता हूँ। वही गुड़, मटर, चना, आलू और सब जैसे मिट्टी के तेल की एक अदृश्य गंध में डूबे हुए। और हाँ, वही लोग भी जो एक ही साथ दुखी भी दिखते हैं और सुखी भी। सुख और दुख का ऐसा दुर्लभ सहअस्तित्व सिर्फ एक ठेठ हिन्दुस्तानी चेहरे पर ही देखा जा सकता है।

यह छोटा-सा कस्बा एक नदी के किनारे बसा है। नदी का कोई न कोई नाम जरूर होगा। पर मैं नदी के रहस्य से बचना चाहता हूँ। वह एक अलग दुनिया है। अभी तो वह स्तम्भ ही मेरे लिए चुनौती है। हाँ, नदी के किनारे बालू की एक बहुत बड़ी टाल है, जहाँ कुछ ट्रक खड़े हैं और दो-तीन बैलगाड़ियाँ भी। उन सब पर बालू

लादा जा रहा है। पूछने पर पता चलता है, इस कस्बे का सारा अर्थतन्त्र बालू के व्यवसाय पर ही टिका है। बालू पर टिका अर्थतन्त्र—है न अद्‌भुत ! कितनी दूरगामी व्यंजना है इस रूपक में। नावें दूर-दूर से बालू लादकर लाती हैं और तट पर उतार देती हैं। फिर वहाँ से ट्रक और बैलगाड़ियाँ उसे लादकर आगे ले जाती हैं। कुछ दूर तक दोनों साथ-साथ जाते हैं। उसके बाद ट्रक सीधे शहर की ओर चले जाते हैं और झरते हुए बालू की लीक बनाती हुई बैलगाड़ियाँ चुपचाप मुड़ जाती हैं सुदूर गाँवों की ओर।

एक आदमी दिखता है। वह बकरियाँ चरा रहा है। सोचता हूँ, उस स्तम्भ के बारे में पूछूँ। पर अटपटा लगता है। इसलिए चुप रह जाता हूँ। फिर एक और आदमी दिखता है। वह पहलवान जैसा लगता है। सोचता हूँ, इससे क्या पूछना ? दया आती है—पता नहीं खुद पर या उस पहलवान-जैसे आदमी पर ? जो अगला आदमी मिलता है, वह जरा भरोसे का दिखता है। सुर्ती का गट्ठर पीठ पर बाँधे वह बाजार की ओर लपका जा रहा है। इंतजार करता हूँ कि वह रुके तो पूछूँ। पर वह रुकता नहीं, इसलिए मैं आवाज देता हूँ—"भाई साहब, मुझे आपकी मदद चाहिए।" आदमी रुक जाता है। उसे लगता है, मैं किसी मुसीबत में हूँ। जब नजदीक जाकर उससे उस स्तम्भ के बारे में पूछता हूँ तो वह हँसने लगता है। जाहिर है, उसे इस तरह के सवाल का सामना पहली बार करना पड़ रहा है। वह बताता है कि वह लाल ईंटोंवाला खम्भा बहुत पुराना है। वह 'खम्भा' ही कहता है—स्तम्भ उसकी भाषा का शब्द नहीं। पर दुनिया मेरे लिए सिर्फ भाषा का सवाल नहीं है। इसलिए इस शब्द-परिवर्तन को चुपचाप स्वीकार कर लेता हूँ। मुझे उन लोगों से ईर्ष्या होती है, जो दुनिया के सारे सवालों को भाषा के सवालों में घटा लेते हैं। वह खम्भा कितना पुराना है, यह पूछने पर वह कुछ सोच में पड़ जाता है। जहाँ काल का अनन्त प्रवाह हो, वहाँ दिन, महीना, साल और सदियाँ कैसी ? उसे कुछ भी याद नहीं। हाँ, इतना वह जरूर बताता है कि उस लाल ईंटोंवाले खम्भे को किसी अंग्रेज अफसर ने बनवाया था—शायद अपनी मृत पत्नी की याद में। तब से वह वहाँ उसी तरह खड़ा है—इस कस्बे की स्मृति में गहराई तक धँसा हुआ।

जो भी हो, देखता हूँ कि स्तम्भ जगह-जगह से क्षत-विक्षत हो जाने के बाद भी, सुन्दर है। शायद यही बात उसे बचाये हुए है। हमले उस पर कई हुए—सिर्फ आँधी-तूफान भूकम्प के हमले ही नहीं। लोगों की क्रुद्ध भीड़ के हमले भी। सन् 42 में उस पर जनाक्रोश का पहला हमला हुआ। पर न जाने कैसे वह बच गया। शायद उसकी सुन्दरता ने ही उसे बचा लिया हो। दूसरा हमला अभी कोई 15-20 साल पहले हुआ था, जब युवकों की एक टोली ने निश्चय किया कि उसे हथौड़ियों से क्षत-विक्षत कर डाला जाय—क्योंकि वह इस कस्बे को बार-बार अपनी गुलामी के दिनों की याद दिलाता है। पर इस बार स्तम्भ की सुन्दरता नहीं, स्वयं कस्बे के लोग बीच में आ

गये। उन्होंने युवकों से कहा–"भैया, इसे क्यों तोड़ते हो। बस चुपचाप खड़ा ही तो है। किसी का कुछ बिगाड़ता तो नहीं।" इस तरह स्तम्भ फिर बच गया। अबकी लोगों के भीतर की सुन्दरता ने उसे बचाया।

सो स्तम्भ टूटने से बच गया। बच गया, इसलिए खड़ा है। अब इस कस्बे में वह उसी तरह है, जैसे नदी बह रही है, बकरियाँ चर रही हैं, और लोग अपनी गठरियाँ लिये घर वापस जा रहे हैं। कस्बे की यह नागरिकता जो उसे मिली है, वह यों ही नहीं मिल गई है। लम्बे समय तक कस्बे के बाहर उसे एक टाँग पर खड़े रहकर इसका इंतजार करना पड़ रहा है–जैसे एक कलाकृति को कालजयी होने के लिए गहरी पीड़ा और अपार धैर्य के साथ लम्बा इंतजार करना पड़ता है।

नावें बालू उतारकर वापस जा रही हैं। स्तम्भ को कहीं नहीं जाना है। वह यहाँ की मिट्टी और हवा को छोड़कर जा भी कहाँ सकता है ? हाँ, मेरी बस जाने के लिए तैयार जरूर हो गई है। मुझे भी जाना होगा।

जब बस में बैठता हूँ तो स्तम्भ का उठा हुआ मस्तक फिर दिखाई पड़ता है। मुझे उस दुकानदार के शब्द याद आते हैं–

"भैया, दुकानदार आदमी हूँ। इतिहास-पुरान नहीं जानता। पर आते-जाते वह लाल-लाल ईंटोंवाला खम्भा दिख जाता है तो अच्छा लगता है।"

जो अच्छा लगता है, वह चुपचाप वहाँ खड़ा रहे, इसमें हर्ज क्या है ?

[1988]

मैं बोलता हूँ, इसलिए लिखता हूँ

मैं क्यों और कैसे लिखता हूँ, इसका कोई सीधा उत्तर मेरे पास नहीं है। बस इतना जानता हूँ कि मेरे लिखने की यात्रा मेरे बोलने से शुरू होती है। मैं बोलता हूँ, इसलिए लिखता हूँ। मनुष्य के इतिहास में लिखना बोलने का अनुवर्ती है—लगभग यही बात रचना-प्रक्रिया पर भी लागू होती है। मुझे हमेशा लगता है कि जब मैं लिख रहा होता हूँ तो असल में मैं बोल रहा होता हूँ। यह बोलना मुझे बराबर एहसास कराता है कि मेरे और कागज पर उतरते हुए शब्द के बीच कोई और भी है, जो लगातार उपस्थित है। असल में वह आसन्न उपस्थिति ही मेरे और मेरे शब्द के रिश्ते को तय करती है। सचाई यह है कि यह उपस्थिति शब्द के साथ ही लगी-लिपटी चली आती है। क्योंकि शब्द बाहर से आता है, और जिस अंश तक वह 'बाहरी' है, उस अंश तक वह बाहर की वास्तविकता को लिये-दिये आता है मेरे भीतर। अतः कागज के पन्ने पर जो घटित होता है, वह कई बार बाहर और भीतर का एक मूक संलाप होता है, कई बार एक मुखर बहस और कई बार एक अजब-सी अनबन या टकराव, जिसका दबाव शब्द चुपचाप झेलते हैं।

कविता की भूमिका या उसके पूरे स्वरूप पर विचार करते हुए मुझे यह आवश्यक लगता है कि उस ठोस सन्दर्भ को दृष्टि से ओझल न होने दिया जाय, जिसमें एक भारतीय कवि आज रचनारत है। इस तथ्य की ओर बहुत कम ध्यान दिया गया है कि जिस सीमारेखा पर खड़े होकर आज ज्यादातर भारतीय कविता लिखी जा रही है, वहाँ हमारी जातीय चेतना के दो छोर, यानी शहर और गाँव, अजब ढंग से घुले-मिले होते हैं। कई बार इस घुलावट को कवि जानता है और कई बार वह बिना जाने ही उसे अपने सम्पूर्ण बोध का हिस्सा बन जाने देता है। भारतीय कवि के वास्तव-बोध की एक यह ऐसी विशेषता है जो उसे पश्चिमी काव्य की संवेदना से अलग करती है।

नगर-केन्द्रित आधुनिक सृजनशीलता और ग्रामोन्मुख जातीय चेतना के बीच जब-तब मैंने एक खास किस्म के तनाव का भी अनुभव किया है। यह तनाव हमारे दैनिक सामाजिक जीवन की एक ऐसी जानी-पहचानी वास्तविकता है, जिसकी ओर

अलग से हमारा ध्यान कम ही जाता है। मेरे लिए यह अनुभव एक 'एस्थेटिक' बोध भी है और गहरे अर्थ में मेरी नैतिक चेतना का एक अविच्छिन्न हिस्सा भी। अपने रचनाकर्म में मेरी एक कोशिश यह होती है कि उसमें अनुभव के इन दोनों स्तरों की अन्त:क्रिया किसी हद तक समाहित हो सके। वह किस हद तक सम्भव हो पाती है, यह बताना मेरे लिए कठिन है पर वह मेरी रचना-क्रिया का एक जरूरी हिस्सा है, इसे मैं भूलना नहीं चाहता।

मेरी कविता का पाठक कहाँ और कौन है, इसे मैं ठीक-ठीक नहीं जानता। जानने का कोई सीधा उपाय भी नहीं है मेरे पास। एक दिलचस्प किंवदन्ती की तरह मुझे सिर्फ इतना मालूम है कि हिन्दी-भाषी समाज में वह जो एक छोटी-सी दुनिया है, जिसे खूब पढ़े-लिखे लोगों की दुनिया कहते हैं, कहीं वहीं होना चाहिए आज की कविता के पाठक को। मेरे लिए वह लगभग अज्ञात वयकुलशील है। उसकी यह अज्ञात वयकुलशीलता मुझे कई बार परेशान करती है, पर वह जैसे किसी जादुई छिद्र से चुपचाप मेरे समस्त रचना-कर्म को देखती भी रहती है। यह अदृश्य रूप से देखना मेरी पूरी रचना की भाषा और उसके 'टोन' को दूर तक प्रभावित करता है। सचाई यह है कि आज पाठक यदि कहीं है तो वह पूरे काव्य-परिदृश्य के हाशिये पर है, केन्द्र में नहीं और कुल मिलाकर वहाँ भी उसकी स्थिति सन्देहों से परे नहीं है। पाठक की इस संदिग्ध स्थिति को एक ठोस मानवीय सम्भावना में बदला जाय—मेरे रचना-कर्म का यह एक खास मुद्दा है। एक तरह से देखा जाय तो पूरी भारतीय कविता पाठक या सहृदय के साथ एक गहरे स्तर पर जुड़ी रही है और यह मुझे उसका एक खास चरित्र-लक्षण जान पड़ता है। एक समकालीन रचनाकार के नाते यहाँ मैं अपनी स्थिति को थोड़ा विडम्बनापूर्ण पाता हूँ और लिखते समय अपनी स्थिति के इस दंश को भूलना नहीं चाहता।

यहाँ मैं एक छोटी-सी घटना का उल्लेख करना चाहूँगा। कोई दो साल पहले जब गर्मी की छुट्टियों में गाँव गया था, तो एक दिन अचानक एक वृद्धजन से भेंट हो गई, जो गाँव के अनुभव में पके हुए कर्मठ किसान थे। मैंने प्रणाम किया तो हँसते हुए बोले—"सुना है, कवित्त लिखित हो।" मैं जानता था 'कवित्त' से उनका मतलब कविता से ही है। मैंने स्वीकृतिसूचक सिर हिलाया तो बोले—"कुछ सुनाओ।" मैं कुछ देर अवाक् खड़ा रहा। भला उन्हें क्या सुनाता! अस्तु, हाथ जोड़े और आगे बढ़ गया। पर अपने समाज में अपनी विडम्बनापूर्ण स्थिति का सबसे तीखा बोध मुझे उसी दिन हुआ। मैं जानता हूँ कि यह आज की कविता की एक सीमा हो सकती है, पर कोई दोष नहीं कि वह एक बूढ़े किसान को सुनायी नहीं जा सकती। पर इस कठोर सचाई का दंश यदि हमें उद्वेलित या विचलित भी न करे, तो फिर यह मानना होगा कि हमारी संवेदना में कहीं एक गहरी फाँक आ गई है।

मेरे लिए लिखना लगभग उसी तरह एक जिम्मेवारी से भरा हुआ काम है,

जैसे एक मिस्त्री के लिए एक ढीले नट की चूल कसना या एक गड़रिये के लिए अपनी खोई भेड़ की तलाश करना। हम तीनों इसी तरह अपनी-अपनी नागरिकता का शुल्क अदा करते हैं। कविता से मैं उतनी ही माँग करना चाहता हूँ, जितना वह दे सकती है। कविता–सिर्फ इस कारण कि वह कविता है, दुनिया को बदल देगी, ऐसी खुशफहमी मैंने कभी नहीं पाली। एक रचनाकार के नाते मैं कविता की–और खासतौर से एक उपभोक्ता-समाज में लिखी जानेवाली कविता की–ताकत और सीमा दोनों जानता हूँ। इसलिए इस बात को लेकर मेरे मन में कोई भ्रम नहीं कि मेरी पहली लड़ाई अपने मोर्चे पर ही है और वह यह कि किस तरह कविता को मानव-विरोधी शक्तियों के बीच मानव-संवेद्य बनाये रखा जाय। परिवर्तन की दिशा में आज एक कवि की सबसे सार्थक पहल यही हो सकती है।

वातावरण की तरह शब्द को प्रदूषण से बचाये रखना आज रचनाकार का एक बड़ा सरोकार बन गया है और यहाँ एक कवि की जिम्मेवारी कई गुना बढ़ जाती है। उसके लिए इस तथ्य को भुला देना खतरनाक हो सकता है कि जो शब्द वह इस्तेमाल कर रहा है, वह एक लम्बी परम्परा से छनकर उस तक पहुँचा है। लिखते समय यह चेतना मुझे बल देती है कि मेरा शब्द मुझसे पहले असंख्य मुखों से असंख्य बार उच्चरित हो चुका है। सचाई यह है कि एक लेखक कोरी प्लेट पर कभी नहीं लिखता। असल में कविता की दुनिया कोरी प्लेट-जैसी कोई चीज होती ही नहीं। एक कवि को जो प्लेट लिखने के लिए मिलती है, वह ऊपर से नीचे तक इबारतों से भरी होती है। कविता इन इबारतों को मिटाती नहीं, बल्कि उन्हीं के बीच की खाली जगहों से वह पचखियों की तरह फूटती है और उनके साथ किसी गहरे स्तर पर जुड़ती-टकराती हुई अपने लिए एक स्वतन्त्र परिवेश और आबोहवा रच लेती है। उन सारे ज्ञात-अज्ञात स्रोतों के प्रति–वे चाहे जीवन में हों या भाषा में–मैं एक गहरी जिम्मेवारी महसूस करता हूँ।

इस शती के शुरू में कविता के अस्तित्व को लेकर बहुत-सी शंकाएँ व्यक्त की गई थीं। पर शती के अन्तिम दशक के द्वार पर दस्तक देने से पहले हम देखते हैं कि कविता न सिर्फ जीवित है, बल्कि उसके अपने जीवित रहने के संघर्ष को मानव-अस्तित्व के मूलभूत संघर्ष के साथ बहुत दूर तक एकाकार कर लिया है। फिर हम यह भी जानते हैं कि इस स्थिति ने उसके काम को बहुत जटिल, मुश्किल और चुनौती-भरा बना दिया है। इन सारी मुश्किलों और चुनौतियों के बीच कविता मानवीय सच और शब्द की गरिमा को बनाये रखने के संघर्ष में आज भी जुटी है और इस काम में विभिन्न महाद्वीपों में लिखी जानेवाली समकालीन कविता के बीच एक विलक्षण साझेदारी दिखाई पड़ती है। आज हिन्दी कविता, और उसके समानान्तर पूरी भारतीय कविता, अपने खास ढंग से और अपने खास सामाजिक-सांस्कृतिक माहौल में अपने को और इस तरह अपने समय के मनुष्य को

जिन्दा रखने के उसी संघर्ष में लगी हुई है। मेरा समस्त रचनाकर्म उसी संघर्ष का एक छोटा-सा विनम्र हिस्सा है—यही एहसास मुझे अगली कविता लिखने के लिए ताकत देता है और वह जरूरी नैतिक सम्बल भी, जिसके सहारे एक लेखक अपनी जमीन पर खड़ा रहता है।

[1989]

व्यक्ति-प्रसंग

अवध की मिट्टी और बनारस का गंगाजल

कवि त्रिलोचन से मेरी पहली भेंट कब हुई, ठीक-ठीक याद नहीं। पर शायद यह तब की बात है जब मैं सातवीं या आठवीं में पढ़ता था। पर उनके निकट सम्पर्क में तब आया जब मैं इंटरमीडिएट का विद्यार्थी बना। यही वह समय था जब मैंने गीतों से हटकर मुक्तछन्द की अपनी पहली कविता लिखी थी, जिसे पहली बार त्रिलोचन को ही सुनाया। उस कविता पर उनसे पहली बार दाद मिली और साथ ही कुछ सुझाव भी। मेरे लिए उनके वे आरम्भिक सुझाव उस समय तो उपयोगी थे ही, बाद के जीवन में भी मैं निरन्तर उनसे आलोक पाता रहता हूँ। यहीं से त्रिलोचन लगभग मेरे काव्यगुरु बन गए। लेकिन अपने परिचय के इस आरम्भिक दौर का जिक्र एक विशेष प्रयोजन से कर रहा हूँ। यह वही समय है (सन् 40-41 के आसपास) जब 'धरती' के कवि त्रिलोचन सॉनेट की ओर मुड़ते हैं। उन्हीं दिनों उन्होंने लिखा था–'इधर त्रिलोचन सॉनेट के ही पथ पर दौड़ा।' जिस गहरे आन्तरिक दबाव और भावोद्वेलन की अवस्था में उस दौर के सॉनेट लिखे गये थे, उसके लिए लिखना शब्द नाकाफी है। वस्तुतः यदि पुराने मुहावरे का इस्तेमाल करें तो कहना चाहिए कि वे 'उन' पर उतर आए थे। यह वह समय था, जब त्रिलोचन ने अंग्रेजी में एम. ए. करने का निश्चय किया था, जिसे वे पूरा न कर सके। पूरा न कर सकने के अनेक कारण थे–ठोस भौतिक कारण। पर इतने दिनों बाद मुझे लगता है कि शायद उसका सबसे बड़ा कारण त्रिलोचन का सॉनेट के पथ पर दौड़ पड़ना ही था। सॉनेट ने उन्हें उस बीच इस तरह से आविष्ट कर लिया था कि और कुछ सम्भव ही नहीं था।

मुझे उदयप्रताप कॉलेज के प्रथम छात्रावास की वह सुबह आज भी अच्छी तरह याद है, जब एक दिन अचानक साइकिल टनटनाते हुए शास्त्रीजी पहुँचे थे। उनका इस तरह पहुँचना सर्वथा अप्रत्याशित नहीं था–आना तो उनका थोड़े-थोड़े अन्तराल पर अक्सर होता रहता था और हर बार एकदम निष्प्रयोजन। पर उस दिन वे कुछ थके-थके से लग रहे थे–जैसे सारी रात जागकर आए हों। पूछने पर पता चला कि असलियत यही है। उन्होंने बताया कि वे लगभग भावावेश की अवस्था में सारी रात लिखते रहते हैं और सुबह तक एक ही प्रवाह में बत्तीस सॉनेट लिखे जा चुके थे।

उनमें से अधिकतर सॉनेट 'उस जनपद का कवि हूँ' नामक संग्रह में संकलित हैं। मुझे यदि आज भी चुनना हो तो त्रिलोचन के उन तीस-बत्तीस सॉनेटों को उनके लगभग एक हजार सॉनेटों के क्रम में सबसे ऊपर रखना चाहूँगा। इन्हीं सॉनेटों में से आठ चुने हुए सॉनेट अज्ञेय ने मासिक 'प्रतीक' में प्रकाशित किए थे। जहाँ तक मैं जानता हूँ, व्यापक स्तर पर हिन्दी पाठकों का त्रिलोचन के सॉनेट के साथ यह पहला परिचय था या कहें तो पहली मुठभेड़।

त्रिलोचन के व्यक्तित्व में जितना अवध है, उससे कम बनारस नहीं है। उनके व्यक्तित्व का जो स्थापत्य है, उसे आकार देने में अवध की मिट्टी और बनारस के गंगाजल दोनों का योगदान है। पर विडम्बना यह है कि बनारस के साहित्यिक माहौल में वे जब तक रहे, हमेशा एक अजनबी की तरह रहे। यह अपने ही घर में अजनबी होने की तरह था। यह सचाई है कि त्रिलोचन ने बनारस को घर की तरह प्यार किया है—एक ऐसे घर की तरह जिसमें उन्हीं के लिए जगह नहीं थी। सॉनेट के विस्फोट के जिस दौर का मैंने ऊपर उल्लेख किया है, भौतिक दृष्टि से वह त्रिलोचन के जीवन का सबसे संघर्षपूर्ण दौर भी था। इस संघर्ष का सबसे ठोस दस्तावेज तो स्वयं उनकी डायरी है, परन्तु उसकी सबसे तीव्र और तिलमिला देनेवाली झलक उनके उस काल के सॉनेटों में ही मिलती है। 'भीख माँगते उसी त्रिलोचन को कल देखा'-जैसी पंक्ति में कथ्य की जो निर्मम चोट है, उसमें केवल अनुभूति की प्रखरता ही नहीं, एक विलक्षण कलात्मक साहस भी है जो उस समय हिन्दी के लिए एक नई चीज थी।

त्रिलोचन के उन आरम्भिक सॉनेटों का उस समय क्या प्रभाव पड़ा था, इसका कोई लिखित साक्ष्य आज उपलब्ध नहीं है। पर एक बात अपने अनुभव से जानता हूँ कि भाषा की जिस नई भंगिमा के साथ त्रिलोचन के वे सॉनेट आए थे, उसने उस काल के बहुत-से नए कवियों को प्रभावित किया था। सॉनेट विधा की विजातीयता के बारे में बहुत कुछ कहा-सुना गया है। परन्तु जिस रोला छन्द में त्रिलोचन के सॉनेट ढाले गए हैं, उसकी ठेठ जातीयता या हिन्दीपन की ओर कम ध्यान दिया गया है। मुझे याद है कि जब मैंने पहली बार वे सॉनेट सुने थे तो एक नई सौन्दर्यदृष्टि के अलावा जिस चीज ने मुझे सबसे अधिक प्रभावित किया था, वह था रोला छन्द का सहज संगीतमय प्रवाह। शायद उसी सहज संगीत का जादू था कि मैंने त्रिलोचन के सॉनेटों के प्रभाव से स्वयं कुछ सॉनेट रच डाले थे—और यह सब कुछ बिल्कुल अनायास हुआ था, बिना इस पूर्वकल्पना के कि जो लिख रहा हूँ वह सॉनेट है। मेरे वे सॉनेट 'तीसरा सप्तक' में संकलित हैं। अगर मैं भूलता नहीं तो उस समय कुछ सॉनेट नामवर जी ने भी लिखे थे, जिनमें से एक या दो 'कवि' पत्रिका में छपे भी थे। फिर मुझे यह भी याद है कि त्रिलोचन की उस नई काव्य-सृष्टि ने पुराने और प्रतिष्ठित कवियों को भी अछूता नहीं छोड़ा था। कविवर सुमित्रानन्दन पन्त से जो मेरी पहली भेंट हुई थी, शायद 1943 में—तो उन्होंने बनारस की चर्चा के क्रम में त्रिलोचन के सॉनेटों

का ही सबसे पहले उल्लेख किया था। उन्होंने एक सॉनेट की दो पंक्तियों का खासतौर से उल्लेख किया था जो उन्हें याद रह गई थीं। 'स्त्री के लिए जान दे दी' इस पंक्ति से शुरू होनेवाले उस सॉनेट की वे दो पंक्तियाँ इस प्रकार हैं–

ऐसी भी क्या बात कि नारी यह बलि पाए
उसमें क्या है उसमें क्या है उसमें क्या है !

पन्तजी की बात आई तो यहीं त्रिलोचन के आदर्श कवि निराला का भी जिक्र कर दूँ। पन्तजी से मिलने के कुछ समय बाद मैं कवि त्रिलोचन के साथ दोबारा प्रयाग गया था। हम गए तो किसी और प्रयोजन से थे, पर पाया कि निराला से भी मिलते चलें। जब हमने दारागंजवाली उस कोठरी में प्रवेश किया, जहाँ निराला रहते थे तो वहाँ लगभग अँधेरा था। महाकवि एक कोने में बैठकर चुपचाप इस तरह भोजन कर रहे थे, जैसे पूजा कर रहे हों। देर तक कोई बात नहीं हुई। जब वे भोजन कर चुके तो त्रिलोचन की ओर मुड़े और बड़े स्नेह से पूछा–'कब आए।' याद नहीं कि त्रिलोचन ने क्या उत्तर दिया। पर इतना याद है कि आजकल क्या लिख रहे हैं, यह पूछने पर त्रिलोचन ने सॉनेट का जिक्र किया था। उत्तर सुनकर महाकवि की आँखों में एक चमक आ गई थी–इतना स्पष्ट याद है।

त्रिलोचन के एक संग्रह का नाम है 'अरघान'। इस अरघान शब्द से मेरी पहली मुठभेड़ महाकवि की उस कोठरी में हुई थी–उसी भेंट के समय, जिसका जिक्र मैंने ऊपर किया है। वहाँ फर्श पर 'ज्योत्स्ना' नाम की पत्रिका पड़ी थी, जिसके प्रथम पृष्ठ पर निराला की कविता छपी थी। पहली पंक्ति थी 'अरघान की फैल।' मेरे लिए यह शब्द नया था और मैंने सोचा–क्यों न महाकवि से ही पूछ लूँ। मैंने वही किया और उस कवि की जो फटकार सुनने को मिली, उसके शब्दों की गूँज कानों में अब तक भरी है। निरालाजी का कहना था कि यह शब्द मेरी बोली यानी भोजपुरी में है, इसलिए मुझे जानना चाहिए। मैंने निवेदन किया कि 'अरघान' शब्द भोजपुरी में है ही नहीं। मैंने समर्थन के लिए जब त्रिलोचन की ओर देखा तो वे चुप। डाँट खाकर जब मैं बाहर निकला तो उनसे पूछा कि आप इस तरह चुप्पी क्यों साध गए ? बोले, "महाकवि से कौन हुज्जत करे। वैसे मैं जानता हूँ, यह शब्द भोजपुरी में नहीं है। 'अरघान' ठेठ अवधी का शब्द है।" इतने दिनों बाद मैंने त्रिलोचन के नए काव्य संकलन का नाम जब 'अरघान' देखा तो मुझे महाकवि की डाँट याद आ गई और साथ ही त्रिलोचन की वह व्यंग्य-भरी चुप्पी भी, जिसने मुझे महाकवि की फटकार के सामने इस तरह निहत्था छोड़ दिया था।

त्रिलोचन की चर्चा बहुत हुई है, उनकी कविता पर बात कम। उनके समय ने, पता नहीं अपने-आप या जान-बूझकर उनके कवि व्यक्तित्व को अब तक किंवदंतियों की ओट में ही रहने दिया है। उनकी कृतियों की सूक्ष्म ध्वनियों में निहित

जीवन-मूल्यों के आलोक में उसे देखने-परखने और विश्लेषित करने की कोशिश नहीं के बराबर हुई है। मुझे कभी-कभी आश्चर्य होता है कि इस विषम परिस्थिति में भी वह कौन-सी भीतरी ऊर्जा है, जो त्रिलोचन को निरन्तर रचनाशील बनाए रख सकी है ? जीवन के प्रति त्रिलोचन का गहरा राग शायद इस रहस्य को जानने की सबसे बड़ी कुंजी है। इसी के साथ पूरी भाव-सम्पदा के समानान्तर आत्मलोचन की एक गहरी और प्रखर दृष्टि का होना त्रिलोचन के कृतित्व की दूसरी विशेषता है, जो उन्हें बाहर और भीतर दोनों के आघातों से बचाती रही है। किसी भी व्यूह से त्रस्त न होनेवाला कवि-व्यक्तित्व ही इस तरह की निर्मम पंक्तियाँ लिख सकता है–

नहीं हूँ किसी का भी प्रिय कवि मैं
जरा देर से ही सही मुझे यह ज्ञात हुआ
आज मैं कृतज्ञ हूँ
जाने-अनजाने हर किसी का
और यह हर किसी का व्यूह
मुझे त्रासता नहीं है।

बात मैंने त्रिलोचन के जीवन में सॉनेट के विस्फोट के जिक्र से शुरू की थी। यहाँ इतना और जोड़ दूँ कि अपने एक आरम्भिक सॉनेट में उन्होंने स्वयं अपने सॉनेट के फार्म की जैसी धज्जियाँ उड़ाई हैं, वैसा कोई कठोर-से-कठोर आलोचक नहीं कर सकता। मैं इसे त्रिलोचन की बहुत बड़ी ताकत मानता हूँ। यही ताकत एक ओर उन्हें अदम्य साहस देती है, तो दूसरी ओर अद्भुत वाक्-संयम और गहरी मानवीय करुणा भी। इसी के चलते सत्तर के होने पर भी वे चिरयुवा हैं। उनकी रचना और उनके व्यक्तित्व में जीवन का एक ऐंसा छन्द है, जिससे नई पीढ़ी का हृदय-छन्द कहीं-न-कहीं मिलता है।

[1987]

प्रतिभा का कोई विकल्प नहीं

नामवरजी के बारे में लिखना कठिन काम है–मेरे लिए लगभग वैसा हीं कठिन, जैसे बनारस पर कविता लिखना। मैंने कुछ समय पहले बनारस पर एक कविता लिखी थी और मैं ही जानता हूँ कि किस तरह पसीना आ गया था लिखते-लिखते। खैर, कविता तो जैसी-तैसी बन गई। पर यह लेख कहाँ से शुरू करूँ, कुछ समझ में नहीं आता। काफी समय तक यह सोचकर टालता रहा कि कभी इत्मीनान से लिखूँगा। फिर चीजों को टालते जाने का अपना ही मजा होता है और मुझे उसमें कई बार एक अजब-सा सुख मिलता है। कुछ दिन पहले अचानक खयाल आया कि यदि जल्दी-जल्दी में लेख नहीं बनता तो क्यों न नामवरजी से एक लम्बी बातचीत ही कर डालूँ। सो, एक दिन बातों-बातों में एक प्रश्नावली बन गई और मैंने उसे उनकी ओर बढ़ा दिया। नामवरजी प्रश्नों का सामना लगभग एक योद्धा की तरह करते हैं–एक अत्यन्त कुशल और संयत योद्धा, जिसे पता है कि कौन-सा वार प्रतिद्वंद्वी को निरस्त कर सकता है। मैंने उन्हें असंख्य बार प्रश्नों की बौछार के बीच, माइक के पास निष्कम्प खड़े देखा है। पर उस दिन एक निहायत छोटा-सा सवाल उनके सामने था और मैंने देखा कि वे पहली बार उसके सामने स्वयं को निहत्था महसूस कर रहे हैं। सवाल सीधा-सा था–"आपने कवि से आलोचक बनने का निर्णय कब और क्यों लिया ?"··· उन्होंने इसका उत्तर देने के लिए समय माँगा और इस सीधे-सादे सवाल से बचने की कोशिश में मुझे आलोचक नामवर सिंह को समझने की कुंजी मिल गई।

नामवरजी की आरम्भिक पहचान एक कवि के रूप में बनी थी। वे गोष्ठियों-सम्मेलनों में जाते थे और रस लेकर अपनी कविताएँ पढ़ते थे। उनकी कविताएँ उस समय के प्रचलित फैशन से अलग होती थीं। उनमें एक ताज़गी भी होती थी और एक खास तरह की ऐन्द्रिकता भी। जहाँ तक मुझे याद है, नामवर जी ने 'नीम के फूल' नाम से अपनी कविताओं का एक संग्रह भी तैयार किया था, जो छपते-छपते रह गया। यह प्रकृति का विचित्र न्याय है कि उनका निबन्ध-संग्रह ('बकलम खुद') तो छपकर आ गया, जबकि वे निबन्धकार के रूप में जाने नहीं

जाते थे और कविता-संग्रह नहीं आ सका। (संभवतः प्रेस के अचानक ठप्प हो जाने के कारण), जबकि वे जाने जाते थे कवि के रूप में ही। मैं कई बार सोचता हूँ कि यदि वह संग्रह आ गया होता तो क्या नामवरजी के विकास का 'ग्राफ' वही होता जिसे आज हम जानते हैं ?

आज यदि कहा जाय कि नामवर सिंह मूलतः एक कवि हैं तो बहुतों को अटपटा लगेगा और कइयों को तो विश्वास भी नहीं होगा। पर सचाई यह है कि अपने आलोचना-कर्म के बीच भी उनके भीतर का कवि हमेशा जीवित रहता है—जीवित ही नहीं, सक्रिय और रचनारत भी। पर इसकी पड़ताल फिर कभी। अभी तो बस इतना ही कि मैं नामवरजी के बारे में जब भी सोचता हूँ तो मेरे सामने सबसे पहले उनका आलोचना-कर्म नहीं आता—कविता की बहुत-सी पंक्तियाँ आती हैं, जिन्हें मैंने उन दिनों सुना था, जब साहित्य का ककहरा सीख रहा था। अपने स्कूली छात्र-मित्रों के मुँह से मैंने उनकी जिस कविता की चर्चा पहली बार सुनी थी, उसकी एक पंक्ति अब तक याद है—'तान के सोता रहा जल-चादर, वायु-सा खींच जगा गया कोई'। यह सवैया के ढर्रे पर लिखी गई कविता थी, जिसका ढाँचा तो पुराना था, पर उसमें संवेदना की एक बिल्कुल नई हरकत थी—'वायु-सा खींच जगा गया कोई'। मुझे नामवर जी के विकास के एकदम शुरुआती दौर में, सहसा जग पड़ने के इस बिम्ब का आना महत्त्वपूर्ण लगता है। आगे की उनकी सारी यात्रा इसी 'जग पड़ने' के एहसास के जटिल, बहुआयामी और गहन से गहनतर होते जाने का इतिहास है। कविता उनके साथ हमेशा रही है—तब भी जब वे कहानी पर लेख लिख रहे थे और तब भी जब प्रेमचन्द या किसी दूसरे विषय पर भाषण दे रहे होते हैं और दावे के साथ यह कौन कह सकता है कि अगर अचानक उनकी डायरी किसी के हाथ लग जाय तो उसमें कविताएँ नहीं होंगी !

नामवर सिंह अपने वेश-विन्यास में ही नहीं, अपनी पूरी साहित्यिक बनावट में भी ठेठ बनारसी हैं। यह बनारसीपन उनकी ढाल और उनका तरकस दोनों हैं। कई बार उनके इस सहज बनारसीपन को उनका अक्खड़पन भी समझ लिया जाता है। बनारस की आबो-हवा ही कुछ ऐसी है कि वहाँ रहकर कालबद्ध या समकालिक होना बहुत कठिन है। भारतेन्दु, प्रेमचन्द और प्रसाद हो गये—यह उन साहित्यकारों की अकूत रचनात्मक ऊर्जा का एक और प्रमाण है। वर्ना जिस शहर का मिजाज ही त्रिकालातीत हो, वहाँ आधुनिकता या समकालिकता कैसी ? वहाँ मानो सारा समय निचुड़कर एक ही बिन्दु पर शिलीभूत हो गया है। फिर ऐसे शहर में यदि कोई अपने बौद्धिक कर्म में कालबद्ध या समकालिक होने का प्रयास करे तो इसे एक दुस्साहस ही माना जायेगा। बनारस की दृष्टि में यह गंभीर अपराध है, जिसे वह कभी माफ नहीं करता। उसने कबीर को माफ़ नहीं किया—यहाँ तक कि 'दारिद दसानन दबाई दुनी' लिखनेवाले तुलसीदास को भी नहीं। आधुनिक काल में हजारीप्रसाद द्विवेदी और

त्रिलोचन भी इसी कड़ी में आते हैं। और फिर नामवर सिंह भी। 'दूसरी परम्परा की खोज' की भूमिका में एक चुभता हुआ छोटा-सा वाक्य है—'मेरा सूकर खेत काशी ही रहा। अभिधा में भी' ··· इस कथन में सिर्फ व्यंग्य ही नहीं, एक गहरी पीड़ा भी है—जैसे अपनी ही पीठ पर कोई स्वयं कोड़ा मारे। नामवर सिंह, इस विलक्षण लगाव के बावजूद, बनारस में खप नहीं सके और उनका दोष सिर्फ इतना था कि उनके पास एक प्रखर प्रतिभा थी और एक बौद्धिक साहस भी, जिसके बिना प्रतिभा जीवित नहीं रहती। यह स्वाधीनता के बाद शिक्षा के प्रबन्ध-तंत्र में बढ़ती हुई मूल्यहीनता और जड़ता का सबसे बड़ा प्रमाण है कि सिर्फ अपनी बौद्धिक श्रेष्ठता और प्रतिभा के कारण जहाँ गुरु आचार्य हजारीप्रसाद द्विवेदी को अपने विश्वविद्यालयीय पद से च्युत होना पड़ा, वहाँ शिष्य नामवर सिंह को लगभग दस वर्ष के लिए किसी भी शिक्षा-संस्थान से बहिष्कृत रहने का दंड भोगना पड़ा।

अब मैं सोचता हूँ तो मुझे लगता है कि बनारस छोड़ना नामवरजी के लिए एक तरह का वरदान ही साबित हुआ, क्योंकि माहौल जैसा बन गया था, उसमें दो ही रास्ते बच गये थे—या तो आदमी त्रिकालातीत हो जाय और मजे में रहे या फिर टूट जाने का खतरा उठाकर भी चुनौतियों का सामना करे। चुनौतियाँ दिल्ली में कम नहीं हैं, बल्कि कई अर्थों में कुछ ज्यादा ही हैं और नामवर सिंह को उनका भी सामना करना पड़ा है। पर कुछ समय पहले तक दिल्ली का साहित्यिक परिदृश्य लगभग एक कोरी स्लेट की तरह था—और एक हद तक आज भी है—जहाँ लिखने का अपना नया साँचा या कहें नया प्रतिमान, बनाया जा सकता था। बनारस की पटिया इतनी इबारतों से भरी थी कि पहले उसको धो-पोंछकर साफ किये बिना नयी इबारत लिखी नहीं जा सकती थी। फिर दिल्ली जाने-अनजाने लेखक को एक अखिल भारतीय पृष्ठभूमि दे देती है, उसका अपना एक अलग अर्थ है। नामवरजी सन् 1965 में पहली बार रहने के लिए दिल्ली आये और सन् 68 के शुरू में 'कविता के नये प्रतिमान' का प्रकाशन हुआ। ये एक तरह से नामवर सिंह के गर्दिश के दिन थे और कैसा विचित्र संयोग है कि इसी बीच उनके भीतर कविता के लिए नये प्रतिमानों की खोज की चिन्ता भी पैदा हुई। क्या इसे महज संयोग मान लिया जाए कि उनके भीतर नये प्रतिमानों की चिन्ता उस समय शुरू हुई जब वे दिल्ली में सिर छिपाने के लिए किसी अपेक्षाकृत अधिक स्थायी या अधिक उपयुक्त आश्रय की तलाश कर रहे थे। जीविका के लिए संघर्ष और नये प्रतिमानों की चिन्ता, इन दोनों में कोई-न-कोई रिश्ता जरूर होना चाहिए। क्या यह अकारण है कि उन्होंने अपने पूरे काव्य-चिंतन को आधार देने के लिए जो कृति चुनी, उसका शीर्षक था 'अँधेरे में'। क्या यह भी एकदम आकस्मिक है कि 'कविता के नये प्रतिमान' का एक प्रमुख बीज-शब्द है 'तनाव'। मैं प्रस्तावित प्रतिमानों की उपयुक्तता या अनुपयुक्तता की बात यहाँ नहीं कर रहा। मैं सिर्फ उस विशिष्ट शब्दावली और साहित्यिक संदर्भों की ओर ध्यान आकृष्ट करना

चाहता हूँ, जिनके सहारे वह पूरी पुस्तक लिखी गई थी। शायद उनमें नामवर सिंह के आत्मसंघर्ष की कहीं कोई धुँधली-सी झलक मिल जाए।

पर इन सारी बातों के बावजूद, तथ्य यह है कि 'कविता के नये प्रतिमान' नामवर जी की थोड़ी असहज कृति है–बनारस से दिल्ली आये युवक की एक साहित्यिक छलाँग, जिसमें निर्णय का एक अतिशय साहस भी था और एक विशेष प्रकार का बौद्धिक चौकन्नापन भी। यह एक तरह से एकेडेमिक दुनिया से बाहर आये व्यक्ति का कविता के पुराने मूल्यों को धकियाकर काव्यालोचन का एक नया ढाँचा तैयार करने का प्रयास था। इसमें लेखक कितना सफल या असफल हुआ, यह उतना महत्त्वपूर्ण नहीं है। महत्त्वपूर्ण यह है कि उसने पूरी गहराई के साथ इस सचाई की तल्खी को महसूस कराया कि बहुत-से पुराने प्रतिमान अपनी अर्थवत्ता खो चुके हैं। वास्तविकता यह है कि नये प्रतिमानों की खोज की प्रक्रिया, 'कविता के नये प्रतिमान' के लिखे जाने के साथ समाप्त नहीं हो गई थी, बल्कि सिर्फ शुरू हुई थी, जो किसी न किसी रूप में आज भी जारी है–दूसरों के लिए भी और स्वयं उस कृति के लेखक के लिए भी।

पिछले कुछ समय से मुझे लगातार लगता रहा है कि 'दूसरी परम्परा की खोज' के बाद से नामवरजी के चिन्तन के स्वरूप में एक महत्त्वपूर्ण परिवर्तन आया है। इस परिवर्तन का रुख हिन्दी की ठेठ जातीय परम्परा की ओर अधिक है, जिसकी झलक उनकी साहित्यिक वरीयताओं में भी देखी जा सकती है और स्वयं उनकी भाषा में भी। इस परिवर्तन की शुरुआत ठीक-ठीक कब हुई, यह तो नामवरजी ही बता सकते हैं, पर मुझे 1980 की एक साहित्यिक शाम याद आ रही है, जब उन्हें समकालीन कविता पर भाषण करना था। गोष्ठी में जाने से पूर्व उन्होंने जानना चाहा कि आज के सबसे महत्त्वपूर्ण युवा कवि कौन-से हैं ? मैंने हँसते हुए कहा–"नागार्जुन और त्रिलोचन–यही दो वृद्ध कवि सबसे युवा दिखते हैं।" उन्होंने सहमति व्यक्त की और बोले–"नागार्जुन को लेकर कोई कठिनाई नहीं है–क्योंकि उनके यहाँ जीवन और समाज की तसवीर बहुत साफ है। पर त्रिलोचन की सादगी में एक अजीब-सी पेंच है, जिसका सामना करने के लिए आलोचना के नये औजारों की जरूरत होगी और उसकी तलाश अभी मैं नहीं कर सका हूँ।..." बहरहाल, उस शाम उन्होंने जो भाषण दिया, वह लगभग इन्हीं दो कवियों पर केन्द्रित था, जिसे सुनकर वे लोग थोड़ा चौंके भी, जो यह मानकर बैठे थे कि वे 'कविता के नये प्रतिमान' के लेखक को सुन रहे हैं। मेरा खयाल है कि यह आलोचक नामवर सिंह के पूरे चिन्तन का एक निर्णायक मोड़ था।

विचार के एक मोड़ से दूसरे पर जाना हमेशा एक लम्बा और पीड़ादायक अनुभव होता है और नामवर सिंह इसके अपवाद नहीं हैं। नागार्जुन के कृतित्व को लेकर तो उन्होंने अपना शास्त्र बना लिया, पर त्रिलोचन की अर्थवत्ता तक पहुँचने

में उन्हें कोई सात वर्ष लग गये। नामवर सिंह के साथ एक खास बात यह है कि वे तुरत-फुरत कुछ भी स्वीकार नहीं करते। धीरज उनके पास अपार है और शब्दों से जूझने की क्षमता अकूत। सो उनका तरीका, जैसा कि मैं समझ सका हूँ, यह है कि वे विचार को धीरे-धीरे पकने के लिए छोड़ देते हैं, इंतजार करते हैं, आँच धीमी न पड़े, इसके लिए बाहर से तथ्यों और संदर्भों की जरूरत-भर फूँक देते रहते हैं और इस तरह तैयार होता है एक पूर्ण परिपक्व विचार। इसीलिए उनके हर नये विचार में झकझोर देने की एक अद्‌भुत ताकत होती है (और वह विचार ही क्या जो विरोधी मत को झकझोरकर न रख दे), जिससे आप असहमत हो सकते हैं, पर खारिज नहीं कर सकते। अन्य आलोचकों से उनकी पद्धति इस मानी में थोड़ी भिन्न है कि वे विचार से रचना की ओर कभी नहीं जाते, रचना से गुजरते हुए विचार तक पहुँचने की कोशिश करते हैं। इसलिए हर महत्त्वपूर्ण रचना उनके लिए एक चुनौती होती है—कला की ओर से उठनेवाली एक नयी माँग, चुप्पी और ध्वनियों से जूझने का एक नया आमंत्रण, जिसके सामने सारा पूर्व अर्जित आलोचनात्मक ज्ञान अपर्याप्त लगने लगता है। यही कारण है कि 'चम्पा काले-काले अच्छर नहीं चीन्हती'-जैसी सीधी-सरल कविता भी उनके लिए आलोचना-कर्म की कठोर-कसौटी बन जाती है और वे दम तभी लेते हैं, जब उसके लिए एक नये काव्यशास्त्र की तलाश कर लेते हैं। एक काव्यशास्त्र उन्होंने 'कविता के नये प्रतिमान' में गढ़ा था और फिर त्रिलोचन या नागार्जुन के लिए एक नये काव्यशास्त्र की तलाश करते हैं। यह एक तरह से अपने ही पूर्व प्रतिमानों के सामने प्रश्नचिह्न लगाने की तरह है। यह एक दायित्वपूर्ण और ईमानदार कोशिश है, जिसमें आलोचक की सौन्दर्य-दृष्टि का विस्तार भी देखा जा सकता है और एक दृढ़ नैतिक साहस भी, जो हमेशा ही श्रेष्ठ आलोचना का अनिवार्य गुण होता है।

नामवर सिंह विवादों में जीनेवाले व्यक्ति हैं। जब विवाद नहीं होते तो उनके विरोधियों को भी सूना-सूना लगता है और शायद उन्हें भी। पिछले दस-पन्द्रह वर्षों में जितना उनके विरुद्ध लिखा गया है, उतना शायद किसी अन्य के विरुद्ध नहीं। कई बार मैं चकित होकर उन्हें देखता हूँ और सोचता हूँ कि वह कौन-सी रहस्यमयी ताकत है जो हर विरोध के बाद न सिर्फ उन्हें टूटने से बचाती है, बल्कि और पुख्ता बनाती है—पढ़ने और जानने के लिए और उत्सुक, और बेचैन। हिन्दी में शायद पहली बार ऐसा हुआ है कि एक आलोचक पूरे रचनात्मक परिदृश्य का केन्द्रीय व्यक्तित्व बन गया है। यह समकालीन रचनाशीलता पर स्वयं में एक टिप्पणी है, और बेशक एक सख्त टिप्पणी।

बहुत पहले त्रिलोचन ने नामवरजी के बारे में कभी कहा था कि उनके पास 'पुस्तक-पकी' आँखें हैं। परन्तु वे सिर्फ 'पुस्तक-पकी' होतीं तो कोई खास बात न थी। उनके पास वे अनुभव-पकी आँखें भी हैं—बहुत कुछ एक पूरबी किसान जैसी—जो

हर चीज को पहले ठोंकती-बजाती और पूछती-परखती हैं—तब जाकर कोई निर्णय लेती हैं। पर यह भी सच है कि नामवर सिंह को सबसे अधिक सुकून किताबों के बीच ही मिलता है। किताबें उनके लिए उस घर की तरह हैं, जहाँ हर बार आदमी लौटकर जाता है। उनके भीतर विचारों और सूचनाओं के स्तर पर अपने आपको अधुनातन और तरोताजा बनाये रखने की एक अद्भुत बेचैनी है। पढ़ने की यह भूख उनके भीतर बहुत कुछ भस्मक रोग की तरह है। अखरनेवाली बात यह है कि काम बहुधा वे अपने लेखन-कर्म की कीमत पर करते हैं। एक लेखक के लिए, मुझे यह जरूरी लगता है कि वह पढ़ने के बीच में अंतराल भी देता चले—ताकि उस खालीपन को अपने रचना-कर्म से भर सके। यह बात नामवरजी के भाषणों के बारे में भी कही जा सकती है। इसमें शक नहीं कि इस समय वे हिन्दी के सर्वश्रेष्ठ वक्ता हैं और यहाँ भी वे अपनी गुरु-परम्परा का ही विस्तार कर रहे हैं। पर कई बार यह वक्तृत्व की कला भी लेखन-कर्म में आड़े आती है—खासतौर से तब, जब भाषण अलिखित रूप में दिया जा रहा हो। होता यह है कि जब एक नया विचार मंच पर एक बार अभिव्यक्ति पा जाता है तो फिर बोलनेवाले को मानो उसे लिपिबद्ध करने की आन्तरिक विवशता से छुट्टी मिल जाती है। फिर बात जहाँ की तहाँ रह जाती है। पर स्थिति यह है कि भाषण देना नामवरजी के लिए साधु बाबा की कमरिया हो गया है—वे तो उसे छोड़ दें, कमरिया छोड़े तब न !

नामवरजी के इधर के गद्य को देखकर एक नई आहट का संकेत मिलता है। लगता है कि वे हिन्दी गद्य के 'क्लैसिकल' रंग को फिर से पकड़ने की कोशिश कर रहे हैं। यह नामवर सिंह की भाषा की सहज भूमि है, जिसकी आरम्भिक झलक उनके पहले निबन्ध-संग्रह 'बकलम खुद' में मिली थी। सुन्दर गद्य का नमूना आलोचना के क्षेत्र में लगभग दुर्लभ होता जा रहा है—समकालीन आलोचना में तो और भी। ऐसी स्थिति में यदि नामवर सिंह आज की आलोचना में हिन्दी के जातीय गद्य को फिर से प्रतिष्ठित करने की कोशिश कर रहे हैं तो मेरे जैसे लोगों के लिए यह एक महत्त्वपूर्ण घटना है—एक ऐसी कोशिश, जिसके नतीजों को दिलचस्पी के साथ देखा जायेगा। भाषा का यह नया रंग वस्तुतः नामवर सिंह के नये साहित्यिक चिन्तन की दिशा की ओर संकेत करता है। इस चिन्तन का पहला आभास 'दूसरी परम्परा की खोज' में मिला था और यह कहने की आवश्यकता नहीं कि उससे निकलनेवाली तर्क-प्रणाली दूर तक जाती है। उस छूटे हुए काम को पूरा करने और आज के साहित्य के दूसरे बहुत-से उलझे हुए सवालों से टकराने की क्षमता यदि नामवर सिंह में नहीं है तो फिर और कहाँ है—मैं नहीं जानता।

[1987]

स्मृतियाँ

अज्ञेय : अपने से बाहर है कवि का घर

समकालीन भारतीय साहित्य के विशाल परिदृश्य से अज्ञेय का अचानक उठ जाना एक अविश्वसनीय घटना है। इससे जो खालीपन पैदा हुआ है, उसे उनके आत्मीयजन और प्रशंसक तो महसूस करेंगे ही, पर शायद उससे भी अधिक उसे वे लोग महसूस करेंगे, जो उनके आलोचक रहे हैं। क्योंकि अब वह चुनौती-भरा व्यक्तित्व हमारे बीच नहीं है, जो हर चीज को सर्वथा एक नई दृष्टि से देखने का कायल था और ऐसा करते हुए बड़ा से बड़ा जोखिम उठाने को भी तैयार रहता था। बड़ा रचनाकार और विचारक वह होता है जो केवल समर्थक नहीं पैदा करता, बल्कि दूसरों को अपनी मान्यताओं को परखने और उनसे बार-बार टकराने का आमंत्रण देता है। अज्ञेय को लेकर बहुत-सी चीजों के बारे में विवाद था, पर यह निर्विवाद रूप से कहा जा सकता है कि उनमें अपने से भिन्न विचारों को उकसाने, जगाने और झकझोरने की अद्भुत क्षमता थी। ऐसा वही कर सकता है जो अपनी मूलभूत मान्यताओं–चाहे जो भी हों–के प्रति गहरी निष्ठा रखता हो। अज्ञेय में वह गहरी निष्ठा थी और उसकी जड़ें कहीं बाहर नहीं, स्वयं उनकी अक्षय रचनात्मक ऊर्जा के भीतर थीं। यह रचनात्मक ऊर्जा ही अज्ञेय की सबसे बड़ी शक्ति थी। उनके विचारों में जो कई बार एक झकझोरनेवाली ताकत दिखाई पड़ती है, वह इसलिए कि वे कोरे विचार नहीं होते थे, बल्कि उनकी जड़ें भी उनकी रचना में ही होती थीं। रचना और विचार की जैसी घुलावट अज्ञेय के सर्जक व्यक्तित्व में संभव हुई थी, वैसी अन्यत्र कम ही मिलेगी।

अज्ञेय की चर्चा बहुत हुई, मूल्यांकन अपेक्षाकृत कम। उनके मूल्यांकन में उनका भव्य विवादास्पद व्यक्तित्व लगातार आड़े आता रहा है। फलतः उससे मुक्त होकर उनके कृतित्व को न तो उनके समर्थक देख सके, न ही उनके विरोधी। परंतु इसमें रचनाकार अज्ञेय का दोष नहीं था कि उन्हें प्रकृति ने इस खास तरह के साँचे में ढालकर बनाया था। वह जो थे वही थे–अपनी रचना में भी और उसके बाहर भी। वे अपने जीवन में जितने मौन थे, रचना में उनका यह मौन कुछ ज्यादा ही भरा हुआ है। उनकी शुरू की कविताओं में यह मौन जब आता था तो वह एक सहज मौन होता था, अधिक खुला हुआ और जीवित मौन। 'हरी घास पर क्षण-भर' तक

की कविताओं में इसे साफ तौर पर देखा जा सकता है। धीरे-धीरे वह मौन अधिक गरिमा-मंडित होता गया और इसीलिए अधिक असहज भी। फिर तो मौन का एक अपना दर्शन भी बन गया जिसकी व्याख्या अज्ञेय ने बार-बार अपनी कविताओं में भी की है और अपनी गद्य कृतियों में भी। काफी हद तक इस मौन को हम अज्ञेय की स्वभावगत चुप्पी के साथ देखने के अभ्यस्त हो गए थे। पर अब जबकि वे हमारे बीच नहीं हैं तो अज्ञेय-साहित्य के अध्येताओं पर यह ज़िम्मेदारी आती है कि वे इस मौन के मिथक के भीतर छिपी अपने समय की ऐतिहासिक अर्थवत्ता को ढूँढ निकालें। यदि छायावादियों के 'असीम' और 'अनंत' का अपने समय के साथ कोई गहरा संबंध था तो बेशक अज्ञेय के इस बहुप्रचारित मौन का कोई न कोई रिश्ता उन ठोस वास्तविकताओं से होना चाहिए, जिनके बीच वे रचनारत थे।

अज्ञेय से जो मेरी पहली मुलाकात हुई थी–सन् 1952 में, उस समय भी वस्तुतः मेरी भेंट उनके मौन से हुई थी, उनसे नहीं। तब मैं इंटरमीडियट का विद्यार्थी था और बिहार के देवधर नामक स्थान में आयोजित एक साहित्यिक सम्मेलन में नौसिखुए कवि के रूप में शामिल हुआ था। अज्ञेय उस सम्मेलन के मुख्य अतिथि थे। उस अवसर पर मैंने अपनी एक छोटी-सी कविता पढ़ी थी जो किसी कारण अज्ञेय को पसंद आई। पर यह बात उन्होंने मुझे मौखिक रूप से नहीं कही, जबकि मैं उनके ठीक पीछे बैठा हुआ था। जब सभा समाप्त हुई तो उन्होंने किसी के हाथ एक चिट भेजी, जिसमें लिखे शब्द मुझे अब तक याद हैं, "साधु ! साधु ! कविता अच्छी लगी। क्या प्रतीक में छपने के लिए भेजेंगे ?" मेरे लिए उस चिट को पाना एक रोमांचकारी अनुभव था। लगभग अकल्पनीय। पर मैं देर तक सोचता रहा कि अज्ञेय ने जो बात मुझसे लिखकर कही, क्या वह सीधे रूबरू नहीं कह सकते थे। जबकि मैं ठीक उनके पीछे बैठा था। तब इस बात को समझना मेरे लिए कठिन था, पर बाद में जब उनके साहित्य को निकट से जाना तो वह सारी घटना एकदम सहज लगने लगी।

अज्ञेय संपूर्ण साहित्यकार थे। जब मैं यह कहता हूँ तो यह मानकर नहीं कि संपूर्णता अपने आपमें कोई मापदंड है। वे संपूर्ण इस अर्थ में थे कि उनका रचनात्मक व्यक्तित्व अनेक दिशाओं में फैला हुआ था। यहाँ तक कि उसकी हदें कई बार साहित्य की हदों को भी पार कर जाती थीं। अज्ञेय केवल कवि नहीं थे, यद्यपि उनकी मुख्य रूप से पहचान एक कवि के रूप में ही बनी। पर मुझे पता नहीं क्यों, अज्ञेय का आरंभिक गद्य कई बार उनकी कविताओं से ज्यादा आकर्षित करता है। फिर मुझे यह भी लगता है कि वे इतने अच्छे गद्यकार न होते तो शायद इतने बड़े कवि भी न बन पाते। मुझे यह भी लगता है कि उनकी कविता की अपेक्षा उनके गद्य में जहाँ-तहाँ अंग्रेजी विन्यास की हल्की-सी छाया के बावजूद मुझे खड़ी बोली गद्य की ठेठ प्रकृति का निर्वाह अधिक दिखाई पड़ता है। कविता को मुख्य विधा के रूप में स्वीकार कर लेने के बावजूद वे गद्य बराबर लिखते रहे। जितनी चर्चा उनके कवि-कर्म की हुई

है, उतनी उनके बादवाले गद्य की नहीं। मुझे लगता है कि 'स्मृति-लेखा' और छिटपुट अपनी डायरी के कुछ टुकड़ों में उन्होंने हिंदी गद्य का एक नया धरातल अर्जित किया है, जिसे रेखांकित किया जाना चाहिए। फिर इस गद्य के जितने भी रूप हो सकते हैं, अज्ञेय ने प्रायः सबकी रचनात्मक क्षमता को टटोलने की कोशिश की। ज्ञान-विज्ञान के विशेषीकरण के इस युग में साहित्य में भी विशेषीकरण की प्रवृत्ति बढ़ी है। अज्ञेय किसी एक विधा या एक ही कला-रूप से अपने को न बाँधकर मानो विशेषीकरण की इस सामान्य प्रवृत्ति के विरुद्ध ही एक चुपचाप, परंतु सार्थक संघर्ष करते रहे।

अज्ञेय के अध्ययन का दायरा विशाल था। और बातों को छोड़ भी दें तो वे उन गिने-चुने रचनाकारों में थे, जिनके पास पश्चिम के साहित्य की अच्छी जानकारी के साथ-साथ संस्कृत की कालजयी कृतियों के अध्ययन और आस्वादन का गहरा एवं पुष्ट आधार था। इसीलिए उनकी कविताओं में कई बार ऐसे विलक्षण प्रयोग मिलते हैं जिन्हें वही पकड़ पाएँगे जो कालिदास की कृतियों से परिचित होंगे। उनकी एक आरंभिक कविता 'द्वितीया' में जो 'अत्यंतगता' शब्द आया है, वह रघुवंश के 'अजविलाप' की याद दिलाता है। इसी तरह 'असाध्यवीणा' कविता में जो 'पर्युत्सुक' शब्द आया है, वह शाकुंतल की 'पर्युत्सुकी भवति यत् सुखितोअपि जंतुः' की गूँज लिए हुए है। कई बार मुझे लगता है कि यह पूरी कविता मानो कालिदास के उस प्रसिद्ध छंद की एक लंबी रचनात्मक व्याख्या है।

अज्ञेय के अध्ययन-क्षेत्र की चर्चा चल रही है तो एक छोटी-सी व्यक्तिगत घटना का जिक्र करना चाहूँगा। हिंदी में शोध ग्रंथ बहुत छपते हैं और यह माना जाता है कि प्रायः पढ़ने के लिए नहीं, पुस्तकालय की शोभा बढ़ाने के लिए होते हैं। कोई रचनाकार उन्हें पढ़ने की जुर्रत करता होगा, इसकी कल्पना भी नहीं की जा सकती। सन् 1971 में जब मेरा पी.-एच. डी का शोध प्रबंध पुस्तक के रूप में प्रकाशित हुआ तो आश्चर्यजनक रूप से उस पर जो पहला और अंतिम पत्र मुझे प्राप्त हुआ, वह अज्ञेय का था। उन्होंने प्रकाशक से लेकर वह पुस्तक आद्यंत पढ़ी और उस पर विस्तृत प्रतिक्रिया लिख भेजी। अज्ञेय उन विरल लोगों में थे जो छपे हुए शब्द की कीमत जानते थे और उसकी कद्र करते थे। बाद में जो वाचिक परम्परा पर जोर देने लगे तो उसके पीछे उनकी चाहे जो धारणा रही हो, छपे हुए शब्द के प्रति नकार का भाव तो बिल्कुल नहीं था।

जहाँ तक अज्ञेय की कविताओं का सवाल है, मुझे उनके पहले दौर की कविताएँ ज्यादा आकृष्ट करती हैं। उनके काव्यात्मक विकास का यह पहला दौर **'हरी घास पर क्षण-भर'** के प्रकाशन के साथ चरमोत्कर्ष पर पहुँचता है और उसी के साथ समाप्त भी होता है। बाद में जिसे नई कविता के नाम से जाना गया, पहली बार उसका प्रत्यक्ष आभास **'हरी घास पर क्षण-भर'** में ही मिला था। इसी संग्रह में अज्ञेय ने बहुत खुले मन से यह रचनात्मक घोषणा की थी कि 'अपने से बाहर आने को छोड़ नहीं

आवास दूसरा' यानी कवि का घर अपने से बाहर। अपने समाज में, अपने लोगों के बीच। अज्ञेय का यह संकल्प उनकी बहुत-सी आरम्भिक कविताओं में बोलता है और यह बोली चाहे जितनी धीमी और बारीक हो, जब भी सुनाई पड़ती है, अच्छी लगती है।

परन्तु उनकी बाद की कविताओं का विकास एकदम दूसरी दिशा में हुआ और यह एक अलग कहानी है। जाहिर है यह अवसर मूल्यांकन का नहीं है। इन पंक्तियों को लिखते समय मेरे सामने बराबर अज्ञेय की मानव आकृति है। एक जीता जागता इंसान जो अभी कुछ दिन पहले तक हमारे बीच था और अब वहाँ सिर्फ एक खालीपन है। पर जो लोग अज्ञेय की कविताओं से परिचित हैं, उनके लिए यह खालीपन एक बोलता हुआ, गूँजता हुआ खालीपन होगा। एक कवि का अचानक भरी सभा के बीच से उठकर चले जाने के बाद का खालीपन। पर इस खालीपन में भी एक पूर्णता है। क्योंकि अज्ञेय ने एक भरपूर जिन्दगी जी और अपने जीवन के एक-एक क्षण को अपनी रचनाओं में निचोड़ लेने की कोशिश की।

रचना के स्तर पर वे अन्तिम क्षण तक सक्रिय रहे और यह साँस की तरह निरन्तर चलनेवाली सक्रियता ऐसी थी जिससे युवतम पीढ़ी का नया से नया लेखक भी ईर्ष्या कर सकता था। अज्ञेय की सौ बातों से मतभेद हो सकता है, पर रचनात्मक ऊर्जा के इसी अक्षय स्रोत के प्रति सिर्फ नतमस्तक हुआ जा सकता है।

[1986]

श्रीकांत वर्मा :
दीवार पर खड़िया से लिखा एक नाम

श्रीकान्त वर्मा मेरे समकालीन थे–लेकिन सिर्फ समकालीन नहीं थे। पिछले तीस-बत्तीस वर्षों के लम्बे काल-विस्तार में हमारा परिचय एक ऐसे स्तर तक पहुँच सका था, जिसे बोलचाल की भाषा में मैत्री कहते हैं। यह एक विलक्षण सम्बन्ध था, जिसमें किसी को किसी से कोई अपेक्षा नहीं थी। सिर्फ अपने समय की एक ही अन्तर्धारा से जुड़े रहने का एक बोध था, जो हमें कहीं-न-कहीं जोड़ता था। मुझे याद है, पहली बार शायद 1953 या 54 में मुझे बिलासपुर से उनका एक पत्र मिला था, जिसमें "नई दिशा' के लिए उन्होंने कविता माँगी थी। तब मैं बनारस में था और अभी नया-नया लिखना शुरू किया था। उनके पत्र की इबारत तो भूल गयी है, पर उसका जो तात्कालिक प्रभाव मेरे मन पर पड़ा था, उसकी धुँधली-सी याद आज भी है। यह नयी कविता के उभार का जमाना था और कुछ कवि-आलोचकों द्वारा एक खास तरह के अभिजात सौन्दर्यबोध को युगबोध के रूप में प्रतिष्ठित करने का अभियान शुरू हो गया था। मुझे याद है कि श्रीकान्त वर्मा के उस पहले पत्र में इसके विरुद्ध एक तीखी प्रतिक्रिया थी। तब वे मुक्तिबोध के निकट सम्पर्क में थे और लगभग उन्हीं की कविताओं और विचारों के आलोक में अपना रास्ता तलाश रहे थे। उस पत्र के बाद थोड़े-थोड़े अन्तराल पर उनके पत्र बराबर आते रहे, इस सुस्ती के बावज़ूद कि कई बार मैं उन पत्रों का उत्तर तुरत नहीं दे पाता था। शायद 'नई दिशा' के दूसरे अंक के लिए मैंने एक कविता भेजी थी, जो उसमें छपी थी और अगर मैं भूलता नहीं तो वही उस पत्रिका का अन्तिम अंक भी था। लाख प्रयास करने के बाद भी वे उसका अगला अंक नहीं निकाल सके। उनके लिए यह पहला साहित्यिक झटका था, जिसे वे अपने युवकोचित उत्साह और स्वतःस्फूर्त रचनाशीलता के कारण सहज ही झेल गये थे।

'नई दिशा' के बन्द होने के बाद भी, श्रीकान्तजी के साथ जो पत्राचार का सिलसिला शुरू हुआ था, वह जारी रहा। अब वे 'वसुधा' में गत मास के साहित्य

पर टिप्पणियाँ लिखने लगे थे। उन टिप्पणियों को यदि आज उलट-पलटकर देखा जाय तो उनमें न सिर्फ उनके आरम्भिक विकास की झलक मिलेगी, बल्कि वहाँ यह भी देखा जा सकता है कि किस तरह प्रस्तावित और प्रचारित नयी कविता के विरुद्ध देशी चरित्रवाली एक और तरह की नयी कविता को सामने लाने की कोशिश की जा रही थी। वे टिप्पणियाँ केवल सद्यःप्रकाशित साहित्य का लेखा-जोखा नहीं होती थीं, बल्कि श्रीकान्तजी उनका इस्तेमाल एक साहित्यिक हथियार की तरह कर रहे थे और उनके सामने यह बिल्कुल साफ था कि किसका समर्थन करना है और किसका विरोध। यह विलक्षण लड़ाई जहाँ बैठकर वे लड़ रहे थे, वह एक छोटा-सा शहर था, बल्कि कहना चाहिए एक बड़ा-सा कस्बा और उनके स्वर में एक हल्की-सी कचास के साथ जो एक अद्‌भुत आत्मविश्वास था, वह इस बात का सबूत था कि अब छोटे शहर और कस्बे भी अपनी स्थानीयता के यथार्थ को और उस यथार्थ में छिपी शक्ति को पहचानने लगे थे। श्रीकान्त वर्मा ने अपनी साहित्यिक यात्रा इसी जानी-पहचानी ठोस कस्बाई भावभूमि से शुरू की थी।

यह कस्बाई लगाव श्रीकान्तजी के साहित्य में बराबर बना रहा। जो लोग उन्हें निकट से जानते हैं, वे यह भी जानते हैं कि आधुनिक जीवन के सारे ताम-झाम के बीच उनके भीतर एक चौकन्ना कस्बाई इंसान हमेशा मौजूद रहता था। यह चौकन्नापन लगभग उसी तरह का था, जैसा एक छोटे शहर से महानगर में आनेवाले व्यक्ति में पहले-पहल होता है। इस चौकन्नेपन को कई बार उनकी कविताओं में भी लक्ष्य किया जा सकता है। बहुत-से लोगों के लिए यह कल्पना करना कठिन होगा कि वे अपने कस्बाई जीवन की जड़ों के बीच जाकर कितने सहज और तनावमुक्त हो जाते थे। मुझे एक बार उनके साथ बिलासपुर जाने का अवसर मिला था। यह शायद सन् 82 की फरवरी की बात होगी। वहाँ जो लोग उनसे मिलने आये, उनमें उनके पुराने अध्यापक, मित्र और शिष्य भी थे। उस शाम मेरा एक बिल्कुल नये श्रीकान्त वर्मा से साक्षात्कार हुआ—उन्मुक्त, भावुक और जल की तरह तरल। श्रीकान्त वर्मा उस शाम देर तक बिलासपुर में बिताये अपने आरम्भिक दिनों की संघर्ष-कथा सुनाते रहे। मैंने देखा कि इन भावुक क्षणों में भी उनकी व्यंग्य-प्रतिभा पूरी तरह जागरूक थी। अचानक उन्हें अपने उन दिनों के एक साहित्यिक प्रतिद्वन्द्वी की याद आयी और फिर वे देर तक उस कैशोर प्रतिद्वंद्विता की निरर्थकता पर हँसते रहे। इस हँसी में कोई विद्वेष नहीं था, सिर्फ एक वयस्क करुणा थी जो जितनी प्रतिद्वंद्वी पर थी, उतनी ही अपने पर भी। मुझे बराबर लगता है कि इस कस्बाई लगाव ने श्रीकान्तजी की लम्बी काव्ययात्रा में हमेशा एक 'सेंसर' का काम किया है—सारे पश्चिमी प्रभाव के बीच एक चुपचाप सजग और सक्रिय 'सेल्फ सेंसर'।

इसी यात्रा का एक और प्रसंग मुझे याद आ रहा है। अगले दिन मुझे श्रीकान्तजी के साथ कोर्बा जाना पड़ा, जो बिलासपुर से कोई डेढ़-दो सौ किलोमीटर की दूरी पर

बसा एक नया औद्योगिक केन्द्र है। वहाँ जाने के पीछे उनका एक व्यक्तिगत प्रयोजन था, जिसका जिक्र उन्होंने मुझसे नहीं किया। शालबनों के बीच से जानेवाली लंबी सड़कों और पहाड़ी ढलानों से होते हुए जब हम उस पथरीले शहर के बाहरी हिस्से में पहुँचे तो हमारी गाड़ी मानो किसी पूर्वनिश्चित कार्यक्रम के अनुसार सबसे पहले एक अस्पताल के अहाते में दाखिल हुई। फिर किसी एक स्थानीय व्यक्ति की सहायता से हम बरामदों और गलियारों को पार करते हुए रोगियों के कक्ष में ले जाये गये। मुझे यह देखकर परम आश्चर्य हुआ कि वहाँ पहुँचकर श्रीकान्तजी बड़े सहजभाव से एक वृद्ध रोगी से बातचीत करने लगे। मैंने ध्यान से सुना, बातचीत अंग्रेजी में हो रही थी। मुझे बाद में पता चला कि जिस व्यक्ति से बातचीत कर रहे थे, वह और कोई नहीं, स्वयं उनके वृद्ध पिता थे, जो काफी दिनों से रोगशय्या पर पड़े थे। मुझे पिता-पुत्र का यह मिलन कई दृष्टियों से अद्‌भुत लगा—एक गम्भीर और शान्त मिलन, जिसमें कहीं कोई भावुकता नहीं थी। मुझे उस यात्रा में—श्रीकान्तजी की रचना के दोनों छोर एक साथ देखने को मिल गये—उनकी गहरी कस्बाई संवेदना और उनकी तीखी निर्वैयक्तिक आधुनिकता। उनके व्यक्तित्व के दोनों ही रंग। उनकी कविता का ताना-बाना इन्हीं दोनों तत्त्वों के तनाव और कई बार उनके मिश्रण से बना था।

सन् 1976 के अगस्त में जब मैं नया-नया दिल्ली आया तो उस समय श्रीकान्तजी नार्थ एवेन्यू में रहते थे। संयोगवश मुझे भी उनके पड़ोस में ही रहने के लिए एक कमरा मिल गया। वहाँ रहते हुए प्रायः रोज ही उनसे मिलना होता था। ये आपातकाल के दिन थे और श्रीकान्तजी उस दल के सदस्य और एम. पी. थे, जिसने देश पर आपातकाल लागू किया था। वे पूरी निष्ठा के साथ दल के लिए काम कर रहे थे, पर अपने आत्मीय क्षणों में कई बार भीतर से परेशान भी दिखते थे। मैंने लक्ष्य किया कि उनकी बहस का स्वर धीरे-धीरे धीमा होने लगा था और कहीं गहरे में वे अपने ही प्रश्नों से घिरने लगे थे। यह उनके जीवन का शायद सबसे रचनाशून्य काल था। कविता में युवा-विद्रोह और अकविता के स्वर ठण्डे पड़ चुके थे और चर्चाओं में पूरे काव्य-परिदृश्य पर मुक्तिबोध का व्यक्तित्व छाया हुआ था। इसी सन्दर्भ में एक शाम उनके साथ अस्तित्ववाद की चर्चा छिड़ गयी। वे उस दिन कुछ थके हुए-से दीख रहे थे और शायद कुछ अस्वस्थ भी। बोले, "केदारजी, मुझे लगता है कि अस्तित्ववाद हिन्दी में एक अस्वस्थ्यकर प्रभाव के रूप में आया था। उसने साहित्य को कम और हमारे जीने और सोचने के ढंग को अधिक प्रभावित किया। यह एक दुर्घटना थी, जिसके असर से उबरने में मुक्तिबोध की कविताओं ने बहुत महत्त्वपूर्ण भूमिका अदा की।" मैंने उन्हें याद दिलाया कि कुछ आलोचकों ने स्वयं मुक्तिबोध पर—खासतौर से उनकी कविता 'अँधेरे में' पर अस्तित्ववाद के प्रभाव का आरोप लगाया है। उन्होंने कहा, "नहीं, यह आरोप हास्यास्पद है। मुक्तिबोध की जड़ें अपने देश और अपने समय में बहुत गहरी थीं।" फिर उन्होंने इसी सन्दर्भ में इस बात की

विस्तार से चर्चा की कि 'ब्रह्मराक्षस' कविता के अनुवाद को लेकर अमरीकी अनुवादकों के सामने क्या समस्या खड़ी हुई थी। समस्या यह थी कि अंग्रेजी में ब्रह्मराक्षस का क्या किया जाय। इस शब्द का कोई प्रतिशब्द वहाँ था ही नहीं। फिर हुआ यह कि ब्रह्मराक्षस को अंग्रेजी में भी ब्रह्मराक्षस ही रहने दिया गया और नीचे टिप्पणी दे दी गयी। फिर हँसते हुए उन्होंने कहा—"कारण यह था कि मुक्तिबोध का ब्रह्मराक्षस 'नदी के द्वीप' की तरह कहीं बाहर से तो आया नहीं था। वह सदियों से हमारे लोकविश्वास में जीवित था और मुक्तिबोध उसे वहीं से उठा लाये थे।" मैंने हर बार लक्ष्य किया था कि श्रीकान्तजी जब मुक्तिबोध की चर्चा करते थे तो उनकी भारी आवाज थोड़ी कोमल हो जाती थी और उनकी आँखों में एक नयी चमक आ जाती थी।

उन्हीं दिनों की एक छोटी-सी घटना याद आती है। इतवार का दिन था और उनसे सुबह-सुबह मिलने की बात थी। मैं पहुँचा तो वे तैयार बैठे थे। बोले—"चलिए, चलते हैं।" मैंने पूछा—"कहाँ ?" बोले—"चिड़ियाघर।" मैंने कहा—"चिड़ियाघर क्यों ?" बोले—"और कहाँ ?" इस 'और कहाँ' का उत्तर चिड़ियाघर हो सकता है, मैंने सोचा तक नहीं था। मुझे 'चिड़ियाघर' जाना कुछ अजब-सा लग रहा था। पर उनका आग्रह था, इसलिए जाना पड़ा और जब गये तो फिर घण्टा-दो घण्टा नहीं, लगभग पूरा दिन भालुओं, चीतों और गैंडों के बीच बिताया। थक गये तो वहीं ढाबे से रोटियाँ खरीदीं और एक बड़े-से झंखाड़ पेड़ के नीचे बैठकर उन्हें खाया। उस दिन वे बड़े 'मूड' में थे और मैं नहीं जानता, वह कौन-सी पीड़ा थी जो उन्हें सत्ता की दुनिया से खींचकर पशुओं की दुनिया में ले गयी थी। जब हम लौट रहे थे तो वे अचानक एक गैंडे को देखकर रुक गये। बोले—"उसकी आँखों को जरा गौर से देखिए। वहाँ एक अजब-सी कातर तरलता है। मुझे उस तरलता को देखकर अपने बिलासपुर के दिनों की याद आती है।" मैं तत्काल उनके आशय को पूरी तरह समझ नहीं सका। पर गैंडे की आँखों को देखकर बिलासपुर के दिनों की याद आनेवाली उनकी बात मुझे बहुत दूर तक मथती रही।

श्रीकान्तजी के साहित्य में अकेलेपन का जिक्र बार-बार आता है—यहाँ तक कि वहाँ प्रेम भी आता है जो व्यक्ति को और अकेला कर जाता है। मुझे एक बार बातों-बातों में उन्होंने बताया था कि वे राजनीति में अकेलेपन से बचने के लिए ही गये थे। उनका खयाल था कि अपनी बहिर्मुखी प्रकृति के कारण राजनीति अकेलेपन का विकल्प बन सकती है और यह कि वहाँ आदमी को इतनी फुर्सत भी नहीं होती कि वह अकेला हो सके। पर ऐसा हुआ नहीं। उनको निकट से जाननेवाले जानते हैं कि राजनीति ने उन्हें क्रमशः और अकेला बनाया। जीवन के अन्तिम कुछ महीनों में उनका अकेलापन और गाढ़ा हो गया था। अमरीका से हृदय की शल्य चिकित्सा कराकर लौटने के बाद वे मृत्यु की चर्चा प्रायः करने लगे थे। मृत्यु की सीमा छूकर लौटने के बाद मृत्यु उनके लिए वास्तविक और ठोस हो गयी थी। यह अकारण नहीं

है कि 'मगध' की कविताओं और उनकी अन्तिम दिनों की डायरी में शव का बिम्ब बार-बार आता है। यहाँ तक कि उन्हें तीन लोक से न्यारी काशी भी याद आती है तो सबसे पहले याद आता है मणिकर्णिका घाट। कोई दो वर्ष पूर्व उन्होंने मुझसे एक बार अपने एक भावी उपन्यास की चर्चा की थी, जिसका नाम सोचा था 'गंगाधर का शव', अर्थात् शिव का शव। इस नाम में एक विलक्षण विरोधाभास था, जिसमें उनकी उस समय की मनःस्थिति और सोच की झलक साफ देखी जा सकती है।

श्रीकान्त वर्मा का जो बिम्ब हिन्दी में बना था, वह बहुत कुछ एक तीखे तेवरवाले विद्रोही कवि का बिम्ब था–एक ऐसा कवि जो हर चीज, यहाँ तक कि अपने प्रेम और विश्वास की भी धज्जियाँ उड़ाता है। फिर जब वे सत्तारूढ़ दल की ओर झुके तो यह बहुतों को कुछ अटपटा-सा लगा और इसकी तीव्र प्रतिक्रिया भी हुई। यह विशेष रूप से उल्लेखनीय है कि वे अपनी पीढ़ी के लोगों में अकेले ऐसे कवि थे, जिनके विरोध के व्याज से हिन्दी में कुछ महत्त्वपूर्ण और दिलचस्प कविताएँ और कहानियाँ लिखी गयीं। सक्रिय राजनीति में जाने के बाद वे साहित्य की दुनिया की गहमागहमी से कुछ कट-से गये थे और यह बात उन्हें बार-बार टीसती रहती थी। राजनीति की दुनिया में गहमागहमी कुछ कम न थी। पर श्रीकान्त वर्मा मूलतः कवि थे और कई बार राजनीति के मोर्चे पर अपने आपको बिल्कुल निहत्था पाते थे। वे खूब जानते थे कि साहित्य के हथियार से राजनीति की लड़ाई नहीं लड़ी जा सकती। शायद इसीलिए सत्ता की राजनीति की धुरी के एकदम निकट पहुँच जाने के बाद भी वे वह नहीं प्राप्त कर सके, जिसे एक पेशेवर राजनीतिज्ञ जरा-से कौशल के साथ आसानी से प्राप्त कर सकता था। सत्ता की दुनिया के अपने दीर्घकालिक अनुभवों का रचनात्मक इस्तेमाल उन्होंने अपने अन्तिम काव्य-संग्रह 'मगध' में किया, जहाँ उन्हें वर्तमान के विघटन को चित्रित करने के लिए नष्ट संस्कृतियों के एक सम्पूर्ण मिथक-लोक की कल्पना करनी पड़ी। जिस जगह खड़े होकर वे चीजों को देख रहे थे, वहाँ से उन्हें उठाकर कविता में जस-का-तस लाना और सीधे-सीधे कह देना उनके लिए सम्भव नहीं था। उनकी इस दौर की कविताओं का मुहावरा, उनकी परिचित मुद्रा के विपरीत, बेहद ठण्डा और शान्त है। अपने समय के बिखराव को इतने ठण्डे और शान्त मुहावरे में व्यक्त करने की कोशिश, कला की दृष्टि से एक कठिन काम है और एक हद तक जोखिम-भरा भी। श्रीकान्तजी में जोखिम उठाने की शक्ति थी और यहाँ भी उन्होंने पूरे कलात्मक साहस के साथ वह जोखिम उठाया है। एक बात साफ है कि 'मगध' के सारे मिथकीय आवरण के भीतर उसका राजनीतिक निहितार्थ बहुत देर तक छिपा नहीं रहता–

> कोसल अधिक दिन टिक नहीं सकता
> कोसल में विचारों की कमी है !

यहाँ कोसल को हटाकर पटना, लखनऊ या दिल्ली किसी को भी रख लीजिए, अर्थ अधिक स्पष्ट और मूर्त हो जायेगा। पर जहाँ तक 'मगध' की कविताओं की पूरी बनावट का सवाल है, उसको लेकर मेरे मन में कुछ 'रिजर्वेशन' थे, जिसे वे जानते थे। उन्हीं दिनों एक पत्रिका ने मुझसे यह प्रस्ताव किया कि मैं उनकी किसी एक कविता को चुनकर उस पर एक छोटी-सी टिप्पणी लिखूँ। मैंने उनसे बात की और मुझे लगा कि वे चाहते हैं कि उनकी नयी कविताओं में से ही कोई कविता चुनी जाय। पर जब टिप्पणी छपकर सामने आयी तो वह एक ऐसी कविता के बारे में थी, जो उन्होंने कोई 20-25 वर्ष पहले लिखी थी। इसके बाद जब मैं उनसे मिला तो मुझे आशंका थी कि उन्होंने बुरा माना होगा। पर मिलने पर उन्होंने सिर्फ इतना कहा, "यह आपका चुनाव है और मैं उसका सम्मान करता हूँ।"

राजनीति में जाने के फायदे-नुकसान जो भी हों, पर मुझे लगता रहा है कि सार्वजनिक जीवन से सम्पर्क और उसके प्रति खुले रहने के कारण श्रीकान्तजी के व्यक्तित्व में थोड़ा लचीलापन आ गया था और एक सुखद सहिष्णुता भी। इस सम्बन्ध में एक छोटी-सी घटना का उल्लेख करना चाहूँगा। भोपाल में 'जनतन्त्र और आलोचना' पर गोष्ठी आयोजित थी, जिसमें उन्हें भी बोलना था और मुझे भी। मैं जब बोल रहा था तो किसी बात पर उन्होंने मुझे बीच में टोका और यह टोकाटोकी कुछ देर तक चलती रही। मुझे जो कहना था, मैंने कहा और फिर बात आयी-गयी हो गयी। शाम की गोष्ठी के बाद जब मैं अगले दिन उनसे उनके होटलवाले कमरे में मिला तो वे बहुत परेशान दिखे। मिलते ही बोले, "मुझे दुख है, कल मैंने आपको बीच में टोका। मैं तब से बेहद परेशान हूँ कि मैंने ऐसा क्यों किया। आप मेरे मित्र हैं और मित्र विचार से बड़ा होता है। मैं विचार के लिए मित्र को खोना नहीं चाहता।" मैं उस टोकाटोकीवाली बात को भूल चुका था, पर वह ज़रा-सी बात उन्हें इतना परेशान कर सकती है, मैंने कल्पना तक नहीं की थी। शायद इसका एक कारण यह हो कि राजनीति में जाने के बाद वे धीरे-धीरे साहित्यिक दुनिया के अपने बहुत-से मित्रों को खो चुके थे और जो बचे-खुचे रह गये थे, उन्हें वे किसी भी कीमत पर खोना नहीं चाहते थे।

मेरी अन्तिम भेंट उनसे उनके आवास पर ही हुई थी, जब वे इलाज के लिए न्यूयार्क जाने की तैयारी कर रहे थे। बीमारी की गम्भीरता की जानकारी उन्हें हो चुकी थी, पर मुझे यह देखकर सुखद आश्चर्य हुआ कि उस दिन वे बिल्कुल परेशान नहीं थे। लोगों से उतने ही सहज ढंग से बातें कर रहे थे, जैसे हमेशा किया करते थे। जो व्यक्ति कई बार बिना कारण भी परेशान दिखता था, वह परेशानी के सबसे बड़े कारण को जान लेने के बाद भी, इतना शान्त और व्यवस्थित है, यह बात मुझे अद्‌भुत लगी। उस दिन जब मैं उनसे मिलकर लौटा तो एक उम्मीद की रोशनी अपने साथ लेकर लौटा। शायद उसके तीसरे दिन वे न्यूयार्क गये और उसके बाद जो कुछ

हुआ, वह सबको मालूम है। जिस दिन उनका निधन हुआ, मैं अपने अन्य भारतीय कविमित्रों के साथ बोस्टन में था, जो न्यूयार्क से बहुत दूर नहीं है। वहाँ उनके निधन के बारे में कोई सूचना नहीं मिली। अगले दिन जब मैं मराठी कवि अरुण कोलटकर के साथ भारत लौट रहा था तो रास्ते में हमें सूचना मिली कि उसी प्लेन से श्रीकान्तजी का पार्थिव शरीर भी भारत लौट रहा है। 'हाउ ऑयरनिकल' (कैसी विडम्बना है !) अरुण कोलटकर एकदम चीख पड़े। फिर देर तक हमारे बीच कोई बात नहीं हुई। अपनी सीट पर बैठे-बैठे मैं लगातार सोचता रहा कि 'मायादर्पण' के कवि के जीवन की यह जो दारुण परिणति है, क्या इससे बचने का कोई उपाय था ? इसका उत्तर 'हाँ' में भी हो सकता है, 'नहीं' में भी। पर 'नहीं' शायद ज्यादा सही है। श्रीकान्तजी ने अपनी एक बहुत पुरानी कविता में बड़ी तड़प के साथ लिखा था–'अब मैं घर जाना चाहता हूँ।' पर यह कविता की बात थी। जीवन में वे फिर पलटकर बिलासपुर की अपेक्षाकृत शान्त और सुरक्षित दुनिया में वापस नहीं गये। उनके भीतर जो रचनात्मक ऊर्जा और बेचैनी थी, उसको देखते हुए यह सम्भव भी नहीं था। इस विडम्बनापूर्ण स्थिति की चर्चा उन्होंने 'मगध' की एक कविता में की है, जो एक तरह से उनके जीवन और कृतित्व पर सबसे सटीक और अर्थपूर्ण टिप्पणी भी है–एक ऐसी तिलमिला देनेवाली टिप्पणी, जिसके बाद कुछ भी कहना बेमानी हो जाता है–

चाहता तो बच सकता था
मगर कैसे बच सकता था
जो बचेगा
कैसे रचेगा ?

[1986]

सोमदत्त के बारे में

सोमदत्त से मेरा परिचय कोई दस-पंद्रह साल पुराना था—हालाँकि एक कवि के रूप में मैं उन्हें इससे पहले भी जानता था। उनसे पहली भेंट बिल्कुल औपचारिक थी। सन् 1976 के सितंबर में साहित्य अकादमी ने भोपाल में कविता के अनुवाद की समस्या पर एक संगोष्ठी आयोजित की थी। सोम उसमें शामिल थे और मैं भी। पहली भेंट उनसे तभी हुई थी। उस संगोष्ठी की बहुत सारी बातें भूल गई हैं। पर जो बात याद रह गई है वह है 'चरोखर' शब्द पर होनेवाली बहस। यह बुंदेली शब्द सोम की ओर से आया था—'चरागाह' के लिए। प्रसंग शायद नेरूदा की कविता का था, जिसके अनुवाद में कहीं चरागाह शब्द आता था। सोम का आग्रह था कि उसकी जगह 'चरोखर' शब्द होना चाहिए, जो देशज होने के कारण अधिक दमदार है। याद यह भी है कि बहस में सोम की बात मानी नहीं गई थी, पर एक शब्द के ठेठपन के पक्ष में उनकी यह रचनात्मक लड़ाई मुझे दिलचस्प लगी थी और शायद इसी एक बात ने मेरे और उनके बीच जो औपचारिकता की दीवार थी, उसे ध्वस्त कर दिया था। यह तो मैंने बाद में जाना कि मूलतः सोम एक ऐसे व्यक्ति थे, जो देर तक औपचारिकता का ढोंग बर्दाश्त नहीं कर सकते थे और जिसे वे बर्दाश्त नहीं कर सकते थे, उसे चुपचाप कंधे से उतारकर एक तरफ रख देने का कौशल उनके पास था।

सोमदत्त पेशे से पशु-चिकित्सक थे। मैंने काम करते उनको देखा था और मैं निजी साक्ष्य के आधार पर कह सकता हूँ कि वे जितने समर्पित अपनी कविता के प्रति थे, उससे जरा भी कम अपने पेशे के प्रति नहीं। उनके साथ यात्रा करना एक बिल्कुल अलग किस्म का अनुभव था। मुझे भोपाल से सागर तक की एक यात्रा याद आ रही है, जो हमने लगभग एक घोड़ागाड़ी की चाल से चलनेवाली पैसेंजर ट्रेन से कोई छह या सात घंटे में पूरी की थी। यात्रा दिन की थी और सोम चूँकि उस ट्रेन के 'मिजाज' को जानते थे, इसलिए पूरी तरह तैयार होकर आए थे। उनके थैले में खाने-पीने की प्रचुर सामग्री थी—यहाँ तक कि चटनी और अचार भी। उस लंबी यात्रा में वे लगातार अपने सुपरिचित पशु-जगत के वे अनुभव सुनाते रहे, जो उन्होंने एक चिकित्सक के रूप में अर्जित किए थे। मुझे याद है, जब वे उस दवा

के बारे में बता रहे थे, जो कोई पंद्रह-बीस वर्ष पहले विदेश से भारत आई थी और जिसकी पहली खेप को लाने के लिए उन्हें आधिकारिक रूप से बंबई भेजा गया था, तो उनके चेहरे पर उत्तेजना की वैसी ही लालिमा थी, जैसी कविता पढ़ते समय होती थी। उसी यात्रा में मुझे पता चला कि पशु-जगत के साथ-साथ वनस्पति-जगत के बारे में भी उनकी जानकारी बहुत व्यापक और गहरी थी। यह जानकारी उन्होंने सिर्फ किताबों से नहीं, बल्कि लोक-जीवन के साथ अपने गहरे जुड़ाव के भीतर से हासिल की थी। इसलिए उसमें एक विविधता थी और एक रचनात्मक खोज जैसी सुखद ताजगी भी। ये अनुभव उनकी कविता में कई बार छनकर और कई बार बिना किसी काट-छाँट के ज्यों-के-त्यों आ जाते थे। उनकी कविता समकालीन कविता के अभ्यस्त पाठक को शुरू-शुरू में जो एक झटका देती है, उसका कारण सिर्फ उसका जान-बूझकर लाया गया खुरदुरापन नहीं, बल्कि उसके पूरे अनुभव-लोक का किंचित भिन्न और अपरिचित होना भी है। सोम अपनी पीढ़ी के शायद अकेले ऐसे कवि थे, जो यह बता सकते थे कि लोक-जीवन में आषाढ़ की वर्षा और क्वार की वर्षा और माघ की वर्षा के लिए क्या अलग-अलग नाम होते हैं और यह कि अँगीठी की आँच और चूल्हे की आँच को भाषा के स्तर पर कैसे अलगाया जा सकता है।

सोमदत्त की कविता में उनके इस अनुभव-समृद्ध व्यक्तित्व का सिर्फ एक छोटा-सा हिस्सा ही छनकर आ सका था। अभी बहुत कुछ था, जिसे वे एक बड़े दायित्व और बड़ी तैयारी के साथ रचना में ढालने के संघर्ष में जुटे हुए थे। इस संघर्ष में वे जिन बहुत-से औजारों को काम में ले आते थे, उनमें से एक था अनुवाद। किसी बड़ी योजना के तहत अनुवाद करना उनके स्वभाव के विपरीत था। विदेशी कवियों को पढ़ते हुए जो भी, जहाँ भी उन्हें अच्छा लग जाता था, उसे अपनी भाषा में ले आने के लिए वे बेचैन हो जाते थे। वास्को पोपा से मिलकर जिन दिनों वे युगोस्लाविया से लौटे थे, उन दिनों बात करते हुए अक्सर उनके दिमाग में पोपा की कोई न कोई कविता होती थी और थैले में पोपा की किताब।

सोम के गद्य की ओर कम ध्यान दिया गया है। मेरा खयाल है, वास्को पोपा पर लिखा हुआ उनका संस्मरण अपने उत्फुल्ल गद्य और अपनी निर्व्याज तथा गहरी काव्यात्मक संवेदना के कारण लंबे समय तक याद किया जाएगा। सोम के अनुवादों को लेकर बहस हो सकती है। पर मेरा मानना है कि एक रचनाकार, खासतौर से एक विकसनशील रचनाकार, के लिए अनुवाद कभी भी सिर्फ अनुवाद नहीं होता। अनुवाद करते समय अक्सर वह अपने को मुक्त आकाश के नीचे एक अदृश्य कक्षा में बैठा हुआ अनुभव करता है, जहाँ स्वयं अपना शिक्षक होता है और स्वयं अपना शिक्षार्थी भी। सोम के ज्यादातर काव्यानुवाद इसी प्रक्रिया के अंतर्गत किए गए थे, जहाँ अनुवाद की पूर्णता के बजाय, मूल कृति के आलोक में खुद अपनी रचनात्मक क्षमता को जाँचने-परखने और उसे खराद पर चढ़ाने की कोशिश अधिक थी।

सन् '84 में कुछ समय के लिए जब मैं निराला-सृजनपीठ के निदेशक के रूप में भोपाल था तो सोम से प्रायः रोज ही मिलना होता था–'साक्षात्कार' के दफ्तर में। 'साक्षात्कार' उनके लिए सिर्फ एक साहित्यिक पत्रिका नहीं, बल्कि अपने समय की संवेदना और सोच का आईना था। संपादन की यह लड़ाई रचना की लड़ाई से बिल्कुल अलग थी और यहाँ वे कई बार एक अजब ढंग से बेचैन और अकेले दिखाई पड़ते थे। 'साक्षात्कार' को समकालीन साहित्यिक पत्रिकाओं में जो एक केंद्रीयता सहज ही मिल गई थी, उसके पीछे सोम का कितना अकूत श्रम था और कितना बड़ा संघर्ष, इसे बहुत कम लोग जानते होंगे। पत्रिका को जीवंत बनाए रखने के लिए उनके दिमाग में कोई न कोई योजना हमेशा रहती थी। मृत्यु से लगभग डेढ़-दो महीने पहले उन्होंने हिंदी के सात समकालीन कवियों के पास 37 प्रश्नों की एक लंबी सूची भेजी थी, जो खासी दिलचस्प थी। इसमें एक ओर यदि यह भारी-भरकम सवाल था कि "आपकी विश्व-दृष्टि क्या है" तो दूसरी ओर यह हल्का-फुल्का मगर उत्तेजक सवाल भी कि "शरीर से आप कौन-सा सुख अब भी चाहते हैं।" उनकी यह विलक्षण संपादकीय योजना अधूरी रह गई–ठीक उनके जीवन की तरह। पर उनके प्रश्न अब भी–मानो हवा में टँगे हुए–अपने उत्तर की प्रतीक्षा कर रहे हैं।

सोम के साथ जो मेरी असंख्य मुलाकातें थीं, उनमें श्रीनगर (कश्मीर) की मुलाकात की स्मृति बिल्कुल अलग है। यह संयोग ही है कि यह मुलाकात भी एक अनुवाद-कार्यशाला के सिलसिले में ही हुई थी। कोई 20-21 दिनों तक चलनेवाली इस कार्यशाला में सोम हर रोज पूरी तैयारी के साथ जाते थे–लगभग एक निष्ठावान छात्र की तरह अपना पूरा 'होमवर्क' कर लेने के बाद। एक दिन जब उनसे बातचीत के एक सत्र की अध्यक्षता करने के लिए कहा गया तो उनका एक बिल्कुल नया ही रूप प्रकट हुआ। चूँकि कार्यशाला में अन्य भाषाओं के लोग भी शामिल थे, इसलिए–जैसा कि अखिल भारतीय गोष्ठियों का एक अलिखित नियम-सा बन गया है–गोष्ठी का सारा कार्यक्रम अंग्रेजी में चल रहा था। सोम इतने दबंग अध्यक्ष साबित होंगे, इसकी कल्पना मैंने नहीं की थी। उन्होंने खूब डटकर अध्यक्षता की और अपनी नपी-तुली व्यंग्यपूर्ण अंग्रेजी टिप्पणियों से अच्छी धाक जमाई अन्य भाषा-भाषियों पर। कार्यशाला में बिज्जी (विजयदान देथा) भी मौजूद थे। गोष्ठी के बाद सोम पर उनका वात्सल्य ऐसा उमड़ा कि उन्हें 'मुन्ना' कहने लगे। फिर यह संबंध ऐसा पुख्ता हुआ कि सोम अंत तक बिज्जी के लिए 'मुन्ना' ही बने रहे।

सोमदत्त से मेरी अंतिम बातचीत बिज्जी को लेकर ही हुई थी–टेलीफोन पर। रोग की चपेट में आने से कोई तीन-चार दिन पहले एक शाम भोपाल से अचानक उनका फोन आया। पूछा–"बोरूंदा चल रहे हैं।" बोरूंदा, यानी बिज्जी का ठेठ राजस्थानी गाँव, जहाँ साहित्य अकादमी ने एक लोक-साहित्य-संगोष्ठी का आयोजन कर रखा था। जब मैंने चलने की बात कही तो बोले–"मेरा भी आरक्षण करा लीजिए।

पहले दिल्ली आऊँगा और फिर वहाँ से साथ बोरूंदा चलेंगे।" मैंने हाँ तो कर दी, पर न जाने क्यों आरक्षण नहीं कराया—न उनका, न अपना। यह तो मैंने बाद में जाना कि मुझसे फोन पर बात करने के तीसरे या चौथे दिन वे गंभीर रूप से बीमार पड़े थे। जिस दिन हमें बोरूंदा जाना था, उस दिन वे जीवन और मृत्यु की कठिनतम लड़ाई लड़ रहे थे। इस लड़ाई का क्या हुआ—अब वह एक दहला देनेवाले सच की तरह हम सबके सामने है। सबसे दुखद यह है कि सोम उस समय गए, जब उनकी निजी दुनिया और साहित्यिक दुनिया, दोनों को उनकी सबसे अधिक जरूरत थी। पिछले कुछ वर्षों में उन्होंने अपना यह विलक्षण निजी मुहावरा पा लिया था, जिसको पा लेने के बाद एक कवि कविता के भूगोल में उस खास अक्षांश के उस खास बिंदु पर खड़ा होता है, जहाँ खड़ा होने का अधिकार उसे और सिर्फ उसे होता है। हर सच्चे रचनाकार क़ी तरह साहित्य में—और जीवन में भी—सोम की सबसे बड़ी चिंता यही थी—

> क्या करूँ क्या करूँ
> कि मुझे अपनी ही ज़मीन पर
> हक़ मालिकाना मिल जाए…

[1989]

परिशिष्ट

साक्षात्कार

कविता क्रांति ले आयेगी, ऐसी ख़ुशफहमी मैंने कभी नहीं पाली

विनोद दास की बातचीत

विनोद दास : आपने अपने पिछले एक इन्टरव्यू में कहा था कि 'चौथा सप्तक' का प्रकाशन प्रासंगिक नहीं है। क्या आप आज भी ऐसा ही सोचते हैं ?

केदारनाथ सिंह : 'चौथा सप्तक' के बारे में मेरी धारणा में कोई परिवर्तन नहीं हुआ है। उसमें सम्मिलित कवियों की गुणवत्ता पर मुझे कुछ नहीं कहना है। मेरा कमेन्ट केवल चौथा सप्तक की ऐतिहासिकता के सम्बन्ध में था। आप ध्यान से देखें तो 'तारसप्तक' के बाद से सप्तकों की ऐतिहासिकता का महत्त्व उत्तरोत्तर कम होता गया है। उस सन्दर्भ में एक लम्बे अन्तराल के बाद 'चौथा सप्तक' का प्रकाशित होना–वह भी खासतौर से तब, जबकि समकालीन कविता व्यापक स्वीकृति पा चुकी हो–कोई खास मायने नहीं रखता।

विनोद दास : अब मैं आपके कृतित्व के बारे में कुछ पूछना चाहूँगा। पहला सवाल यह है कि आपके सम्बन्ध में एक बात बार-बार कही गयी है और वह यह कि आप बिम्बों के कवि हैं। इस सम्बन्ध में कुछ कहना चाहेंगे ?

केदारनाथ सिंह : यह बात क्यों चल पड़ी, यह मेरे लिए भी थोड़ा विस्मयजनक है। एक़ बहुत सीधा और स्थूल कारण मेरी समझ में जो आता है–वह है बिम्ब पर मेरा किया गया शोध-कार्य। लगता है, सुविधा के चलते मेरी कविता को मेरे शोधकार्य से आसानी से जोड़ लिया गया है, जबकि मैं जानता हूँ कि बिम्बों की बहुलता और बिम्ब-रचना का कौशल हिन्दी के अनेक समकालीन कवियों में कहीं ज्यादा है। मैं खासतौर से शमशेरबहादुर सिंह का नाम लेना चाहूँगा।

विनोद दास : कविता में बिम्ब की स्थिति के बारे में आपकी क्या अवधारणा है ?

केदारनाथ सिंह : मैं मानता हूँ कि बिम्ब कविता का एक महत्त्वपूर्ण तत्त्व है। और मैं ऐसा कतई नहीं मानता कि बिम्ब-प्रधान कविता प्रगति-विरोधी या जन-विरोधी होती है। यदि ऐसा मान लें तो नेरूदा और हिन्दी में शमशेरजी की असंख्य कविताओं

को प्रगतिशील दायरे से खारिज कर देना पड़ेगा। यह अवश्य है कि बिम्ब अपने आप में कविता का साध्य नहीं है। वह हर हालत में सम्प्रेषण की एक लम्बे समय से आजमायी हुई विधि है, जो आज के कवि के लिए, जिसके निकट भाषा दिनोंदिन अवमूल्यित होती जा रही है, बहुत महत्त्वपूर्ण है।

विनोद दास : सम्प्रेषण प्रक्रिया में बिम्ब की भूमिका के बारे में कुछ बतायें।

केदारनाथ सिंह : गद्य से कविता जिन अर्थों में भिन्न होती है, उनमें से एक यह है कि वह पाठ-प्रक्रिया के दौरान एक खास तरह की रचनात्मक बाधा उपस्थित करती चलती है। यह रचनात्मक बाधा कविता में जिन तत्त्वों के जरिये उत्पन्न की जा सकती है, उनमें सबसे प्रमुख है बिम्ब। बिम्ब पाठक को रोकता-टोकता चलता है और एक हद तक उसे विवश करता है कि वह रुके और सोचे और समग्र कविता के बारे में तुरत-फुरत कोई फैसला न दे दे। यह रचनात्मक बाधा शायद एक ऐसी कसौटी है जिस पर हम कविता का श्रेणी-विभाजन कर सकते हैं। मुक्तिबोध की कविताएँ शायद इस तरह की बाधा सबसे ज्यादा उपस्थित करती हैं और मुक्तिबोध जिन कारणों से बड़े कवि हैं, उनमें यह प्रमुख है।

विनोद दास : आपकी कविताओं का सम्बन्ध गाँव-गँवई के जीवन से भी रहा है। क्या आप अपनी कविता और गाँव के बीच कोई रिश्ता महसूस करते हैं ?

केदारनाथ सिंह : बेशक ! करता हूँ। मैं गाँव का आदमी हूँ और दिल्ली में रहते हुए भी एक क्षण के लिए भी नहीं भूलता कि मैं गाँव का हूँ। यह गाँव का होना कोई मुहावरा नहीं है, बल्कि इसके विपरीत मेरे जीवन की एक गहरी लगाव-भरी वास्तविकता है, जिसे मैं अनेक स्तरों पर जीता हूँ। साल के कम-से-कम डेढ़-दो महीने मैं गाँव में गुजारता हूँ और वहाँ के सुख-दुःख में हिस्सा लेता हूँ। दरअसल मुझे लगता है कि मेरे भीतर एक सहज किसान के लगाव काम करते हैं और यह अकारण नहीं है कि उससे जुड़े हुए अनेक संकेत शायद मेरी रचना में भी ढूँढ़े जा सकते हैं। इसके साथ ही एक और बात मैं महसूस करता हूँ और वह यह कि हिन्दी कविता की अपनी परम्परा शुरू से ही गाँव से जुड़ी रही है। मैं आज की कविता को जब अत्यधिक नागरिक होते देखता हूँ तो मुझे कई बार अपने भीतर एक डर पैदा होता है कि कहीं वह अपना जातीय स्वरूप खो न दे। यह तय है कि आज हम उस तरह गाँव की तरफ नहीं लौट सकते, जैसे मध्ययुग के कवि लौट सकते थे। पर यह मुझे बराबर लगता है कि गाँव की चेतना और आधुनिक जीवन की वास्तविकता के बीच एक संतुलनपूर्ण तनाव समकालीन हिन्दी कवि के लिए जरूरी है। मेरी कोशिश उसी दिशा में है।

विनोद दास : आपकी कविता की तकनीक या रूपबन्ध आधुनिक है, लेकिन आप इस आधुनिक तकनीक में गाँव के जीवन की धड़कन को पकड़ते हैं ! आप इन दोनों का तालमेल किस तरह करते-बैठाते हैं ?

केदारनाथ सिंह : नया शिल्प या नयी तकनीक गाँव की धड़कन को पकड़ने में कोई बाधा हो, ऐसा मुझे नहीं लगता। बल्कि इसके विपरीत मुझे लगता है कि गाँव पिछले कुछ दशकों में जिस तरह जटिल चरित्र ग्रहण करता गया है, उसको देखते हुए आधुनिक शिल्प उसके चित्रण में अधिक सहायक हो सकता है। जीवन के दूसरे क्षेत्रों में इस प्रकार के प्रयोग देखे जा सकते हैं। यदि एक अर्थशास्त्री गाँव की सीधी-सरल-सी दिखाई पड़नेवाली अर्थव्यवस्था का अध्ययन करने के लिए अपने अनुशासन के नवीनतम औजारों और विधियों का इस्तेमाल कर सकता है, तो फिर एक कवि ऐसा क्यों नहीं कर सकता।

विनोद दास : क्या आप शहर में रहते हुए किसी तरह के 'एलिनियेशन' की अनुभूति करते हैं–यदि हाँ, तो किस तरह की ?

केदारनाथ सिंह : मैं इस अनुभव को 'एलिनियेशन' नहीं कहना चाहूँगा। 'एलिनियेशन' मार्क्सवादी शब्दावली का एक निश्चित अर्थ देनेवाला शब्द है, पर मैं गाँव और शहर के बीच जिस तनावपूर्ण सम्बन्ध की बात कर रहा हूँ, वह उस अर्थ में 'एलिनियेशन' नहीं है। उस तरह से देखें तो गाँव में शहर और शहर में गाँव एक अजीब तरह से घुसा हुआ है और इनके बीच कोई वाटरटाइट कम्पार्टमेन्ट नहीं है। एक विचित्र बात तो यह है कि जो व्यक्ति गाँव से आकर शहर में रहता है, वह बुनियादी तौर पर एक परिवर्तित मनुष्य नहीं हो जाता। खासतौर से मेरे जैसा व्यक्ति, जो दोनों स्तरों पर समान रूप से जी सकने की अनिवार्यता महसूस करता है।

विनोद दास : आपने पिछले दिनों काफी व्यावहारिक आलोचना भी लिखी है–क्या आप बतायेंगे कि कविता की आलोचना करने का आपका एप्रोच क्या होता है ?

केदारनाथ सिंह : मैंने विधिवत आलोचना नहीं लिखी है। जब-तब अपनी पसंद की कृतियों को समझने की कोशिश-भर करता रहा हूँ! इस कोशिश में आलोच्य कवि को समझने के साथ-साथ खुद उसके भीतर से अपने लिए भी कुछ अर्जित करना मेरा उद्देश्य रहा है। मेरा खयाल है कि एक कवि के द्वारा लिखी गयी आलोचना का एक मुद्दा यह भी होता है। जहाँ तक मेरे एप्रोच का सवाल है, मैं मानता हूँ कि काव्यगत शब्द के अलावा कविता में प्रवेश करने का कोई दूसरा विश्वसनीय आधार नहीं है। इसलिए मैं जब कभी किसी कविता को देखता हूँ तो मेरी पहली कोशिश यह होती है कि उसमें आये हुए 'बीज शब्दों' की तलाश की जाये। यह बीज शब्द कविता के कलात्मक गुण और उसकी अन्तर्वस्तु दोनों को आलोकित करते हैं। मैं अपनी आलोचना में उसी आलोक-बिन्दु तक पहुँचने की कोशिश करता हूँ।

विनोद दास : आपने अपने समकालीनों के बारे में कम लिखा है, ऐसा क्यों?

केदारनाथ सिंह : एक बात पसन्द और नापसन्द की हो सकती है, लेकिन ऐसा

नहीं है कि मैंने अपने समकालीनों के बारे में बिल्कुल नहीं लिखा है—उदाहरण के लिए मैंने हरिनारायण व्यास, जो मेरे समकालीन हैं, की कविता पर एक टिप्पणी लिखी है, जो आपकी बात को खंडित करने के लिए काफी है।

विनोद दास : क्या समकालीनों पर लिखने से बचने के पीछे कोई दबाव काम करते हैं ?

केदारनाथ सिंह : कम-से-कम मैं ऐसे किसी दबाव की बात स्वीकार करने की स्थिति में नहीं हूँ, पर एक बात लगती है कि अपना जो निकटतम समकालीन होता है, उससे शायद एक अपेक्षित दूरी आसानी से अर्जित नहीं की जा सकती और संभवतः यह एक बड़ा कारण है, जिसके चलते एक कवि ऐसी टिप्पणियों से बचता है।

विनोद दास : इधर आपके दो संग्रह 'जमीन पक रही है' और उसके बाद 'यहाँ से देखो' आये हैं। दोनों के बीच जो फर्क है, उसके बारे में कुछ बतायें।

केदारनाथ सिंह : एक बात मैं स्पष्ट कर दूँ कि 'यहाँ से देखो' में जो कविताएँ संकलित हैं, वे सब की सब 'जमीन पक रही है' के बाद की कविताएँ नहीं हैं। कुछ कविताएँ उनमें ऐसी हैं, जो 'जमीन पक रही है' के आसपास ही लिखी गयी थीं। कुछ अवश्य बाद की हैं—खासतौर से शुरू की कविताएँ। मुझे खुद ऐसा लगता है कि 'जमीन पक रही है' की तुलना में इस संग्रह की कुछ कविताएँ मुखर हैं। वस्तुतः दोनों संग्रहों में पैदा होनेवाले प्रभाव में चाहे जितनी भिन्नता दिखाई पड़े, वास्तविकता यह है कि दोनों में एक गहरा और एक हद तक पूर्वापर सम्बन्ध है।

विनोद दास : आज की कविता और आपकी कविता में जिस तकनीक का विकास दिखाई देता है, वह पश्चिम की सुपरिचित कविता की तकनीक से किस अर्थ में भिन्न है ?

केदारनाथ सिंह : मुझे लगता है कि किसी भी समय विशेष में जो कविता लिखी जाती है, वह अनेक स्तरों पर संक्रमित होती चलती है। उसका एक छोर नितान्त राष्ट्रीय होता है तो दूसरे छोर पर वह अन्तर्राष्ट्रीय धरातलों को भी छूती चलती है। स्वच्छन्दतावादी आंदोलन के बारे में यह बात लागू होती थी और आज की कविता पर भी। अतः हो सकता है कि एक या बहुत से काव्यगत कौशल, जिनको मैं अपनाता हूँ या मेरे दूसरे समकालीन अपनाते हैं—उससे मिलता-जुलता कौशल आपको यूरोप या लैटिन अमेरिका के किसी कवि के यहाँ दिखाई पड़े। हर हालत में यह प्रभाव नहीं होता। मैं इसे प्रभाव की अपेक्षा एक सम्मिलित और साझा युगसंदर्भ कहना चाहूँगा, जिसमें मैं भी जा रहा हूँ और लैटिन अमेरिका का कवि भी।

विनोद दास : इधर एक सवाल 'कविता की जरूरत' के बारे में उठाया गया है। इसके बारे में आप क्या सोचते हैं ?

केदारनाथ सिंह : इस सवाल की कोई सीमा नहीं है। आलोचना की जरूरत,

साहित्य की जरूरत, कविता की जरूरत इत्यादि इस तरह के अनेक सवाल बन सकते हैं और ऐसे सवाल उठाये भी गये हैं। मेरी दृष्टि में कविता की जरूरत है, क्योंकि वह मनुष्य के अस्तित्व की बुनियादी माँगों में से एक है। मैं कविता के भविष्य को लेकर बिल्कुल निराश नहीं हूँ क्योंकि मैं मानता हूँ कि विषम से विषम परिस्थिति में भी व्यवस्था की असाधारणता के भीतर कविता कहीं न कहीं अपना रास्ता निकाल लेती है। हाँ, मैं यह जरूर मानता हूँ कि कविता से अतिरिक्त माँग नहीं की जानी चाहिए। कविता क्रांति ले आयेगी, ऐसी खुशफहमी मैंने कभी नहीं पाली, क्योंकि क्रांति एक संगठित प्रयास का परिणाम होती है, जो कविता के दायरे के बाहर की चीज है। इसलिए बेहतर होगा कि हम कविता से वही माँग करें, जो वह दे सकती है। मेरी मान्यता है, एक अच्छी कविता क्रांति के उपयुक्त वातावरण बनाने में सैकड़ों राजनैतिक प्रस्तावों से कहीं ज्यादा काम करती है, कविता यही कर सकती है। जो लोग उससे सीधे क्रांति या युद्ध में शिरकत की अपेक्षा रखते हैं, वे कविता की मूल प्रकृति को ही नहीं समझते हैं।

विनोद दास : इधर काव्यपाठ की प्रणाली को लेकर काफी विचार हुआ है। पिछले दिनों कुछ लोगों ने वाचिक परम्परा की बात भी कही है। आप खुद प्रभावशाली काव्य-पाठ करते हैं। इस सम्बन्ध में कुछ कहना चाहेंगे ?

केदारनाथ सिंह : पहले मैं स्पष्ट कर चुका हूँ कि वाचिक परम्परा को मैं महत्त्वपूर्ण मानता हूँ, लेकिन उसका कायल नहीं। कविता की वाचिक परम्परा और लिखित परम्परा में वैसा विरोध नहीं है जैसा कुछ लोग मानते हैं। दरअसल जो लिखित परम्परा है—वह मानव इतिहास के भीतर से उच्चरित परम्परा का उत्तरवर्ती विकास है। लिखित परम्परा को अस्वीकार करना वैसा ही है जैसे कि हम यंत्र के आविष्कार को अस्वीकार करें। वस्तुतः लिखित और वाचिक परम्परा के बीच विरोध की स्थिति न मानकर, दोनों को एक ऐतिहासिक विकास-क्रम में देखा जाना चाहिए। हुआ यह है कि आज हम जिस लिखित परम्परा के युग में जी रहे हैं, उसमें मुद्रित शब्द और उच्चरित शब्द के बीच एक झीना-सा आवरण पड़ गया है, लेकिन यह आवरण ऐसा नहीं है, जिसे हटाया न जा सके। दरअसल इसका मूल कारण यह नहीं है कि शब्द यंत्र द्वारा पन्ने पर मुद्रित कर दिया गया है। वास्तविकता यह है कि एक ऐतिहासिक प्रक्रिया के अन्तर्गत कवि और पाठक के बीच एक लम्बा अंतराल आ गया है। इससे बचने का एक ही उपाय है—कविता की बार-बार श्रोता से मुठभेड़ या सामना। आज की कविता इस मुठभेड़ से बचती रही है। हाँ, इस मुठभेड़ के लिए आवश्यक है कि काव्य-पाठ की विधि को विकसित किया जाय। जाहिर है कि विधि से मेरा मतलब सस्वर पाठ से नहीं है। हिन्दी में रंगमंच के पिछड़े होने के कारण काव्य-पाठ की विधि का ठीक-ठीक विकास हो नहीं पाया है। अपने पाठ में मैं कोशिश करता हूँ कि कविता की आत्मा को श्रोता तक पहुँचाने के लिए जो लयात्मक आरोह-अवरोह

आवश्यक है, उसे बिना किसी अतिरिक्त नाटकीयता के आवाज में पैदा किया जाय। यह सारा प्रयास बेहद सहज और सादा होना चाहिए, यह मेरी कोशिश होती है। मैं नहीं जानता कि काव्य-पाठ की मेरी विधि कितनी प्रभावशाली होती है या फिर नहीं होती, पर मेरी कोशिश यही होती है कि वह श्रोता और कवि के बीच पुल का काम करे।

[1980]

गाँव की दुनिया से कविता का रिश्ता

वीरेश चन्द्र की बातचीत

वीरेश चंद्र : गाँव से आपका रिश्ता किस तरह का है और अपने व्यस्त जीवन से गाँव के लिए कितना समय दे पाते हैं ?

केदारनाथ सिंह : यह अच्छा सवाल पूछा आपने। मेरे मित्रों को हैरानी होती है कि मैं अब भी बार-बार गाँव जाता हूँ और जब भी जाता हूँ तो पन्द्रह-बीस दिन कम-से-कम अपने ठेठ गाँव के परिवेश में व्यतीत करता हूँ। दिल्ली के बहुत-से लेखक मित्रों ने इस बात पर आश्चर्य व्यक्त किया कि कोई पन्द्रह-बीस दिन गाँव में कैसे रह सकता है ? पर, सच कहूँ तो मुझे यह प्रश्न ही हैरान करता है। मैं ठेठ गाँव में पैदा हुआ और अपने आरम्भिक जीवन का काफी हिस्सा मैंने गाँव में ही बिताया है और मेरे भीतर जो एक स्मृति-लोक है, वह बहुत कुछ गाँव के दृश्यों, लोगों और घटनाओं से मिलकर बना है। इसलिए गाँव में जाना मेरे लिए अपनी जानी-पहचानी दुनिया में लौटने की तरह है। इसे एक तरह की घर वापसी कह सकते हैं।

वीरेश चंद्र : वह कौन-सी चीज गाँव के जीवन में आज दीखती है, जो गाँव के साथ इतनी शिद्दत से आपको जोड़ती है।

केदारनाथ सिंह : ऐसी बहुत-सी चीजें हैं। सिर्फ गाँव की प्रकृति ही नहीं, बल्कि गाँव के लोग, उनकी जिन्दगी का खालीपन और उनके खास तरह के अपने संघर्ष और उनकी अपनी वे विलक्षण समस्याएँ, जिन्हें शहर का आदमी ठीक से समझ भी नहीं सकता—ये सब मुझे रोकते, टोकते हैं। पर, जो चीज मुझे सबसे ज्यादा पकड़ती है वह है गाँव की जिन्दगी में अब भी बची हुई एक अजब-सी सामूहिकता, जो टूटते-टूटते भी काफी कुछ बची हुई है। इसको एक छोटी-सी घटना से स्पष्ट करूँ। अबकी गाँव गया तो अपने वृद्ध पिता को भी दिल्ली से साथ लेकर गया था। घर पहुँचने पर पिताजी से मिलने अनेक लोग आए, जिनमें इब्राहिम मियाँ भी थे। इब्राहिम मियाँ ने जिन्दगी-भर ऊँट पर सामान की लदाई की और यह काम अब अपने बेटे को सौंप चुके हैं। उनकी उम्र अब 'पच्चासी' के लगभग होगी जो मेरे पिताजी की

भी है। उन दोनों वृद्ध-जनों का मिलना एक अद्‌भुत घटना की तरह था; जिसमें गाँव की श्रेष्ठ परम्पराओं का सार-तत्त्व देखा जा सकता है। मैं ऐसा नहीं मानता कि शहर में ऐसे दृश्य नहीं देखे जा सकते। पर गाँव में इसकी सम्भावना अब भी ज्यादा बची हुई है।

वीरेश चंद्र : गाँव का यह चित्र साहित्य में, और खास तौर से आपके लेखन में किस तरह से प्रतिबिम्बित हुआ है ?

केदारनाथ सिंह : पहले ही स्वीकार कर लूँ कि गाँव के अनुभव का सिर्फ एक छोटा-सा हिस्सा मेरे लेखन में छनकर आ सका है। टी. एस. इलियट की शब्दावली का प्रयोग करूँ तो कह सकता हूँ कि मेरी कविताओं का जो 'ऑब्जेक्टिव को-रिलेटिव' है, उसका बहुत बड़ा हिस्सा गाँव के जीवन और गाँव के परिवेश से आया है। ज्यादा तो नहीं, पर गाँव के कुछ चरित्र भी मेरी कविताओं में देखे जा सकते हैं।

वीरेश चंद्र : एक शहर में रहनेवाले व्यक्ति के नाते गाँव के जीवन में तनाव का भी अनुभव किया है आपने ?

केदारनाथ सिंह : किया है और अक्सर किया है। एक शहराती आदमी गाँव के आदमी के लिए आज भी बहुत कुछ बाहरी होता है, और इसीलिए गाँव की मुख्यधारा का हिस्सा वह अपनी सारी सदाशयता के बावजूद नहीं बन पाता। ठेठ गाँव के आदमी के लिए शहर का आदमी लगभग सत्ता पक्ष का आदमी होता है और लगातार एक खास तरह के सन्देह के दायरे में रहता है। इस स्थिति का हल्का संकेत 'जगरनाथ' कविता में है। 'जगरनाथ' एक वास्तविक पात्र है, जिसके साथ बचपन में मैं पला-बढ़ा था। जाहिर है कि उसकी शिक्षा-दीक्षा नहीं हुई और वह गाँव में खेतिहर मजदूर बनकर रहने के लिए अभिशप्त था। 'जगरनाथ' कविता में मैं अपने उस बचपन के साथी 'जगरनाथ' की तेज चीरती हुई आँखों के सामने अपने आपको खड़ा पाता हूँ। यह एक अजब-सी स्थिति है, जिसका अनुभव मुझे बार-बार हुआ है, जहाँ सारी प्रगतिशीलता और सारा जनवाद एक तरफ धरा रह जाता है और शहर और गाँव के बीच का अपना खास तनावपूर्ण रिश्ता अपने खास ढंग से काम करता है।

वीरेश चंद्र : समकालीन हिन्दी-साहित्य में गाँव का प्रतिबिम्बन कैसा और किस हद तक हुआ है ? आपका क्या खयाल है ?

केदारनाथ : कविता और कथा-लेखन—इन दोनों को शामिल करते हुए मैं कहना चाहता हूँ कि गाँव अपने सारे जटिल चरित्रों के साथ, और साथ ही सारी काव्यात्मकता के साथ जिस एक लेखक की कृतियों में सबसे अधिक व्यक्त हुआ है वह हैं फणीश्वरनाथ रेणु। रेणु गाँव की कविता को भी जानते थे और गाँव के गद्य को भी जानते थे और उनका साहित्य इन दोनों के टकराव से पैदा हुआ है। जहाँ तक कविता का सवाल है, मेरा मानना है कि हिन्दी की मुख्य रचनात्मक धारा शुरू से ही ग्रामोन्मुखी रही है। हिन्दी की यह ग्रामोन्मुखता एक प्रमुख कारण थी, जिसके चलते ही खड़ी

बोली के दो हिस्से हो गये। वह हिस्सा जो ग्रामोन्मुख था, हिन्दी कहलाया और जो शहर-केन्द्रित था, उसे उर्दू कहा गया। दुनिया की किसी भी भाषा में इस तरह का बँटवारा नहीं हुआ है। अज्ञेय से पहले हिन्दी का ऐसा कोई कवि नहीं हुआ जो शुद्ध रूप से नागरिक कवि हो। अज्ञेय हिन्दी के पहले खालिस अरबन कवि हैं और इसीलिए हिन्दी की मुख्य सृजनात्मक धारा से अलग-थलग भी पड़ते हैं–लगभग 'नदी के द्वीप' की तरह।

वीरेश चंद्र–गाँव के जीवन को लेकर जो कुछ लिखा-पढ़ा गया है, क्या वह गाँव के जीवन में अपने लिए कोई पाठक खोज सका है ?

केदारनाथ सिंह : इसका कोई ठीक-ठीक लेखा-जोखा हमारे पास नहीं है। गाँव के जीवन की अपनी कुछ सीमाएँ और विवशताएँ हैं। परन्तु गाँव के बिखरे हुए पुराने पुस्तकालयों की पड़ताल की जाए (जिसमें छोटे-मोटे निजी पुस्तकालय भी शामिल हैं) तो हम पाएँगे कि वहाँ किसी हद तक आधुनिक साहित्य अपनी पैठ बना सका है। यह जरूर है कि अनेक कारणों से आजादी के बाद इसमें अपेक्षित विकास नहीं हुआ। शायद, एक बड़ा कारण यह भी है कि गाँव का पढ़ने-लिखनेवाला युवक थोड़ा बड़ा होते ही गाँव छोड़कर शहर की ओर चल देता है और फिर वहीं का हो रहता है। लेकिन पिछले दिनों ऐसा मुझे लगता है कि इसमें थोड़ा-बहुत परिवर्तन हुआ है। हालाँकि इस परिवर्तन के कारणों की ठीक-ठीक व्याख्या मैं अभी नहीं कर पाऊँगा। मैं व्यक्तिगत अनुभव के आधार पर जानता हूँ कि गाँव में ऐसे पाठक अब पैदा होने लगे हैं जो लेखक से संवाद करना चाहते हैं और कई बार अपने बिलकुल नये ढंग से पूछे गये सवालों से चौकन्ना या परेशान भी करते हैं। मेरा खयाल है कि इस तरह के अनुभव दूसरे लेखकों को भी हुए होंगे।

वीरेश चंद्र : कुछ लोगों का खयाल है कि गाँव में एक खास तरह की अप-संस्कृति का फैलाव हुआ है। आपकी प्रतिक्रिया ?

केदारनाथ सिंह : एक हद तक यह बात सही है। लेकिन मैं इसे गाँव तक ही सीमित रहनेवाली समस्या नहीं मानता। यह एक ज्यादा बड़ी समस्या है, जिसमें गाँव और शहर दोनों शामिल हैं। गाँव में अप-संस्कृति के तत्त्व जन-जीवन की सतह पर इसलिए ज्यादा साफ दिखाई पड़ते हैं कि वहाँ बद्धमूल सामूहिक संस्कृति की अपनी जड़ें काफी गहरी होती हैं और इन दोनों के बीच जो एक टकराव होता है, उसे आसानी से लक्ष्य किया जा सकता है। पर यह विकास की एक ऐसी प्रक्रिया है जो हमारे समय में तकनीकी विकास की स्थिति है, उसके साथ बुनियादी रूप से जुड़ी हुई है। मैं इस स्थिति से कतई निराश नहीं हूँ। दरअसल, गाँव का जो सामंती ढाँचा था उसकी विकृतियाँ काफी कुछ गाँव के जीवन में देखी जा सकती हैं। जिस अप-संस्कृति की बात की जा रही है, उस अप-संस्कृति को फैलाने में इन बचे हुए सामंती तत्त्वों का काफी बड़ा हाथ है। पर मेरा मानना है कि अप-संस्कृति पहले उसी तबके को नष्ट-भ्रष्ट

करती है जो उसे सबसे पहले अपनाता है। मुझे अब भी इस बात में यकीन है कि गाँव का वह दूसरा बड़ा हिस्सा जो संघर्ष की मूलधारा से जुड़ा हुआ है, इस अप-संस्कृति की काट खुद अपने भीतर से पैदा करेगा। फिर भी, यह एक ऐसा मुद्दा है जिस पर विस्तार से बात करने की और बहस करने की जरूरत है।

वीरेश चंद्र : आजकल पर्यावरण का सन्दर्भ बहुत महत्त्वपूर्ण हो चुका है। इस सन्दर्भ में गाँव के बारे में आप क्या कहना चाहेंगे ?

केदारनाथ सिंह : अप-संस्कृति की तरह ही पर्यावरण के बिगड़ने की समस्या भी गाँव में बढ़ी है और अधिक जटिल हुई है। यह एक वास्तविकता है। गाँव के पर्यावरण सम्बन्धी प्रश्नों की ओर सबसे कम ध्यान दिया गया है। यह भी एक वास्तविकता है। फिर पर्यावरण का प्रश्न सारे गाँव के लिए एक-जैसा नहीं है। इसलिए इसके समाधान के लिए एक सामान्यीकृत फार्मूला बनाया भी नहीं जा सकता। पर कुछ चीजें हैं, जैसे प्राकृतिक स्रोतों का धीरे-धीरे नष्ट होना। इसमें पेड़-पौधे, नदियाँ और कुछ हद तक जीव-जन्तु—इन तत्त्वों का काफी हद तक विघटन हुआ है और इसमें गाँव के पर्यावरण की समस्या जटिल हुई है। दूसरी बहुत स्थूल समस्या भी है, जिसे गाँव से जुड़ा हर आदमी जानता है। पर मुझे लगता है कि पर्यावरण की समस्या केवल प्राकृतिक संतुलन के बिगड़ने की समस्या नहीं है, बल्कि इसका संबंध आदमी की पूरी सोच और जीवन के प्रति उसके समग्र दृष्टिकोण से है। जीवन के प्रति गाँव के लोगों का जो परम्परागत दृष्टिकोण था, जिसमें पर्यावरण की चेतना शामिल थी, वह पिछले कुछ वर्षों में खंडित हुई है और उसकी जगह गाँव में जो नयी पीढ़ी पैदा हुई है वह कोई नया संतुलित या समग्र दृष्टिकोण अर्जित नहीं कर सकी है। यह एक गाँव के जीवन की ऐसी फाँक है, जिसे अभी भरा नहीं जा सका है। मैं गाँव के पर्यावरण की समस्या को व्यापक सन्दर्भ में रखकर देखना चाहता हूँ। साहित्य पर्यावरण को इसी तरह देखता है।

वीरेश चंद्र : कुछ आलोचकों का कहना है कि गाँव के सन्दर्भ से कट जाने के बाद कुछ समकालीन कवियों में एक खास तरह का भटकाव दिखाई पड़ता है।

केदारनाथ सिंह : यदि कोई भटकाव है तो वह गाँव के सन्दर्भ से कट जाने के कारण है—ऐसा मैं नहीं मानता। गाँव रचनाशीलता की एकमात्र कसौटी है—ऐसा मानना एक अतिवाद है और हर अतिवाद की तरह इससे भी बचना चाहिए। अगर कहीं भटकाव है तो वह इसलिए होगा कि जिस यथार्थ का चित्रण वहाँ हो रहा है, उसका उसके अनुभव और उसकी समझ के बीच कहीं गैप होगा या फिर अनुभव में ही कहीं कचास हो। बड़ी बात यह है कि जो कुछ लिखा जा रहा है, वहाँ उसके साथ लेखक का एक सीधा जुड़ाव हो जो सिर्फ ऐन्द्रिक स्तर पर ही नहीं, बल्कि उसकी पूरी चेतना के स्तर पर घटित हुआ हो। जहाँ ऐसा नहीं हो पाता, वहीं भटकाव का डर अधिक होता है।

[1990]

लिखना चुप रहने के विरुद्ध एक निरंतर लड़ाई है

मिथिलेश श्रीवास्तव की बातचीत

मिथिलेश श्रीवास्तव : आपके अंदर के साहित्यिक व्यक्तित्व को बनाने और निरंतर उसी दिशा में विकासोन्मुख बनाए रखने में कौन-से तत्त्व सक्रिय रहे हैं ?

केदारनाथ सिंह : उन तत्त्वों की पड़ताल करना और विगत तीस-पैंतीस वर्षों के लंबे रचनाकार के भीतर से ऐसे तत्त्वों को निकालकर सामने लाना आसान नहीं है। केवल कुछ चीजों को रेखांकित किया जा सकता है।

वह प्रमुख तत्त्व जिसने मुझे लगातार लिखने के कर्म से जोड़े रखा है, उसे मैं संक्षेप में कह सकता हूँ–संबोध्य से जुड़े रहने की आकांक्षा। यह इस बात का सूचक है कि मैंने साहित्य को हमेशा एक सामाजिक कर्म माना है और इस मान्यता के भीतर ही कहीं मेरी रचनाशीलता का स्रोत भी है।

काफी लंबे काल-खंड को सामने रखकर हम लोग बात कर रहे हैं। शुरू में कौन-सी आकांक्षा मेरी रचनाशीलता के पीछे सक्रिय रही, फिर बीच में उसमें किस तरह का बदलाव आया और अब मैं किन कारणों से लिख रहा हूँ, इन बातों की छानबीन करने के लिए इस पूरे इतिहास पर व्यापक दृष्टि से विचार करना जरूरी होगा, जो हम यहाँ करने की स्थिति में नहीं हैं। लेकिन मैंने बुनियादी बात की ओर इशारा किया है, जिसके बिना लिखना संभव नहीं होता। जिस दिन मेरी यह आकांक्षा खत्म हो जाएगी, मैं चुप हो जाऊँगा। दरअसल, लिखना चुप हो जाने के विरुद्ध एक खामोश लड़ाई का ही दूसरा नाम है।

मिथिलेश श्रीवास्तव : आपका बचपन गाँव में बीता। वहाँ आरंभिक शिक्षा पूरी करने के बाद आप बनारस आए। क्या बतायेंगे कि बनारस आने से पहले वे कौन-से तत्त्व थे जो आपके बालसुलभ मन को रचना की ओर प्रेरित कर रहे थे ?

केदारनाथ सिंह : आपने अच्छा सवाल किया। गाँव में मैं पैदा हुआ। गाँव के समाज की दुनिया अलग तरह की होती है। वह समाज अपेक्षाकृत अधिक संग्रथित समाज रहा है। हमारे समय से बहुत आगे निकला रहा है। लेकिन अब टूट रहा है।

आजादी के ठीक पहले तक गाँव अपने तरीके से अपनी रचनात्मक सक्रियता और लंबी लोक-परंपरा को बनाए हुए थे।

उस समाज में कविता होती है, लेकिन उस प्रचलित रूप में वह नहीं होती है जिसमें हम उसे शहरों में पाते हैं। साहित्य वहाँ बहुत कुछ मौखिक परंपरा का हिस्सा होता है और उसकी जड़ें बहुत गहरी होती हैं।

बचपन के उन दिनों में मुझे कुछ बातें विशेष रूप से आकृष्ट करती थीं। उनमें एक मेरे पिताजी की राजनीति में सक्रियता थी जो अब पचासी वर्षों के हो गए हैं। वे कांग्रेस के कार्यकर्ता थे। कांग्रेसी कार्यकर्ताओं की बैठकें अक्सर रात में मेरे घर पर होतीं। मैं चुपचाप उनकी बातें सुना करता। वे बैठकें मुझे बड़ी दिलचस्प लगती थीं और थोड़ी रहस्यमय भी। उनकी बातों को मैं समझता नहीं था, लेकिन मुझे लगता था कि वहाँ कुछ महत्त्वपूर्ण हो रहा है। ये सन् '42 की घटना की पृष्ठभूमि की बातें थीं। वे दिन मुझे उत्तेजनापूर्ण लगते थे। मेरे भीतर की रचनाशीलता को रूपायित करने में उस उत्तेजनशील स्वतःस्फूर्त परिवेश का हाथ था। हालाँकि उस समय तक कोई खास राजनीतिक चेतना मुझमें नहीं जगी थी।

सन् '42 की बलिया की क्रांति प्रसिद्ध है। मैंने उसे एक बच्चे की आँख से देखा था। गोली चली थी, जिसमें बाईस लोग मारे गए थे। उन लोगों के साथ मेरे पिताजी भी वहाँ थे। लेकिन वे बच गए। एक पेड़ की ओट में छिपकर वह त्रासद दृश्य मैं देख रहा था। दृश्य भयावह था। जब गोलियों की बौछार तेज हो गई तो हम बच्चों को वहाँ से भगा दिया गया। मैं वहाँ से भागा और मकई की खेत में मचान पर चढ़ गया। वह कौतूहल बड़ा अद्भुत था। उसमें डर नहीं था, बल्कि जो रहा था उसको जानने की एक आतंकभरी प्रबल इच्छा थी। मैंने अपने जीवन की पहली कविता सुभाषचंद्र बोस के बारे में लिखी थी। अब याद नहीं। जाहिर है, सुभाषचंद्र बोस पर कविता लिखने के पीछे घर का संस्कार कार्य कर रहा होगा। घर में अखबार भी आता था। उस माहौल को, जिसमें मेरे अंदर एक खास तरह की मानसिकता बनी, मैं अपने लिए एक महत्त्वपूर्ण प्रस्थान-बिंदु मानता हूँ।

प्राइमरी स्कूल की मेरी किताब में राम के धनुष तोड़ने के प्रसंगवाला मानस का अंश था। वे पंक्तियाँ मुझे बहुत अच्छी लगती थीं। मानस की कथा, उसका संगीत और उसकी लयों की बहुलता—ये सब आकृष्ट करते थे। वह वैविध्य किसी दूसरे महाकाव्य में उपलब्ध नहीं है।

मेरे पड़ोस के गोंड परिवार का एक आदमी साक्षर था। वह बंगाल के किसी हिस्से में काम करता था। छुट्टियों में जब वह घर आता, अपने साथ कुछ किताबें जरूर लाता। उसी के हाथ में मैंने 'सोरठाबृजभान' नामक पुस्तक को पहली बार देखा। यह किसी पुस्तक को एक संपूर्ण पुस्तक के रूप में देखने का मेरा पहला अवसर था। 'रामचरितमानस' को पुस्तक के रूप में मैंने बाद में देखा। जब वह

'सोरठाबृजभान' पढ़ता तो गाँव के लोग उसके पास इकट्ठा हो जाते। वह चाव से पढ़ता और लोग चाव से सुनते। वह दृश्य मुझे बड़ा अच्छा लगता। कभी-कभी मैं उस किताब को माँग लाता और पढ़ता। यह मेरे लिए एक सर्वथा नया अनुभव था।

मेरी दादी मुझे पालती थी। रात में सोने के समय दादी से सुनी हुई कहानियों से लोक-कथा से संबंध बना। जाड़े की रातों में करीब चार बजे भोर में गंगा-स्नान के लिए जाती स्त्रियों के गीतों के शब्दों की ध्वनियाँ मेरे अंदर अद्भुत प्रभाव पैदा करती थीं। इन सबके माध्यम से एक रहस्यमय दुनिया मेरे अंदर खुलती रही।

मैं महसूस करता हूँ कि मेरी काव्य-यात्रा की जड़ें उसी दुनिया में कहीं है।

मिथिलेश श्रीवास्तव : आपका विधिवत् लेखन सन् '52-'53 से शुरू होता है। देश तब आजाद हुआ ही था। उस समय तुरंत आजाद हुए देश में साहित्यिक कर्म से जुड़ना आपको कैसा लग रहा था ?

केदारनाथ सिंह : उन दिनों मैं बनारस में था। जिस स्कूल का विद्यार्थी था, वहाँ एक साहित्यिक माहौल था। स्वतंत्रता-प्राप्ति का भान मुझे था। मेरे अंदर एक साहित्यकार बन भी रहा था। मेरी स्मृति में वह क्षण आज भी है जब स्वतंत्र भारत का झंडा लहराया गया था। मेरे कॉलेज में अक्सर साहित्यिक गोष्ठियाँ और कवि-सम्मेलन होते थे। उनमें बाहर के तथा स्थानीय कवियों की उपस्थिति रहती थी। उनमें पढ़ी जानेवाली कविताएँ मेरे लिए नई थीं। वे मुझे आकृष्ट करती थीं। ज्यादातर कविताओं की पृष्ठभूमि में स्वाधीनता आंदोलन ही था। बनारस के तब के साहित्यिक माहौल को आजादी के आसपास की राजनीतिक गतिविधियाँ संचालित करती थीं। उस समय का सारा साहित्य किसी न किसी रूप में आजादी की लड़ाई से जुड़ा हुआ था।

यद्यपि वे कवित्ताएँ मुझे अच्छी लगती थीं, मुझे आकृष्ट करती थीं, तथापि मुझे लगता था कि वे कविताएँ मेरी अपनी संवेदना के समीप नहीं हैं। वैसी कविताएँ मैंने लिखने की कोशिश नहीं की। आरंभ में गीत-कविता ने मुझे आकृष्ट किया। प्रकृति से जुड़ी हुई गीत-कविता मेरे सृजन का आरंभिक बिंदु थी, जहाँ से मैंने आगे बढ़ने की कोशिश की। प्रकृति और संगीत मुझे ज्यादा आकृष्ट करते थे। 'आज' दैनिक के साहित्यिक पृष्ठ पर मेरी पहली कविता छपी। उसके संपादकों में से एक थे राजवल्लभ सहाय। प्रमुख पत्र में छपनेवाली वह मेरी पहली रचना थी। त्रिलोचनजी ने उस कविता को सराहा था।

त्रिलोचनजी से मेरा संपर्क ऐसे हुआ कि जिस विद्यालय में मैं पढ़ता था, उसमें उनके बड़े बेटे पढ़ते थे। उनके बेटे मुझसे पढ़ने में एक साल जूनियर थे। हम दोनों विद्यालय के होस्टल में रहते थे, जहाँ त्रिलोचनजी अपने बेटे से मिलने प्रायः आया करते थे। वे जब भी अपने बेटे से मिलने आते, मुझसे भी मिलते।

त्रिलोचनजी बड़े मुक्त आदमी हैं। जब वे आते, उनके लिए समय की कोई

पाबंदी नहीं होती। अगर दस बजे दिन में वे आए तो दस बजे रात तक भी ठहर सकते थे। साहित्य, संस्कृति और कला के बारे में, संस्कृत कविता के बारे में, उर्दू-फारसी कविता के बारे में, पुरानी हिंदी कविता के बारे में, कालिदास की कविता के बारे में, निराला के बारे में, टैगोर के बारे में उनसे इतना सुनने को मिलता था। वह मेरे लिए एक बड़ी सांस्कृतिक संपत्ति थी, जिसके बीच अपना रोस्ता खोज रहा था। उस अनुभव को घटाकर मैं अपने विकास की कल्पना नहीं कर सकता। उनकी ही प्रेरणा से मैंने खड़ी बोली के रचाव को अपने ढंग से समझने की कोशिश की। मैं पूरब से आया था, और जो व्यक्ति पूरब से आता है, खड़ी बोली का उसका संस्कार भिन्न होता है। त्रिलोचनजी कहा करते थे कि अगर खड़ी बोली है तो खड़ी बोली बोलना सीखो।

बहुत सारी व्यावहारिक बातें त्रिलोचनजी ने बतायी थीं। उन्होंने मुझे निराला के बारे में बताया। निराला की कविता से मुझे परिचित कराया। मैं तब तक गीत लिखता था। मुक्तछंद की पहली कविता मैंने 1952 में लिखी। 'तारसप्तक' देख चुका था। उस कविता के लिखने के पीछे 'तारसप्तक' की कविताएँ रही होंगी। मैंने पाया कि कविता की उस दुनिया से मैं अपरिचित था। मुक्तछंद की कविता से परिचित होने के बाद मैंने उस तरह की कविता लिखने की कोशिश की। अपनी इस तरह की पहली कविता को मैंने त्रिलोचनजी को दिखलाया। उन्होंने मुझे मुक्तछंद की कविताएँ लिखने की सलाह दी। उस काल में त्रिलोचनजी की सलाह मेरे लिए बहुत महत्त्वपूर्ण थी। वे मेरे काव्यगुरु थे, और अब भी हैं।

अज्ञेय उन दिनों 'प्रतीक' निकाल रहे थे। उनसे अचानक मेरी भेंट हो गई। यह तब की बात है जब रघुवीर सहाय 'प्रतीक' से जुड़े चुके थे। ठाकुरप्रसाद सिंह उन दिनों देवघर विद्यापीठ में प्राचार्य थे। वहाँ उन्होंने एक साहित्यिक समारोह किया। बनारस से भी कुछ लोग वहाँ गए थे। अज्ञेयजी मुख्य अतिथि थे। एक शाम कवि-गोष्ठी हुई, जिसमें कई लोगों ने कविताएँ पढ़ीं। मुझे भी एक कविता पढ़ने का मौका मिला। कविता सुनाने के बाद मेरे मन में जिज्ञासा हुई कि मेरी कविता अज्ञेय जी को कैसी लगी ? अज्ञेयजी ने कोई प्रतिक्रिया व्यक्त नहीं की। एकदम चुप रहे थे। लगा कि एक जो अवसर मिला था, उसका लाभ नहीं मिला। लेकिन उसके बाद जो घटना घटी, वह और भी विलक्षण थी। जब हम बाहर निकले तो एक व्यक्ति ने आकर मुझे अज्ञेयजी की लिखी हुई एक चिट दी। जिस व्यक्ति ने चिट दी थी, वे प्रभाकर माचवे थे। उस चिट को मैंने पढ़ा। अज्ञेयजी ने उसमें लिखा था, "कविता अच्छी थी। बधाई। क्या 'प्रतीक' में छपने के लिए अपनी कविताएँ देंगे।"

उस समय 'प्रतीक' में छपने का बहुत महत्त्व था। उसमें कविताएँ छपते ही सारा हिंदी जगत आपको जान जाता था। उस समय 'प्रतीक' वही काम करता था जो किसी समय 'सरस्वती' या 'हंस' किया करता होगा। उसका यही अर्थ होता था

कि कोई नया कवि आ रहा है, जिस पर ध्यान दिया जाना चाहिए। इन दिनों ऐसी कोई पत्रिका नहीं है। हल्की-सी स्वीकृति मिल जाती थी 'प्रतीक' में छपने मात्र से। मेरे साथ भी ऐसा हुआ। 'प्रतीक' में मेरी कविता छपी और आगे भी छपती रही। 'प्रतीक' में छपना मेरे लिए एक प्रेरणा के समान था लिखने के लिए। इसी बीच मेरी रघुवीरजी से भी मुलाकात हुई।

यह बात सन् 1952 की होगी। रघुवीरजी 'प्रतीक' में आ चुके थे। अज्ञेयजी के कहने पर कुछ लोगों से मिलने वे बनारस आए थे। जिन लोगों से वे मिलने आए थे, उनमें मैं नहीं हो सकता था। मैं तब एक मामूली विद्यार्थी था। लेकिन उनको परिस्थितिवश मेरे पास आना पड़ा। बनारस के किसी व्यक्ति का पता उनके पास नहीं था। सिर्फ मेरा पता था उनके पास जोकि उन्होंने 'प्रतीक' से लिया होगा। मैं छात्रावास में रहता था। वे रात में आए। इससे पहले उनसे कभी मिलना नहीं हुआ था। किंतु जानता था। 'दूसरा सप्तक' आया ही था जिसमें उनकी कविताएँ मैंने पढ़ी थीं। 'प्रतीक' में भी उनकी कविताएँ छपती रहती थीं। उनको मैं प्रतीक के संपादक और कवि के रूप में जानता था। उनका आना मेरे लिए एक महत्त्वपूर्ण घटना थी। यह वह समय था जब मैं अपनी जमीन तलाशने की कोशिश में लगा था।

हमारे लिए यह एक नया उभरता हुआ भारत था, जिसमें उम्मीदें थीं। हताशा नहीं थी जो सन् साठ के बाद आई। यह लग रहा था कि आजादी मिलने से कुछ महत्त्वपूर्ण घटा है। परिवर्तन से कुछ नया बनेगा। यह विश्वास रचना का बहुत बड़ा स्रोत था।

मिथिलेश श्रीवास्तव : 'तीसरा सप्तक' में आपकी कविताएँ कैसे शामिल की गईं?

केदारनाथ सिंह : 'सप्तक' से जुड़ने की आकांक्षा उस समय हर युवा कवि के मन में होती थी। 'तीसरा सप्तक' तक यह बात बनी रही। 'तारसप्तक' को अच्छी-खासी प्रतिष्ठा मिल चुकी थी। 'दूसरा सप्तक' चर्चा में था। 'तीसरा सप्तक' निकला सन् साठ में, जब नयी कविता विकसित हो रही थी। विकास का एक स्तर प्राप्त कर चुकी थी। नई कविता के कई नये कवि चर्चित हो चुके थे। स्वयं अज्ञेय नई कविता के पुरोधा हो चुके थे।

इस काल-खंड में धीरे-धीरे अज्ञेय के मन में 'तीसरा सप्तक' बन रहा होगा। मैं पूरी प्रक्रिया नहीं जानता। मेरे साथ जो घटित हुआ, सिर्फ वही जानता हूँ। अज्ञेय जी बीच-बीच में बनारस आते रहते थे। आते तो रायकृष्ण दास के घर ठहरते। मैं हिंदू विश्वविद्यालय में रहता था। आगे चलकर रायकृष्ण दास भी विश्वविद्यालय के परिसर में आकर रहने लगे।

एक बार जब वे बनारस आए तो विशेष रूप से मुझे बुलवाया। मिलने गया तो वे कहने लगे कि आप अपनी कुछ कविताएँ मुझे दे दीजिए। उस समय मेरे पास जो भी कविताएँ थीं, उनको दे दीं। दूसरे दिन जब मैं गया तो उन्होंने कविताएँ लौटा

दीं। कुछ नहीं बोले। उस घटना के काफी दिनों बाद, करीब दो साल बाद, उनका एक पत्र मिला, "आपकी कविताएँ अच्छी थीं। उनको 'तीसरा सप्तक' में शामिल करने की अनुमति चाहता हूँ।" बस मैंने अपनी स्वीकृति दे दी।

'तीसरा सप्तक' का आना और मेरे पहले कविता-संग्रह 'अभी बिलकुल अभी' का आना, दोनों एक साथ हुआ।

मिथिलेश श्रीवास्तव : अक्सर लोग कहते हुए सुने जाते हैं कि युवा पीढ़ी साधना नहीं करती है। संघर्ष का आसान रास्ता खोजती फिरती है। आपके युवाकाल में क्या ऐसी ही स्थिति थी ? उन दिनों संघर्ष का क्या स्वरूप था ? आपके रचना-कर्म पर इसका क्या प्रभाव पड़ता था ?

केदारनाथ सिंह : साधना बहुत बड़ा और गौरवमंडित शब्द है। उसकी बात करने का अधिकारी मैं नहीं हूँ। इतनी बड़ी साधना मैंने की है, ऐसा मैं कोई दावा नहीं करता। लेकिन कुछ शर्तें थीं जिन्हें पूरा करना पड़ता था, जैसे, साहित्य की अपनी परंपरा की जानकारी। चंदबरदाई से लेकर मेरे समय में लिखनेवालों तक के साहित्य के बारे में एक समग्र चेतना का होना न्यूनतम आवश्यकता थी। इतना उसे प्राप्त करना था चाहे वह उसे विश्वविद्यालयों में पढ़कर प्राप्त करे या स्वाध्याय से। छंद की न्यूनतम जानकारी भी जरूरी थी।

आज थोड़ी भिन्न स्थिति है। नये लोग अनिवार्य नहीं मानते हैं कि उन्हें कुछ जानना भी चाहिए। वैसे जानकारी या ज्ञान और कविता के संबंध को लेकर कोई नियम नहीं बनाया जा सकता। हाँ, यह जरूर है कि कविता एक ऐसी चीज है जिसका अपनी चली आयी परंपरा के सूत्रों से इतना गहरा रिश्ता है कि उसके बिना कविता संभव ही नहीं है। क्योंकि, हम शब्द से कविता लिखते हैं और शब्द हमारी बनाई हुई चीज नहीं है। हम शब्द को परंपरा से प्राप्त करते हैं। कविता की भाषा अलग होती है। कविता की भाषा की परंपरा अलग होती है। कविता की भाषा हमारी बनाई हुई नहीं है। वह परंपरा से चली आ रही है। हम सिर्फ उसे अपने युग के जीवंत भाषिक संदर्भ से जोड़ देते हैं और इस तरह से उसे नया संस्कार देते हैं। पुराने लोग इसके प्रति ज्यादा सतर्क होते हैं।

आज के लोगों में उस परंपरा से जुड़ने की इच्छा और कोशिश कम है और यह फाँक है, जिसे भरा जाना चाहिए। लेकिन जैसाकि मैंने कहा कि कवि की जो दुनिया है, उसके बारे में कोई अंतिम सिद्धांत नहीं बनाया जा सकता। क्रांति पैदा करनेवाले साहित्य के भीतर वह संस्कार होता जिसमें सारी परंपरा रची-बसी होती है। उसका बोध भले ही उसे न हो।

कवि को लिखने के लिए कोरी स्लेट कभी नहीं मिलती है, जो स्लेट उसे मिलती है उस पर पहले से बहुत कुछ लिखा होता है। वह सिर्फ बीच की खाली जगह को भरता है। इस भरने की प्रक्रिया में ही रचना की संभावना छिपी हुई है।

मिथिलेश श्रीवास्तव : साधना, संघर्ष, रचना-कर्म, अध्यापन–रोज की जिंदगी में तालमेल कैसे करते हैं, अर्थात् आप समय-प्रबंध (टाइम मैनेजमेंट) कैसे करते हैं ?

केदारनाथ सिंह : 'टाइम मैनेजमेंट' शब्द आपने अच्छा इस्तेमाल किया। ऐसा कोई मैंने मैनेजमेंट सोच-समझकर किया हो, इसकी कोई स्मृति मेरे मन में नहीं है। काल का विभाजन मैंने इतना नहीं किया कि इस समय में मुझे लिखना है, उस समय में नहीं लिखना है। पढ़ाने का काम मैं संस्था के लिए करता हूँ, इसलिए इसके लिए समय संस्था ही तय करती है। उस तय समय में मुझे उस काम को करना है। बाकी समय मेरे प्रबंध के अधीन है। पढ़ाने और लिखने के बीच जो रिश्ता है, वह विचारणीय जरूर है। समझा जाता है कि जो लोग अध्यापन के पेशे से जुड़े हुए हैं और साहित्य रचते हैं, वे लोग लाभप्रद स्थिति में है। साहित्य पढ़ा भी रहे हैं और लिख भी रहे हैं। लेकिन मैं यह महसूस करता हूँ कि जो लोग पढ़ाने और लिखने का काम करते हैं, वे लोग अपेक्षाकृत एक अधिक कठिन स्थिति का सामना करते हैं। पढ़ाना हमारी विवशता है। एक रचना मुझे पसंद नहीं है लेकिन मुझे उसे पढ़ाना पड़ेगा। इससे कई बार एक रचनाकार की संवेदना को टकराना पड़ता है और जाने-अनजाने उसके भाव-बोध की एक खास तरह की 'कंडीशनिंग' भी होती है। उस कंडीशनिंग से लड़ना पड़ता है। संवेदना या सोच का जो एक खास तरह का अनुकूलन या प्रतिकूलन हो जाता है, उससे संघर्ष करना पड़ता है।

किसी हद तक अपनी रचना का संघर्ष, और दूसरों की रचना से जुड़ने की अनिवार्यता से उत्पन्न संघर्ष–मेरे जैसे रचनाकार को इस दोहरे संघर्ष से गुजरना पड़ता है। इसका एक दूसरा लाभप्रद पहलू है। वह यह है कि अध्यापन के पेशे से जुड़े रहने के कारण अपनी परंपरा का बार-बार मूल्यांकन करने का अवसर भी मिलता रहता है।

मिथिलेश श्रीवास्तव : तमाम व्यस्तताओं के बावजूद घर-परिवार-बच्चों के लिए समय कैसे निकाल पाते हैं ?

केदारनाथ सिंह : इतना व्यस्त कभी नहीं रहा कि घर-परिवार के लिए समय निकालने के लिए अतिरिक्त श्रम करना पड़े। अध्यापकीय पेशे में यह सुख है। समय कुछ ज्यादा ही मिल जाता है। इसलिए मैंने कभी महसूस नहीं किया कि मेरे काम के कारण परिवार से कोई विच्छिन्नता हुई। ऐसा भी महसूस नहीं हुआ।

इस प्रश्न का एक दूसरा पहलू है। वह यह है कि घर-परिवार में रहते हुए सृजन की प्रक्रिया से तालमेल बैठता है या नहीं बैठता है। कई लोग ऐसे होते हैं जिन्हें परिवार में रहकर लिखना कठिन होता है। उनके लिए लगातार सृजन-कर्म और पारिवारिक स्थिति के बीच एक द्वंद्व बना रहता है। कई रोमैंटिक कवि मिलेंगे जिन्होंने अकेला जीवन चुना। कभी विवाह नहीं किया। भारत में भी ऐसे कवि मिलेंगे।

लेकिन मैं स्वीकार करूँ कि मेरे पारिवारिक जीवन में और सृजन-कर्म में कभी कोई द्वंद्व नहीं रहा है। बल्कि मैंने यह महसूस किया कि परिवार मेरे रचनात्मक विकास या जाति को आधार देनेवाली एक वास्तविकता है। परिवार समाज की वह पहली संस्था है जो हमें बृहत्तर समाज के लिए तैयार करती है और जिससे जुड़ने के लिए हमें अतिरिक्त श्रम की आवश्यकता नहीं पड़ती। मुझे लगातार लगता रहा कि जो साहित्यकार इस संस्था को नहीं जान पाता, उसके अंदर एक गहरी रिक्तता रहती है। उस खालीपन को वह कैसे भरता है, यह उस पर है। अगर वह उस खालीपन को नहीं भर पाता है तो उसकी संवेदना में एक विच्छिन्नता रहती है। मैं पारिवारिक जीवन को सामाजिक जीवन का प्रथम सोपान मानता हूँ।

मिथिलेश श्रीवास्तव : सवाल को थोड़ा पीछे ले जायें। आपने बनारस क्यों छोड़ा ?

केदारनाथ सिंह : बनारस मैंने सन् साठ में छोड़ा। बनारस छोड़ने के पीछे भी एक घटना है। शायद मैं बनारस नहीं छोड़ता। मेरे गाँव के बाद बनारस मेरे लिए दूसरा जन्म स्थान बन गया। बनारस में मैं सत्रह साल रहा।

बनारस छोड़ने के पीछे जो घटना थी, उसका मैं जिक्र कर दूँ। आचार्य हजारीप्रसाद द्विवेदी बनारस हिंदू विश्वविद्यालय से हटाए गए। केवल वे ही नहीं, बल्कि उनके साथ-साथ और वरिष्ठ लोगों को हटाया गया। एक षड्यंत्र के तहत। कोर्ट में केस लड़कर और पक्ष में कोर्ट का फैसला लेकर वे लोग फिर से विश्वविद्यालय में लौटे, लेकिन हजारीप्रसाद द्विवेदी कोर्ट गये ही नहीं, क्योंकि वे जितने बड़े विद्वान् थे, उतने ही बड़े स्वाभिमानी भी थे। उन्होंने कहा कि जब विश्वविद्यालय ने हटा दिया तो मुकद्दमा लड़कर क्या लौटना। वे चंडीगढ़ चले गए और अपने अंतिम वर्षों में पंजाब विश्वविद्यालय में पढ़ाने लगे। उनके बनारस से हटने के बाद वहाँ रहने का कोई आधार बचा नहीं रह गया। यह एक समस्या थी कि क्या किया जाए। सोचा था कि बनारस में द्विवेदीजी की देखरेख में पढ़ने-पढ़ाने का कोई काम मिल जाए। उनके बनारस से जाने के बाद एक वर्ष के लिए मैं गोरखपुर चला गया। वहाँ सेंट एण्ड्रज कॉलेज में एक जगह थी। और देखिए कि एक बार बनारस छोड़कर गोरखपुर गया तो एक लम्बे समय के लिए इसी क्षेत्र में रह गया। लेकिन बनारस छूटा तो छूट ही गया। जिसको नहीं छोड़ना चाहता था, वह छूट गया और जिससे नहीं जुड़ना चाहता था, उससे जुड़ना पड़ा। मेरे जीवन की यह एक अजब विडम्बना थी।

मिथिलेश श्रीवास्तव : गाँव में रहने के बाद आप बनारस, गोरखपुर, पडरौना और दिल्ली में रहे। एक तरह से विस्थापित होते रहे हैं। यह विस्थापन आपकी कविता में है ?

केदारनाथ सिंह : ऊँची शिक्षा के लिए शहर, चाहे वह नजदीक हो या दूर, जाना

विस्थापन नहीं हो सकता क्योंकि छात्र जीवन में आदमी अपनी मूल जड़ों से, गाँव से, घर-परिवार से कटा नहीं होता, बल्कि गहरे जुड़ा होता है। लेकिन नौकरी करने की विवशता से किसी को बाहर जाना पड़ता है, तो वह विस्थापन कहा जाएगा।

जब बनारस में मैं था तब मैं आर्थिक रूप से अपने गाँव पर टिका हुआ था। वहाँ से मेरी आवश्यकता की हर चीज आती थी। छात्र के रूप में मैं, वहाँ एक नई दुनिया में आ गया था, जिसमें कई तरह के अवसर थे। इस दुनिया का सौंदर्य-बोध मेरे सामने खुल रहा था। इस दुनिया को मैं जानना भी चाहता था। यह आनंदप्रद अनुभव था। यहाँ विस्थापन की पीड़ा दब जाती थी। घर छोड़ने की पीड़ा दब जाती थी। घर छोड़ने की पीड़ा बड़ी तीव्रता के साथ पहली बार तब महसूस हुई जब मैं दिल्ली आया। विस्थापन का दर्द महानगर से सीधे जुड़ा हुआ है। महानगर की बनावट ऐसी है कि अगर आप उसमें हैं तो आपको विस्थापित होते रहना है। बनारस शहर है जरूर लेकिन उसका चरित्र आज भी ऐसा है कि वह एक बड़ा गाँव होने का आभास देता है। उसका चरित्र एक देसीपन लिए हुए है।

गोरखपुर उस अर्थ में शहर नहीं है, जिस अर्थ में दिल्ली है। कहने का अर्थ यह है कि दिल्ली से पहले जहाँ भी मैं रहा, मुझे विस्थापन की पीड़ा नहीं हुई। 1976 में मैं दिल्ली आया। अपनी बनावट, अपनी सोच, अपने रहन-रहन, अपनी संवेदना में मैं ठेठ पुरबिया था। दिल्ली में आने के बाद मैं उससे कट गया। इस विश्वविद्यालय में आने के बाद मुझे जो पहला घर मिला वह मिला 'पूर्वांचल' में। मन को अच्छा लगा कि कम-से-कम कहने के लिए 'पूर्वांचल' तो है। मेरे लिए यह विस्थापन की विडम्बना थी कि पूर्वांचल शब्द मात्र से अपने स्रोत से जुड़े होने का एहसास होता था।

इस एहसास का एक नितांत व्यक्तिगत पहलू भी है, जो यहाँ आने के बाद ही घटित हुआ। मेरी पत्नी बीमार चल रही थी। दिल्ली आने के तुरंत बाद ही वे नहीं रहीं। दिल्ली के छंद के साथ अपने को 'एडजस्ट' करने में मुझे काफी समय लगा। आज भी यह समझता हूँ कि मैं दिल्ली में हूँ, दिल्ली का नहीं हूँ। इसलिए मैंने एक बीच का रास्ता चुना है कि साल में एक बार कभी-भी बीस-पच्चीस दिन गाँव में रहूँ। अपने ठेठ गाँव में, जहाँ अपनी ठेठ भोजपुरी बोल सकूँ। अब आगे की ही घटना आपको बताता हूँ। मेरा बेटा चाहता है कि मैं गाँव में बची हुई जमीन-जायदाद बेच दूँ। लेकिन मैं ऐसा नहीं चाहता। अपने जीते-जी मैं गाँव से एक रिश्ता बनाए रखना चाहता हूँ। और वह तभी बना रहेगा जब वहाँ कुछ बचा रहे और बचे हुए की रक्षा के लिए मैं आता-जाता रहूँ। मेरे तर्क से मेरा बेटा सहमत नहीं है, लेकिन मेरा मन रखने के लिए चुप हो गया।

आपसे बातचीत के बहाने मैं एक बात और स्पष्ट कर दूँ। एक पत्रिका में किसी एक बड़े लेखक का इंटरव्यू छपा था। जब मेरा जिक्र किसी प्रसंग में आया

तो उन्होंने मुझे सामंत कहा। मैं बताना चाहता हूँ कि मैं सामंत नहीं हूँ। 'तीसरा सप्तक' के वक्तव्य में मैंने अपने को किसान का बेटा कहा था। मेरा परिवार एक छोटा काश्तकार था, जिसके पास दस-बारह बीघा जमीन थी। अब मेरे पास पाँच बीघा जमीन है। हमारे यहाँ की जमीन अच्छी होती है। एक छोटा-सा मकान है। बस यही है मेरे पास गाँव में। इस संपत्ति के आधार पर मैं सामंत होने का दंभ नहीं कर सकता। जमींदार मेरा परिवार कभी नहीं रहा। खाता-पीता परिवार रहा लेकिन सामंत कभी नहीं रहा। मेरे बाबा कलकत्ता के एक बैंक में चतुर्थ श्रेणी कर्मचारी थे। जिस परिवार का मुखिया चतुर्थ श्रेणी का कर्मचारी हो, वह परिवार सामंत कैसे हो सकता है।

मोटे तौर पर कहें, सारे नहीं तो ज्यादातर हिंदी के आधुनिक लेखन में विस्थापन की पीड़ा किसी न किसी रूप में ध्वनित होती है, क्योंकि उसमें ज्यादातर वे लोग हैं जो गाँव से आए हैं। शहर के बन पाते हैं या नहीं बन पाते हैं, लेकिन शहर में अपने आपको एडजस्ट करने के लिए एक बड़ी लड़ाई लड़ते हैं। उस लड़ाई में बहुत कुछ खोते हैं। एक खास तरह का मध्यवर्ग शहरों में विकसित होता रहा है, जो गाँवों से आया है। आधुनिक हिंदी साहित्य उन्हीं लोगों का साहित्य है।

मिथिलेश श्रीवास्तव : उन दिनों आपके वरिष्ठ साहित्यकारों में कौन-कौन से लोग थे, जिन्होंने आपके व्यक्तित्व व रचना को प्रभावित किया ?

केदारनाथ सिंह : मेरे वरिष्ठ समकालीन कई थे। उनमें से कुछ का जिक्र मैं ऊपर कर चुका हूँ। नामवरजी थे जिनकी चर्चा मैं करना चाहूँगा। वहाँ नये लोगों में जो लोग उभरकर आ रहे थे उनमें वे थे–एक कवि, एक साहित्य के अध्येता आलोचक और अध्यापक के रूप में। उनके बारे में एक और बात बताऊँ कि वे पहले कवि थे, बाद में आलोचक हुए। मैंने जब लिखना शुरू किया था तब नामवर जी का नाम हो चुका था। वे अच्छी कविताएँ लिखते ही नहीं थे, बल्कि अच्छी तरह पढ़ते भी थे। बाद में उन्होंने कविताएँ लिखना छोड़ दिया। उनका एक संग्रह भी छपते-छपते रह गया। अगर वह छप गया होता तो शायद वे आज कवि होते।

बनारस के उस समय के पूरे साहित्यिक माहौल को बदलने में नामवरजी का योगदान रहा है। मेरे स्वयं के निर्माण में उनका योगदान है। मेरी प्रारंभिक कविताओं पर नामवरजी की प्रतिक्रिया मेरे लिए बहुत मूल्यवान होती थी। लेकिन उनके साथ मेरा संबंध एक वरिष्ठ साहित्यकार जैसा नहीं था। वे एम. ए. करके अध्यापक हुए ही थे और मैं बी. ए. कर रहा था। हम लोग युवा साहित्यकार की तरह थे और गोष्ठियों में मित्रवत मिलते-जुलते थे। मेरे साथ उन दिनों मेरे मित्र विश्वनाथ त्रिपाठी भी होते थे जो मेरे सहपाठी थे, और अब जाने-माने आलोचक और दिल्ली विश्वविद्यालय में हिंदी के प्राध्यापक हैं।

बनारस के माहौल के ठीक विपरीत एक साहित्यिक माहौल इलाहाबाद में था। वहाँ मेरा आना-जाना निरंतर होता था। उन दिनों वहाँ मार्कण्डेय, कमलेश्वर, दुष्यंत

कुमार इत्यादि रहते थे। उन लोगों से मेरी घनिष्ठता थी। वहाँ शमशेरजी से भी प्रायः मिलना होता था। उनकी कविताएँ मैंने 'दूसरे सप्तक' में पढ़ी थीं। उन कविताओं को पढ़कर मेरे अंदर एक विलक्षण प्रभाव पैदा हुआ था। मेरी कविताओं पर भी वे बेबाक राय देते थे और उनकी राय के प्रति मेरे मन में गहरा प्रभाव था।

यहीं श्रीकांतजी का जिक्र करना चाहूँगा। वे बिलासपुर (मध्य प्रदेश) में रहते थे। अपने विद्यार्थी जीवन से ही 'नई दिशा' नामक पत्रिका निकालते थे। वे मुझे बराबर पत्र लिखते थे। उन पत्रों में वे काफी दिलचस्प बातें लिखा करते थे। वे शायद उस समय के युवा रचनाकारों में पहले व्यक्ति थे, जो नई कविता और उसकी तत्कालीन सीमाओं के गहरे पाठक और आलोचक थे। इलाहाबाद की कविताओं को वे पसंद नहीं करते थे। उन्होंने ही पहली बार मेरा ध्यान इस बात की ओर आकृष्ट किया कि जिस सौंदर्य-दृष्टि को लेकर इलाहाबाद के लोग कविताएँ लिख रहे हैं, वो हमारा आदर्श नहीं है।

मिथिलेश श्रीवास्तव : श्रीकांतजी इलाहाबाद आते रहते थे ?

केदारनाथ सिंह : उनसे मेरी पहली मुलाकात इलाहाबाद में हुई। सन् '57 में वहाँ एक बड़ा साहित्यकार सम्मेलन हुआ था, जिसमें हिंदी के लगभग सारे महत्त्वपूर्ण साहित्यकार मौजूद थे। एक युवा साहित्यकार के रूप में श्रीकांतजी आए थे। वहीं मैंने पहली बार मुक्तिबोध को देखा। मुक्तिबोध उन साहित्यकारों में से थे जिनसे प्रत्यक्ष रूप से मेरा कोई संबंध नहीं था। मैं उन्हें वरिष्ठ के रूप में जानता था। उनकी कविताएँ पढ़ चुका था। मुक्तिबोध एक पूरे मनुष्य की तरह मिठाते थे। वरिष्ठ साहित्यकारों की तरह औपचारिक रूप से नहीं, सहज तथा खुले हुए।

व्यक्तिगत संबंध जो बने, मैंने उनका संक्षिप्त रूप से उल्लेख किया। व्यक्तिगत संबंधों में मैं बहुत संकोची हूँ। धीरे-धीरे खुलनेवाला व्यक्ति हूँ। कई बार अपनी ही दुनिया में सिमटकर रह जानेवाला व्यक्ति हूँ। दूसरों से संपर्क में आने की प्रक्रिया में धीरे-धीरे बढ़ने की प्रवृत्ति मेरी रही है। वह प्रवृत्ति लगातार रही है। इसीलिए मैं किसी को अपना दोस्त नहीं बना पाता। लेकिन जिनसे दोस्ती हो जाती है, उनसे गहरी आत्मीयता बन जाती है। किंतु मैं इतना कहना चाहूँगा कि एक साहित्यकार की दोस्ती सिर्फ साहित्यकारों तक सीमित नहीं होनी चाहिए, बल्कि उनका दूसरे क्षेत्रों के लोगों से भी संपर्क होना चाहिए; क्योंकि असली दुनिया तो इस दुनिया से बाहर है। बाहर की दुनिया से आप किस हद तक जुड़ते हैं या बाहर की दुनिया आपसे कितनी जुड़ती है, यह बहुत महत्त्वपूर्ण होता है। मैं लगातार कोशिश करता रहा हूँ कि साहित्य की दुनिया से बाहर की दुनिया से जुड़ूँ। इसी कोशिश के तहत मैंने पड़रौना जैसी छोटी जगह में रहना मंजूर किया था, जहाँ कोई साहित्यिक माहौल नहीं था। मैं था, विद्यार्थी थे और थे छोटे-छोटे लोग। यह जो 'छोटा' है, मुझे बहुत आकर्षित करता है। छोटा सचमुच सुंदर होता है।

मिथिलेश श्रीवास्तव : इलाहाबाद में निराला और पंत भी तो रहते थे ?

केदारनाथ सिंह : जिन दिनों मैं बनारस में सातवीं कक्षा का विद्यार्थी था, निराला जी बनारस में रहते थे। तुलसी-जयंती के अवसर पर वे मेरे विद्यालय में आए थे। उस समय से उनका मानसिक संतुलन बिगड़ने लगा था।

निराला को मैंने बनारस में देखा-भर था। इलाहाबाद में ही उनसे मिलना संभव हुआ। उस समय मैं बी. ए. का विद्यार्थी था। त्रिलोचन शास्त्री के साथ मैं इलाहाबाद गया था। उन्हीं के साथ दारागंज की गली में मैंने निराला के दर्शन किए।

निरालाजी भोजन कर रहे थे। थाली में मोटी-मोटी रोटियाँ और मोटे चावल के दाने थे। और वे इस तन्मयता से खा रहे थे जैसे पूजा कर रहे हों। एकदम निर्लिप्त भाव से। बिना देखे कि कौन आ रहा है, कौन जा रहा है। हम लोग चुपचाप अंदर, दरी पर बैठ गए। त्रिलोचनजी ने इशारा किया, बोलना नहीं, भोजन करके वे खुद बोलेंगे। वहीं उनके पास एक पत्रिका पड़ी थी जिसमें निरालाजी की एक कविता छपी थी। उसमें एक शब्द था जो मेरी समझ में नहीं आ रहा था। मेरी बाल-बुद्धि देखिए, मैंने उनसे ही इस शब्द का अर्थ बताने का अनुरोध किया। वह शब्द था–'अरघान'। उन्होंने कहा–यह शब्द, तुम्हारी बोली में है, तुम्हें इसका अर्थ आना चाहिए। उन्होंने टिप्पणी की–आजकल के लड़के अपनी बोली भूलते जा रहे हैं।

··· मैं अपनी बोली जानता था। भूला नहीं था। 'अरघान' शब्द भोजपुरी में नहीं है, मैंने इस बात को दृढ़तापूर्वक कहा। लेकिन निरालाजी ने नहीं माना। कहा–घर जाकर अपने पिताजी से पूछना।

मैं आहत हुआ। मुझे विश्वास था, बलिया और छपरा में बोली जानेवाली भोजपुरी में यह शब्द नहीं है। बाद में मैंने इस शब्द को जायसी की कविता में देखा। उसके बाद आगे चलकर यह शब्द त्रिलोचन शास्त्री की कविता में दिखाई देता है। सचाई यह है कि यह शब्द भोजपुरी में नहीं है, अवधी में है।

मिथिलेश श्रीवास्तव : लोग बोली को क्या सचमुच भूलते जा रहे हैं ? पुराने शब्द हमें नहीं मिलेंगे ?

केदारनाथ सिंह : ऐसा होता है, शब्द पीछे छूटते चले जाते हैं। कविता शब्दों को बचाती है। गद्य को शब्द नये सिरे से चाहिए। गद्य पुराने शब्दों को छोड़ देता है। इसमें करेंट होने की कोशिश होती है। कविता पुराने शब्दों को छोड़ती नहीं है। शब्द के बारे में मेरा मानना है कि जो शब्द जितना पुराना होता है, वह शब्द उतना ही अर्थवान होता है। जो शब्द जितने लंबे समय से लोक-व्यवहार में रहता है, उस पर उतनी ही ज्यादा मानवीय जीवन की ऐतिहासिक छाप पड़ती चली जाती है। हमारी पुरानी स्मृति में पड़े हुए शब्द हमारी कई स्मृतियों को एक साथ जगाते हैं। एकदम नया, कल का बना हुआ शब्द, कविता के काम का भरसक नहीं होता है। उसका प्रयोग कविता में तभी संभव हो पाएगा जब किसी विशेष संदर्भ में उसका प्रयोग

किया जा रहा है। शब्द लगभग पुराने कपड़ों की तरह होते हैं।

मिथिलेश श्रीवास्तव : बच्चनजी के बारे में कुछ कहना चाहेंगे ?

केदारनाथ सिंह : बच्चनजी की कविता में मुझे अपना आदर्श कभी नहीं मिला। उनकी कविताएँ इकहरी अनुभूति की लगीं। उनकी कविता की पहली पंक्ति पूरी कविता की प्रवृत्ति को निर्धारित करती है, जिसमें पहली पंक्ति की भूमिका लगभग तानाशाह की होती है। यह पद्धति मुझे कभी पसंद नहीं आई। काव्य के विकास में यह सहज प्रक्रिया नहीं लगी। इसलिए महादेवीजी के गीत और बाद में बच्चन जी के गीत मुझे अपनी संवेदना के निकट कभी नहीं लगे।

मिथिलेश श्रीवास्तव : वरिष्ठ साहित्यकारों के पास समय की कमी रहती है, जिसके कारण वे नई पीढ़ी के साथ अधिक मेलजोल नहीं बढ़ा पाते। आपके समय में स्थिति कैसी थी ? आप अपनी युवा पीढ़ी को समय दे पाते हैं ? इन दोनों युवा पीढ़ियों के अपने वरिष्ठ साहित्यकारों के साथ संबंधों में क्या अंतर है ?

केदारनाथ सिंह : आपका प्रश्न उन साहित्यकारों के बारे में है जो मेरे समय में मेरे लिए वरिष्ठ थे। उनमें से कुछ तो ऐसे थे जिनसे मेरी निजी तौर पर नजदीकी थी और उनसे मिलने और उनके साथ संवाद करने में कोई दिक्कत नहीं थी।

रायकृष्ण दास थे, जो प्रेमचंद और प्रसाद के समकालीन थे। अपने समय के अच्छे साहित्यकार थे। उनसे कभी-कभी मिलना हो जाता था। वे बहुत ही मिलनसार व्यक्ति थे। बहुत सहज व्यक्ति थे।

एक-दो बार मैं मैथिलीशरण गुप्त से भी मिला था। वे बनारस आते रहते थे। सिर्फ एक भेंट की मैं बात करना चाहूँगा। वे जब भी बनारस आते, रायकृष्ण दास के घर ठहरते थे। रायकृष्ण दास का घर एक तरह से साहित्यकारों का 'गेस्ट हाऊस' था। एक बार वे लॉन में बैठे धूप सेंक रहे थे। दो-तीन और छात्रों के साथ उनसे मिलने मैं गया। हमारे मन में उनके प्रति बड़ी श्रद्धा थी। हमने अपना परिचय दिया। बड़ी विनम्रता के साथ वे कुर्सी से खड़े हो गये। हम लोग आश्चर्यचकित थे कि हम लोग छात्र थे और हमारे लिए उन्हें खड़े होने की क्या जरूरत थी, लेकिन वे खड़े थे और हम लोगों से बतियाने लगे। जब मैंने श्रद्धावश उनके चरण छूने की कोशिश की, उन्होंने पैर पीछे खींच लिए। दरअसल वे वर्णाश्रम व्यवस्था में विश्वास करनेवाले व्यक्ति थे। इसलिए वे मानते थे कि वर्ण-व्यवस्था की नियमावली के अनुसार उनका पैर नहीं छुआ जाना चाहिए। मैं नहीं मानता कि इसके पीछे कोई ढोंग था।

गुप्तजी की कविता से कभी कोई संवेदना के धरातल पर एकसूत्रता स्थापित हुई हो, ऐसी कोई स्मृति मुझे नहीं है। मुझे याद आ रहा है कि बनारस में एक गोष्ठी में गुप्तजी ने एक गीत पढ़ा था। वह गीत अच्छा था। वह उनकी एकमात्र कविता है जो मुझे अच्छी लगती है। बुढ़ापे की कविता थी–जीवन की व्यर्थता का एक हल्का-सा बोध था कि सारा जीवन गँवा दिया और जो करना था वह नहीं किया।

तो, जीवन का क्या मूल्य ? कविता की सच्ची अनुभूति का संस्पर्श था उसमें।

उस समय के यही लोग वरिष्ठ साहित्यकार थे और उनसे मैं मिला और उनसे मिलकर मुझे कभी नहीं लगा कि उनके मिलने में कहीं कोई कठिनाई है या समयाभाव है। बल्कि मैं कहूँ कि अज्ञेयजी, जिनसे मेरा निकट का संबंध बन गया था, से मिलते हुए मुझे कई बार घबराहट हुआ करती थी। क्योंकि वे बोलेंगे ही नहीं, चुप रहेंगे। आप जाइए, मिलिए लेकिन वे चुप रहेंगे। मिलने में कोई संकोच नहीं, लेकिन वे खुलेंगे नहीं।

एक घटना का उल्लेख करूँगा। यह घटना अज्ञेयजी के निधन के दो-तीन साल पहले की है। मैं भोपाल में 'निराला-सृजन पीठ' में चार महीने के लिए था। वहाँ जिस घर में मैं रहता था, एक दिन वहाँ देर रात लौटा तो मेरे नौकर ने बताया कि कोई आपसे मिलने आए थे। इंतजार करके चले गए। आगंतुक का जो वर्णन वह दे रहा था, उसके अनुसार लगा कि अज्ञेयजी आए होंगे। मैं सोच में पड़ गया कि इतनी रात गए क्यों आए थे। मेरे नौकर ने फिर बताया कि वे फलाँ जगह ठहरे हैं और कल फिर आएँगे। मैंने सोचा कि अगर उनको कोई काम है, तो वे वरिष्ठ हैं, वे क्यों यहाँ आएँगे, मुझे उनके पास जाना चाहिए। ऐसा ही सोचकर मैं सुबह ही तैयार होकर निकल पड़ा। जब मैं उनके ठहरने के स्थान तक पहुँचा तो सीढ़ियाँ उतर रहे थे। मैं रुक गया। नमस्कार किया। उन्होंने कहा कि वे मुझसे मिलने मेरे घर आ रहे थे। मैं पुनः असमंजस में पड़ गया—अब क्या होना चाहिए। खैर, मैं उनको अपने डेरे पर ले आया। डेरे पर पहुँचकर उनसे पूछा, "आप क्या लेंगे ? चाय, कॉफी या ठंडा ?"

"मैं कुछ नहीं लूँगा।" अज्ञेयजी ने मना किया।

"नींबू की चाय बनवा दूँ।" मैंने जोर दिया।

"न, कुछ नहीं लूँगा।"

"लेकिन भारतीय आतिथ्य तो ऐसे पूरा होता नहीं।" मैंने अंतिम तर्क दिया जो कि शायद उन्हें आहत कर गया।

"दही है, तो नमकीन लस्सी बनवाइए।" वे बोले।

लस्सी बनी। ग्लास में उनके सामने रख दी गई। वे भी चुप। मैं भी चुप। दरअसल मैं अपेक्षा कर रहा था कि अगर वे किसी प्रयोजन से आए हैं, तो वे मुझसे कहें। लेकिन मैं कैसे पूछूँ कि वे क्यों आए हैं। वे चुप हैं तो चुप हैं। मैं भी चुप। चुप्पी का दौर करीब आधे घंटे तक चला। मैंने सोचा, मुझे ही पूछ लेना चाहिए। मैंने पूछा, "मेरे लिए कोई काम हो तो बतायें ?"

"नहीं ! कोई काम नहीं है। मैं तो ऐसे ही आ गया।" उनका उत्तर था।

मेरे लिए फिर बड़ी मुश्किल हो गई। आखिर बात आगे बढ़े तो कैसे बढ़े। मैं इधर-उधर की बातें करता रहा—कभी मौसम के बारे में, भोपाल के साहित्यिक

माहौल के बारे में मैं बात कर ही रहा था। वे सिर्फ हाँ-हाँ कर रहे थे। करीब पैंतालीस मिनटों के बाद वे बोले, मुझे फलाँ जगह जाना है, रिक्शा मँगवा दीजिए। अज्ञेयजी की यह टिपिकल प्रवृत्ति थी। जो लोग उनकी प्रवृत्ति से परिचित थे उनको कोई आश्चर्य नहीं होता था। वे बिलकुल चुपचाप मिलकर बहुत कुछ प्रकट करने में विश्वास करते थे। रिक्शा आया। उसमें चढ़ते हुए उन्होंने एक वाक्य कहा, जिससे सब कुछ साफ हो गया–"बात यह है कि दिल्ली में मिलना तो होता नहीं, इसलिए सोचा कि भोपाल में आपसे मिल लूँ।" उनका यह अंतिम वाक्य बहुत मार्मिक था। उनके इस वाक्य में एक अजीब-सी चुभन थी।

मिथिलेश श्रीवास्तव : आप अपनी युवा पीढ़ी के बारे में···

केदारनाथ सिंह : मैं युवा पीढ़ी के साथ संपर्क बनाए रखना चाहता हूँ। मैं यह भी मानता हूँ कि वरिष्ठ साहित्यकार के साहित्यिक स्वास्थ्य के लिए युवा पीढ़ी से मेलजोल अनिवार्य है। नये लोगों के साथ नई संवेदना की आहट आती है। नए विचार आते हैं। उनसे किस हद तक मिलना हो पाता है, यह उसका दूसरा पक्ष है।

बनारस और गोरखपुर में प्रवास के दिनों में युवा पीढ़ी के साथ मेरा काफी मेलजोल रहा। उनका प्यार भी बहुत मिला। दिल्ली की दुनिया कटी-कटी-सी दुनिया है। यहाँ मिलने-जुलने की बात उस तरह नहीं सोच सकते, जिस तरह छोटे शहरों में है। लेकिन मैं भरसक कोशिश करता हूँ कि लोगों से मेरा संपर्क बने। जब भी अवसर मिलता है मैं जुड़ने की कोशिश करता हूँ। नए लोगों के पत्र मुझे बराबर मिलते रहते हैं। भरसक उनका उत्तर देने की कोशिश करता हूँ। जब नहीं दे पाता–किसी व्यस्तता के कारण, तो उसका पछतावा बहुत दिनों तक बना रहता है।

मिथिलेश श्रीवास्तव : क्या हिंदी कविता में आत्मदया का भाव है ?

केदारनाथ सिंह : आत्मदया का भाव वस्तुतः ज्यादातर रोमानी प्रवृत्ति की कविताओं में पाया जाता है। कवि अपने आपको निराश, दुखी और दयनीय दिखलाता है। उस गहरी निराशा से रोमानी कविता में आत्मदया का भाव उत्पन्न होता है। इस आत्मदया से लड़ने के बहुत कारगर औजार कवि को लगातार ढूँढ़ने पड़ते हैं। रोमानी कविता के कवि बुद्धि और हृदय के बीच पार्थक्य मानते थे। आज की कविता में ऐसा नहीं है। जो कविता इस तरह का पार्थक्य मानकर नहीं चलेगी, उसमें आत्मदया का भाव नहीं होगा। आत्मदया से कोई बड़ी कविता नहीं पैदा हो सकती। लेकिन मैं यहाँ भारतीय परंपरा का उल्लेख करना चाहूँगा।

भक्त-कवियों की रचनाओं में आत्मदया का भाव है, जैसे विनय पत्रिका में। सूरदास की कविता में है। सूरदास के जिन पदों में आत्मदया का भाव ज्यादा है, उनकी सबसे ज्यादा आलोचना उनके गुरु वल्लभाचार्य ने की थी–सचाई यह है कि हिंदी में आत्मदया से टकराने की परंपरा भी रही है और आत्मदया को काव्य के स्तर तक उठाकर ले जाने की परंपरा भी।

मिथिलेश श्रीवास्तव : आधुनिक कविता की क्या स्थिति है ?

केदारनाथ सिंह : मैंने पहले ही संकेत किया है कि रोमांटिक कविता के बाद की प्रवृत्ति यह है कि भाव और विचार में पार्थक्य रखकर नहीं चलते। इसके चलते आत्मदया की प्रवृत्ति उभरने नहीं पाती है। कहीं अपवादस्वरूप ऐसी कविता दिखाई पड़ सकती है जिसमें आत्मदया हो। आमतौर पर आत्मदयापरक कविताएँ दिखाई नहीं पड़तीं।

मिथिलेश श्रीवास्तव : 'अछूते बिंबों की कलात्मक योजनाओं' की बात आपके प्रसंग में प्रायः की गई है। क्या उसके बारे में कुछ बतायेंगे ?

केदारनाथ सिंह : हिंदी में एक अजीब चीज चल पड़ी है और वह है कि एक बार कोई बात चल पड़ती है तो वह चलती रहती है। उसको निकालना बहुत मुश्किल है। उसी तरह से बिंबों की बात है। एक बार मुझसे चिपक गई तो बस चिपकी हुई है।

मैं जरूर मानता हूँ कि बिना बिंब के कविता में काम नहीं चलता है और हर युग की कविता में बिंब के प्रयोग का चलन रहा है। सवाल बिंबों के नियोजन का है। आप कैसे उनका प्रयोग करते हैं। उनकी भूमिका कितनी गौण या प्रमुख है। बिंबों के परस्पर संबंधों का रूप क्या है ? है या नहीं ? कितना गैप रह गया है। कविता जो कहना चाहती है, उसको बिंब कहाँ तक संकेतित कर पाते हैं, ये सारी बातें महत्त्वपूर्ण होती हैं।

कविता में बिंब हो, ठीक है। लेकिन कविता बिंब-बहुल न हो, बिंब से बोझिल न हो। उससे बचना चाहिए। बिंब-बहुल कविता अपने आशय को क्षतिग्रस्त करती है। बिंब का चयन बहुत सतर्क, सावधान प्रक्रिया है और उसमें न्यूनतम बिंब-प्रक्रिया से काम लेने तक अपने को सीमित रखना चाहिए। बिंब-मोह नहीं होना चाहिए। बिंब-नियोजन की प्रक्रिया में कवि को निर्मम होना चाहिए।

मिथिलेश श्रीवास्तव : पूर्वी यूरोपीय देशों में मार्क्सवाद के प्रति उभरती उदासीनता और सोवियत संघ में पेरेस्त्रोइका की शुरुआत जैसी घटनाओं का प्रभाव हिंदी कविता पर किस तरह से पड़ने की संभावना हो सकती है ?

केदारनाथ सिंह : तत्काल कोई प्रभाव नजर नहीं आता। तत्काल प्रभाव पड़ता भी नहीं है। तत्काल पड़ा हुआ प्रभाव विश्वसनीय भी नहीं होता है। कविता की दुनिया बड़ी धीमी गति से चलनेवाली दुनिया है। लंबे समय से गुजरकर कोई प्रभाव काव्य-जगत में प्रवेश करता है। सारे घटनाचक्र के निहितार्थ को ठीक-ठीक जानने में समय लगेगा। प्रेमचंद कहा करते थे कि साहित्यकार राजनीति के पीछे नहीं, बल्कि उसके आगे चलनेवाली मशाल है। रूस के साहित्यकार इसी तरह आगे चलते रहे हैं।

आपके प्रश्न का एक दूसरा हिस्सा है, जिसको आपने संकेत में रखा है। स्वयं

विश्वव्यापी वामपंथी आंदोलन के संदर्भ में इन घटनाओं का क्या अर्थ है। विचार का यह एक बड़ा मुद्दा है।

मैं उन लोगों की खुशफहमी को बड़े कौतूहल से देखता हूँ जो यह मानते हैं कि जो कुछ हो रहा है, उससे मार्क्सवाद समाप्त हो जाएगा। यह एक बालसुलभ सोच है। विचारों की समाप्ति इस तरह नहीं होती, खास करके ऐसे विचार की जो एक लंबे ऐतिहासिक क्रम में मनुष्य की नियति से जुड़ गया हो।

मैं यह नहीं मानता कि संसार में जो है, वह रहेगा ही। मार्क्सवाद अपरिवर्तनीय है, ऐसा मानना गलत है। लेकिन मनुष्य ने जो कुछ रचा है, वह रहता है जब तक मनुष्य है। मनुष्य ही नहीं रहेगा तो क्या रहेगा। लेकिन जिन अच्छी कृतियों का, अच्छी संस्कृतियों का, अच्छे विचारपरंपराओं का निर्माण मनुष्य करता है, जिनमें मनुष्य की रचनाशीलता का एक कण भी है, यह मानवीय संस्कृति और सभ्यता के इतिहास में रह जाता है।

इसलिए मैं इसे मार्क्सवाद का अंत नहीं मानता। समाजवाद का अंत नहीं मानता। सिर्फ यह है कि, समाजवाद का एक रूप जो कुछ शासन-व्यवस्थाओं में विकसित हुआ था जिसकी कुछ रूढ़ियाँ थीं, कुछ जड़ताएँ थीं, कुछ विकृतियाँ थीं, कुछ दोष थे उनके सामने एक बड़ा प्रश्न था। इस प्रश्न से लड़कर जहाँ समाजवाद आएगा, वह ज्यादा मानवीय और दीर्घकालव्यापी होगा। इस तरह के परिवर्तन की आहटें पूरे यूरोपीय देशों में पाने के लिए इंतजार करना पड़ेगा, किंतु रूस में इन आहटों को सुना जा सकता है। चीन के बारे में खबरें बहुत कम मिल पा रही हैं। लेकिन मेरा विश्वास है कि अंदर ही अंदर चीन में बहुत कुछ बदल रहा है। यह बदलाव समाजवाद के हित में है। बदलाव होना चाहिए। अगर किसी चीज को हम अमर मानकर चलें तो जड़ता पैदा होगी और हर जड़ता से लड़ना होता है।

मिथिलेश श्रीवास्तव : समकालीन कविता आम लोगों तक पहुँच नहीं पा रही है। कविता में इस तरह के सिमटाव के क्या कारण हो सकते हैं ?

केदारनाथ सिंह : बड़ा प्रश्न है। यह प्रश्न मुझे परेशान करता है। क्या सार्थकता है सारे लेखन की ? मैंने सुना था कि टैगोर कभी-कभी पूछा करते थे कि जिस तरह तुलसी और कबीर लोगों में पहुँचे थे, उस तरह उनकी कविता क्या लोगों में नहीं पहुँच पाएगी। यह एक बड़ी समस्या है जो सिर्फ साहित्यिक नहीं है। इसका संबंध परिवर्तन की वृहत्तर प्रक्रिया से है। समकालीन कविता ही क्यों, मैं पूछूँगा कि छायावादी कविता ही कितने लोगों तक पहुँच पाई थी। आधुनिक काल का सबसे महत्त्वपूर्ण काल था छायावाद काल, जो बड़ा काल तो था ही, बड़ी प्रतिभाओं का भी काल था। जब मनुष्य लड़ रहा होता है तो उस लड़ाई के भीतर से एक बड़ी ऊर्जा पैदा होती है। हमारे बड़े रचनाकार निराला, पंत, प्रसाद और प्रेमचंद—ये सब संघर्ष के भीतर से पैदा हुए थे। 'राम की शक्तिपूजा' एक बड़ी कविता है और आधुनिक काल की

एक महान कविता कही जा सकती है। 'राम की शक्तिपूजा' और 'रामचरितमानस'– दो रामपरक कविताएँ हैं। 'राम की शक्तिपूजा' को कितने लोग जानते हैं ? जाहिर है कि कोर्स में होने के नाते छात्र जानते हैं, अध्यापक जानते हैं, कलाप्रेमी जानते हैं और कविता लिखनेवाले जानते हैं। बाकी आम जनता नहीं जानती है। मैं यह कह रहा था कि आधुनिक काल के आते ही एक बहुत बड़ी सीमा इसकी बनी कि जिसे आप आम जनता कहते हैं उससे यह कविता विच्छिन्न-सी होती चली गई। उसके कारणों में से एक कारण हमारी सभ्यता के विकास की प्रणाली में है। वह प्रणाली यह है कि आधुनिक काल में प्रेस आया और प्रेस के आने से लिखित परंपरा की शुरुआत हुई। वाचिक परंपरा का क्षय होने लगा। वह कविता जो बोली जाती थी, वह लिखी जाने लगी और कविता लिखी जाने लगी तो पढ़ी जाने लगी। बोली जाती थी तो सुनी जाती थी। जब पढ़ी जाने लगी तो उसका ढाँचा बदल गया। कविता अपना सामाजिक दायित्व निभाती थी सीधे श्रोता से जुड़कर। श्रोता से सीधे जुड़ने की अनिवार्यता समाप्त तो गई। एक कविता मैंने लिखी, फलाँ पत्रिका में वह छप गई और बंबई में वह पढ़ ली गई। हमने मान लिया कि मेरी कविता पाठक तक पहुँच गई। इसलिए यह जो माध्यम है 'प्रेस' का, उससे हमारी जनता का कितना जुड़ाव है। कितने लोग अखबार पढ़ पाते हैं ? और जो पढ़ते हैं उनको पढ़ने लायक सामग्री कितनी मिलती है। इसलिए यह स्थिति है और इसे कैसे बदला जाय ? लेकिन यह निराशा का कारण नहीं है। क्योंकि यह लगभग सारी दुनिया में है। कुछ हिस्सों को छोड़कर। रूस एक अकेला देश है जहाँ कविता के लिए 'क्रेज' है। जहाँ एक किताब छपती है तो उसकी लाखों प्रतियाँ बिकती हैं। हमारे यहाँ एक हजार बिकने में पाँच साल लग जाते हैं। तब भी बिकती नहीं हैं। हमने अमेरिका में पता किया। वहाँ भी स्थिति कुछ बेहतर नहीं है। हमारे यहाँ एक हजार का संस्करण छपता है तो वहाँ तीन हजार का।

इससे यह साबित होता है कि उन देशों में जहाँ पूँजीवादी प्रणाली है (हमारा देश उससे अलग नहीं है, क्योंकि हमारी सारी प्रणालियाँ पूँजीवादी हैं), वहाँ कविता की स्थिति अच्छी नहीं है। उपभोक्ता संस्कृति में कविता बेकार की चीज समझी जाने लगी है। मनोरंजन के और अन्य साधन मनुष्य की स्वाद-वृत्ति को बहुत आसानी से संतुष्ट कर सकते हैं। कविता के आनंद तक पहुँचने में समय लगता है। संक्षिप्त मार्ग से चलकर उस आनंद को पाया नहीं जा सकता। उपभोक्ता संस्कृति के लोगों के पास समय कम है। इतना धीरज आज के मनुष्य में नहीं है। अतः जब तक समाज के ढाँचे में परिवर्तन नहीं होगा तब तक कविता को यह नियति झेलनी पड़ेगी। लेकिन एक दूसरा प्रश्न है कि क्या तब तक हाथ पर हाथ धरे बैठे रहा जाए ?

यहाँ पर आवृत्ति का प्रश्न उठता है। आवृत्ति की परंपरा दुर्भाग्य से हिंदी में नहीं है। बंगला में है। यह शब्द ही बंगला से आया है। रंगमंच हमारे यहाँ अविकसित

था। इसलिए आवृत्ति का विकास हमारे यहाँ नहीं हो पाया। मैं मानता हूँ कि हिंदी कविता के क्षेत्र में भी आवृत्ति की परंपरा का विकास किया जाना चाहिए। जिससे बहुत बड़े दायरे में न सही, शहर के मध्यवर्ग के बड़े समूह तक ही कविता पहुँच पाए, तो यही अपने आपमें बड़ा काम होगा। और यह काम आवृत्ति के माध्यम से हो सकता है। इसीलिए आवृत्ति करनेवालों की एक भूमिका बनती है। सिर्फ उनको अवसर मिलना चाहिए, साधन मिलना चाहिए। छोटी-छोटी टोलियाँ बनें और आवृत्ति करें। सिर्फ दिल्ली में ही न करें, बल्कि पूरे क्षेत्र में करें। इससे एक बहुत बड़ा आंदोलन पैदा हो सकता है।

मिथिलेश श्रीवास्तव : कविता-आवृत्ति से रंगकर्म और रंगकर्मी को जोड़ना जरूरी है ?

केदारनाथ सिंह : जोड़ना कतई जरूरी नहीं है। लेकिन स्थिति यह है कि बंगाल में रंगकर्म और आवृत्ति का विकास एक ही मंच पर हुआ। नाटक में संवाद बोलने का ढंग कविता पढ़ने के ढंग के समान ही है। वहाँ से प्रशिक्षित एक्टर कविता पढ़ने की लय को आसानी से समझ सकता है। लेकिन उसमें कविता का संस्कार होना आवश्यक है।

मिथिलेश श्रीवास्तव : प्रगतिशील आंदालन से आपका जुड़ाव किस तरह का था ?

केदारनाथ सिंह : जिन दिनों मैं बनारस में विद्यार्थी था उन्हीं दिनों मैं प्रगतिशील आंदोलन के संपर्क में आया था। उसकी एक शाखा वहाँ काम करती थी, जिसमें चंद्रबली सिंह, नामवर सिंह, त्रिलोचन शास्त्री इत्यादि सारे लोग थे। नियमित ढंग से तो नहीं पर थोड़ा-बहुत मेरा जुड़ाव उससे उसी समय से हो गया था। वह सिलसिला बाद में थोड़ा पुख्ता हुआ।

प्रगतिशील आंदोलन का पहला दौर इतिहास बन चुका है और उसके बारे में बहुत कुछ कहने की जरूरत नहीं है। उसका दूसरा दौर जो सन् '73 के बाद शुरू हुआ, किसी न किसी रूप में आज भी जारी है। मैं मानता हूँ कि वस्तुतः प्रगतिशील आंदोलन की अनेक श्रेष्ठ कृतियाँ बादवाले दौर में ही सामने आयी हैं। कविता को लें, जितने श्रेष्ठ कवि हैं—नागार्जुन, केदारनाथ अग्रवाल, त्रिलोचन—ये सब पहले भी इस आंदोलन से जुड़े हुए थे। लेकिन इनकी कविताएँ जो दूसरे दौर में लिखी गई हैं, उनमें ज्यादा ताकत है। कलात्मक निखार की दृष्टि से भी ये रचनाएँ कहीं ज्यादा पुष्ट हैं। दूसरे दौर में ये कवि नई ऊँचाइयाँ छूते हैं। इस दूसरे दौर में प्रगतिशील आंदोलन अछूते क्षेत्रों में भी फैला; जैसे कि बिहार के दूर-दराज के इलाकों में, कस्बों में, छोटे शहरों में, मध्यप्रदेश के छोटे कस्बों और शहरों में, राजस्थान में। इन तीनों प्रदेशों में यह आंदोलन सबसे ज्यादा सक्रिय रहा। बल्कि कहूँ कि जिस उत्तर प्रदेश में इसका जन्म हुआ वहाँ सबसे कम सक्रिय रहा। इससे नये क्षेत्रों में अपने लिए

युवा साहित्यिक वर्ग खोजा और उनसे जुड़ा, उन तक पहुँचा और उनको जोड़ा इस आंदोलन की मूलभूत चेतना से। लेकिन इधर मैं सोच रहा हूँ कि प्रगतिशील आंदोलन ठंडा पड़ रहा है। ऐसा क्यों ? यह विचारणीय विषय है। इस आंदोलन के साथ जितना नया रक्त जुड़ना चाहिए, उतना जुड़ नहीं रहा है।

मैं मानता हूँ कि साहित्यिक और सांस्कृतिक संगठन और आंदोलन होने चाहिए, लेकिन अपने समय के महत्त्वपूर्ण साहित्य की गति और दिशा देने में इनकी जो भूमिका है, उसको लेकर बहस हो सकती है और इसमें विवाद की काफी गुंजाइश है।

मैं कहना चाहूँगा कि पिछले कुछ समय से हिंदी में सारा लेखन बिना किसी आंदोलन के हो रहा है। पुराने संगठन, जैसे प्रगतिशील लेखक संघ, जनवादी लेखक संघ, जन संस्कृति मंच कोई बड़ा आंदोलन पैदा नहीं कर पा रहे हैं।

साहित्य में किसी आंदोलन की उम्र कोई बड़ी लम्बी नहीं हुआ करती। भक्ति-आंदोलन लंबा खिंचा, तो उसका अलग कारण और एक लंबा इतिहास है। वह ऐसा कोई घोषित आंदोलन था भी नहीं। किसी आंदोलन का बीस-बाईस सालों में बहुत बड़ा काम कहा जा सकता है। खैर, मैं यह कहना चाहूँगा कि प्रगतिशील आंदोलन से जो भी संबंध मेरा रहा है, उससे मैंने बहुत कुछ सीखा है—खासतौर से अपने अनुभव के परिप्रेक्ष्य को निर्धारित करने की दिशा में।

मिथिलेश श्रीवास्तव : समकालीन रचना-लेखन की दिशा में बारे में क्या सोचते हैं ?

केदारनाथ सिंह : दशा ठीक है। और दिशा कोई गलत नहीं है। दूसरे प्रसंगों में भी मैंने यह बात कही है कि कुल मिलाकर काफी महत्त्वपूर्ण लेखन कार्य हो रहा है। बड़े क्षेत्र और व्यापक पैमाने पर जो लेखन होता है तो जाहिर है कि उसमें अच्छा और बुरा दोनों होता है। लेकिन जब हम बात करते हैं तो प्रायः अच्छे लेखन को सामने रखकर ही बात करते हैं और ऐसा बहुत कुछ लिखा जा रहा है जिस पर बात करने की पूरी गुंजाइश है। और सब छोड़िए, सिर्फ कविता की ही बात करें तो पूरे विश्वास से कह सकते हैं कि कम से कम पाँच-छह युवा कवि ऐसे हैं, जिनके लेखन में चमक दिखाई पड़ती है, एक नई कोशिश और नई छटपटाहट दिखाई पड़ती है।

मैं अपनी बात बताऊँ कि मैं नई कविता को देखता हूँ उसकी भाषा के जरिए। अगर भाषा में परिवर्तन दिखाई पड़ता है, हलचल दिखाई पड़ती है, जोकि नई दिशा ले रही है, नया मोड़ ले रही है, तो मुझे लगता है कि नया कुछ होनेवाला है और मैं अपने को आश्वस्त पाता हूँ। ऐसी हरकतें युवा कवियों की कविताओं में मैंने देखी हैं। कुछ युवा कवि कुछ खोजने की कोशिश कर रहे हैं। आज की कविता को जो लोकजीवन और लोककाव्य की छूटी हुई परंपरा से फिर से जोड़ने की कोशिश कर रहे हैं, वह मुझे महत्त्वपूर्ण लगता है।

मिथिलेश श्रीवास्तव : समकालीन साहित्य का स्वरूप क्या है ? क्या वह लोगों

की अपेक्षाओं के अनुरूप है ?

केदारनाथ सिंह : यह महत्त्वपूर्ण प्रश्न है। किंतु मेरा खयाल है कि इस प्रश्न का उत्तर एक रचनाकार से बेहतर एक पाठक दे सकता है, क्योंकि वह साहित्य को पढ़ता है और झेलता है। वह कुछ पाता है, या नहीं पाता है, हमें जानने की कोशिश करनी चाहिए।

असल में आज का हमारा साहित्य शिखरों का साहित्य नहीं है। वह एक विराट मैदान का साहित्य है जिसमें असंख्य लोग हैं, पेड़ हैं, फैलाव हैं, धाराएँ भी हैं, शिखर नहीं है, जैसे कि निराला दिखाई देते थे। उस तरह से देखें तो शायद शिखर दिखाई न दे, लेकिन उस शिखर तक पहुँचने की छटपटाहट लगातार दिखाई पड़ेगी और यह प्रयास कम महत्त्वपूर्ण नहीं है।

मिथिलेश श्रीवास्तव : युवा साहित्यकारों के मार्गदर्शन के लिए आप क्या कहना चाहेंगे ?

केदारनाथ सिंह : ऐसा कोई दावा मैं नहीं करूँगा। किसी का मार्गदर्शन करने की बात मैं नहीं मानना चाहूँगा। युवा रचनाकार के साथ बैठने, उसकी रचना सुनने और उस पर अपना सुझाव देने के अलावा और कुछ मैं नहीं करना चाहूँगा।

किसी का मार्गदर्शन करने की क्षमता मुझमे है, ऐसा भ्रम मैंने कभी नहीं पाला। एक वरिष्ठ सहकर्मी के नाते यही कहना चाहूँगा कि युवा पीढ़ी को निर्भय होकर लिखना चाहिए क्योंकि एक लंबे समय से साहित्यिक लेखन एक विलक्षण ढंग के आतंक में होता रहा है—वह आतंक आलोचना का भी हो सकता है और किसी बड़े व्यक्तित्व का भी। बनी-बनायी पद्धतियाँ और शैलियों का भी आतंक होता है। ये सारे आतंक विकास के अवरोधक तत्त्व हैं। मैं कहना चाहूँगा कि नयी पीढ़ी को एक नयी मुक्ति के एहसास के साथ लिखना चाहिए और अपने रचना-कर्म में सबसे अधिक भरोसा करना चाहिए अपनी संवेदना और अपने विवेक पर।

[1991]

□□□